公文書管理

民主主義の確立に向けて

〈編〉日本弁護士連合会
　　　法律サービス展開本部自治体等連携センター
　　　情報問題対策委員会

明石書店

はじめに

　昨今、公文書に関する様々な課題がメディア等に取り上げられています。

　公文書は、国民共有の知的資源ですから、日本国憲法において主権者とされている私たち国民がこの資源を自由に主体的に使うための前提が整っていることが必要です。公文書が偽造されていたり、変造されていたり、あるいは既に勝手に廃棄されていたりすれば、その前提を欠くことになり、私たちは国民としての十分な権利行使ができなくなってしまいます。そういう意味でも公文書の適切な管理は重要であり、公務員だけの問題ではなく、私たち国民自身の問題なのです。

　このような公文書管理の重要性を踏まえ、日本弁護士連合会（以下「日弁連」という）では、2018年12月20日に「公文書管理法制の改正及び運用の改善を求める意見書」を公表するなど、これまで公文書管理の改善に向けて取り組んできました。

　本書は、民主主義の観点から公文書管理の重要性について説く京都大学の佐野亘先生の論稿、情報公開とととともに公文書管理の適正化に長年にわたって実践的に取り組んで来られたNPO法人情報公開クリアリングハウス・三木由希子理事長の論稿、公文書管理の第一人者である東洋大学・早川和宏教授の論稿、地方公共団体では先進的な公文書管理条例を制定されている相模原市の飯田生馬前公文書館長の論稿を掲載するとともに、日弁連意見書の紹介もしています。

　また、2019年2月22日に、日弁連主催で実施したセミナー「公文書管理のあるべき姿」のパネルディスカッション（一部改変）も掲載しています。このパネルディスカッションでは、早川教授のほか、行政学者の東京大学の金井利之教授に、弁護士も加わって、幅広い視点からの議論がされました。

　公文書管理は、国における問題であるとともに、多くの地方公共団体では公文書管理条例をそもそも制定していない状況にあるという問題があります。今後条例未制定の自治体では、条例の制定を進めていく必要があります。もちろ

ん、条例を制定するだけではなく、いかに適切な内容としたうえで、適切に運用するかが非常に大事です。そのことは、国における公文書管理をめぐる不祥事からも明らかです。私たちは、法律の改正や条例の制定だけではなく、適正な運用について常に関心をもって、見守っていく必要があるのではないかと思います。

　本書が、公文書管理について様々な角度から考察する機会となり、国民共有の財産である公文書の管理が適正に行われ、「政策形成の透明性及び健全性の確保」が進展する一助となれば幸いです。

　2019 年 9 月

日本弁護士連合会

法律サービス展開本部自治体等連携センター

センター長　池田桂子

情報問題対策委員会

委員長　二関辰郎

目次

はじめに
.... 3

序　章　公文書管理と民主主義
.... 佐野　亘　9

はじめに　9
1　「条件」としての公文書管理　10
2　「制約」としての公文書管理　15
3　「梃子」としての公文書管理　18
4　これからの課題　23

第1部　国における公文書管理の現状と問題点

第1章　公文書管理法及びガイドラインの問題点
.... 三木　由希子　28

1　公文書管理をめぐる課題　28
2　公文書管理法の課題　29
3　「行政文書」をめぐる問題　30
4　ガイドライン改正と行政文書をめぐる問題　34
5　行政文書の整理方法をめぐる問題　39

6 行政文書の保存期間——1年未満という保存期間 40

7 電子文書の管理と電子メール 44

8 行政文書の廃棄と移管 46

9 公文書管理の評価・検証・是正プロセス 48

第2章 公文書管理法に関する日弁連意見書

―――――――――――――――――――――――――――――― 山口 宣恭 52

1 議論の出発点 52

2 2018年意見書発表に至る経緯 53

3 2018年意見書の内容と説明の視点 56

4 三つの事案と「文書の不存在」（説明の視点①） 57

5 「文書の不存在」という抜け道を塞ぐための
　　具体的改善点（説明の視点②） 61

6 文書を作成しない弊害を除去するための具体的改善点
　　（説明の視点③） 65

7 日弁連が考える公文書管理制度の制度設計（説明の視点④） 67

第2部 地方公共団体における 公文書管理の現状と問題点

第3章 地方公共団体における公文書管理の現状と課題

―――――――――――――――――――――――――――――― 早川 和宏 76

はじめに 76

1 自治体における公文書管理の根拠 77

2 公文書管理条例の規律対象 84

3 公文書管理条例の制定が進まない理由 89

おわりに 92

第4章 相模原市における公文書管理

.... 飯田 生馬 97

はじめに 97

1 文書の増加 97

2 公文書とは 99

3 公文書管理法 99

4 相模原市の場合 102

5 次は公文書館設置だ 106

6 これから期待すること——公文書管理条例未制定の団体へ 108

第3部 パネルディスカッション

公文書管理のあるべき姿
——民主主義の根幹を支える基盤
......パネリスト：金井 利之／早川 和宏／二関 辰郎／小池 知子

コーディネーター：幸田 雅治 111

1 公文書管理において重要なこと 113

2 公文書管理の意味 119

3 政策形成過程の透明性と健全性 147

4 公文書管理条例の制定が進まないのはなぜか 158

5 公文書館のあり方 161

6 自治体の政策形成と公文書管理 163

おわりに 165

第4部 公文書管理条例案逐条解説

···················· 公文書管理条例研究班

（小池 知子／幸田 雅治／太田 雅幸／伊藤 義文） 167

第1章 総則（第1条－第4条）168

第2章 公文書の管理（第5条－第13条）178

第3章 法人公文書の管理（第14条－第16条）197

第4章 特定歴史公文書等の保存、利用等（第17条－第25条）200

第5章 審査請求（第26条－第34条）218

第6章 公文書管理審査会（第35条－第38条）228

第7章 雑則（第39条－第48条）232

第8章 罰則（第49条－第51条）241

附則 245

著者略歴 249

序章

公文書管理と民主主義

佐野 亘

はじめに

　本章の目的は、公文書管理の意義について民主主義の観点から掘り下げて考えてみることである。公文書管理が民主主義の「根幹を支える基盤」であることは、政府の報告書にも記されているとおりだが、このことばが正確に何を意味するのかは意外と理解されていない、あるいは理解が共有されていないと感じるからである。じつのところ、筆者は、森友・加計問題や自衛隊の日報問題などに対して世論の反発がさほど大きくなかったことの背景には、公文書管理と民主主義の関係が一般の人々に十分に理解されていないことがあるのではないかと考えている。森友・加計問題にせよ日報問題にせよ、よくある「公務員たたき」の文脈で捉えられてしまっており、民主主義を傷つけるような深刻な問題とは思われていないのではないだろうか。

　さらにいえば、そもそも日本人は民主主義についてどれほど深い理解を有しているか、という点についても筆者は不安を感じている。ひょっとすると日本人の民主主義理解が不十分であり、それゆえに民主主義に対するコミットメントの度合いも高くなく、その結果、公文書管理の問題も意外と「軽い扱い」で終わってしまったのではないだろうか。たとえば慶應義塾大学の谷口尚子教授は、世界価値観調査にもとづき、他国にくらべて日本人の民主主義に対するコミットメントの度合いが低いこと、その一方でルール遵守に対する意識は高いことを示している。[1] このことは、公文書管理の問題が多くの日本人に、単なるルール違反の問題として認識されるにとどまり、民主主義に関わる問題としては捉えられにくいことを示唆するのかもしれない。また公文書管理制度が導入

9

されても、形式的なルールの遵守にとどまり、民主主義の維持・促進という根本目的から逸脱した運用がなされかねないことを意味するのかもしれない。近年、民主主義に対するコミットメントは日本のみならず世界的に弱まっているが、こうした状況のもと公文書管理制度の意義をひろく理解してもらうためには、あらためて民主主義の理念にたちかえって考える必要がある。

　以上の問題意識にもとづき、以下では次の三つの観点から民主主義と公文書管理の関係について検討することにしたい。

　　①　民主主義を維持・改善する「条件」としての公文書管理
　　②　権力濫用に対する立憲的「制約」としての公文書管理
　　③　民主主義の枠組みを拡大・進化させる「梃子」としての公文書管理

である。以下、順に詳しく見ていくことにしたい。

1 「条件」としての公文書管理

　そもそもなぜ民主主義は重要なのだろうか。一般に民主主義は当然に重要なものとされており、あえてその根拠について論じられることは少ない。しかしながら先に述べたように民主主義に対する不信感が存在し、必ずしも十分なコミットメントが存在しない状況のもとでは、ひとまず、そもそもなぜ民主主義が重要なのか、その理由にさかのぼって考える必要がある。そしてそのうえで、公文書管理がそうした「理由」にどのように関連づけられるのかをあらためて考察してみる必要がある。

　そこで以下ではさしあたり、以下の四つの価値のいずれかを実現するものとして民主主義を捉えてみることにしたい。すなわち、自由・平等・合理性・公共の利益である。ときに民主主義はこれら四つの価値を同時に実現するものと考えられているが、ここではあえて区別し、それぞれの価値を実現する四つのタイプの民主主義がある、としておきたい。はじめから民主主義それ自体に価値があると考えるのではなく、自由や平等などを実現するための手段として民主主義を捉えてみる、ということである。

10

序章　公文書管理と民主主義

　このような観点から民主主義を捉えると、次のように考えることができる。たとえば、自由の実現をなによりも重要であると考えると、民主主義の仕組みはあくまで人々の自由を保障・実現する限りで価値がある、ということになる。言い換えれば、民主主義以上に自由を効果的に実現できる政治の仕組みが存在するのであればそのほうがよい、ということになる。また、民主主義を支えるさまざまな制度やルールも、最終的に自由の実現に寄与しうるか否かという観点から評価されることになるだろう。もちろんここで自由が何を意味するのか、という点についてはさまざまな見方がありうる。だがいずれにせよ、自由の実現という観点から民主主義を捉えることで、公文書管理と民主主義の関係について、より明確な理解と評価が可能になることがポイントである。

　自由以外の価値について、少しだけ補足をしておく。まずここでいう「合理性」は以下のような議論を念頭に置いている。すなわち、民主主義のもとでは関係者全員で熟議を行う結果、「正解」にたどり着く可能性が高まるという見方である。理論的には認識的民主主義（epistemic democracy）と呼ばれる議論がこうした考え方にもっとも近いが、そのほかにも集合知や集団的知性の議論と関連づけられることもある。次に「公共の利益」であるが、これは必ずしも経済成長のような経済的利益のみを指しているわけではなく、「社会の発展」や「幸福の増大」を意味すると捉えても構わない。民主主義のもとでは人々の利益や幸福がもっともよく実現される、という発想にもとづいている。最後に、「平等」についてもさまざまな捉え方がありうるが、ここでは単純に「一人一票」の理念に示されるような、市民同士の平等な関係性を政治の場で具体化するものとして民主主義を捉える見方を指すものとしておこう。

　なお、以上のように民主主義を四つの視点から捉え、四つのタイプに分類する理由は以下のとおりである。

　そもそも民主主義に関しては古くから論争が続いており、政治哲学・政治理論の分野では基本的な定義についてすらコンセンサスが存在しない状況にある。自由民主主義、社会民主主義、直接民主主義、間接民主主義のような比較的よく知られているものばかりでなく、熟議民主主義、闘技的民主主義、認識的民主主義、根源的民主主義など、さまざまなタイプの民主主義が唱えられ、提唱者たちは相互に批判しあってきた。こうした議論状況を前提に民主主義と公文

11

表 0-1　四つのタイプの民主主義とその特徴

タイプ	I	II	III	IV
重視する価値	平等	自由	合理性	公共の利益
インプット	意思	要求	判断	選好
プロセス	参加	チェック	熟議	制度
アウトプット	集約	正当性	合意	集計

書管理の関係について検討しようとすると、そもそもどのタイプの民主主義を前提にしているかという問題が生じかねない。そこで本章ではあえて議論を単純化し、やや図式的ではあるものの、上記四つの視点から民主主義を分類し、捉えてみることにした。

　では、これら四つのタイプの民主主義は、それぞれどのような特徴をもっているのだろうか。ここでは、それぞれのタイプの民主主義のもとで、人々の意見や意思、判断などの「インプット」が、どのような「プロセス」を経て、どのような「アウトプット」を生み出すと考えられることになるかに着目した。それらをまとめたものが**表 0-1**である。たとえばタイプ I の民主主義においては、関係者すべての「意思」が平等に扱われるように（インプット）、そのための「参加」が求められる（プロセス）。そしてその結果、人々の意思が「集約」される（アウトプット）ことを示している。これに対して、タイプ II の民主主義においては自由が重視されるため、なんらかの意味で自由を保護・実現したいと考える者はそれを政治の場に「要求」し、その要求が十分に尊重されるか否かが「チェック」され、十分にチェックされたもののみが「正当性」のあるものとして決定されるということである。

　以上二つのタイプの民主主義は基本的に「手続き」を重視するものといえるが、これに対してタイプ III とタイプ IV の民主主義はどちらかといえば「帰結」を重視するものである。すなわち、タイプ III の民主主義においては「合理性」が重視され、ある問題やテーマに関する人々の「判断」をもとに十分に「熟議」がなされ、最終的に多くのひとが「合意」したものがアウトプットとして

序章　公文書管理と民主主義

表 0-2　各タイプの民主主義における公文書管理の位置づけ

タイプ	I	II	III	IV
重視する価値	平等	自由	合理性	公共の利益
インプット	意思	要求	判断	選好
プロセス	参加	チェック	熟議	制度
アウトプット	集約	正当性	合意	集計

決定される。十分な議論によって、より合理的な答えが導き出される、という前提にもとづいている。これに対してタイプIVでは「公共の利益」を実現すべく、人々の「選好」を最大限に実現できるような「制度」によって、それらが「集計」されたものがアウトプットとされることになる。

　むろん、以上の整理はあくまで一つの（かなり単純化した）理解の仕方に過ぎない。たとえば、四つの視点を切り離して考えることはできない、とか、四つの視点には含まれない見方もありうるという批判がありえよう。ただ、ここでは、こうした捉え方をすることにより、公文書管理と民主主義の関係をより明確に理解できるようになることが目的である。すなわち、IからIVのそれぞれのタイプの民主主義において、公文書管理はどのように位置づけられることになるか、ということである。

　具体的には、**表 0-2** の網掛けになっている部分が特に公文書管理と関わりが深いと考えられる点である。たとえば、公文書管理がきちんとなされ、それにもとづいて情報公開がなされることにより、市民間の情報の非対称を減らすことができるとすれば、それはタイプIの民主主義における「平等」の価値の促進につながる、と捉えることができるだろう。これに対して自由を重視するタイプIIの民主主義の観点からは、公文書管理がなされることにより政策の中身に関するチェックが容易になり、結果的により正当性の高い政策の実現に寄与しうる、といえそうである。またタイプIIIの民主主義においては、市民が判断を行うための情報的基盤として公文書管理が位置づけられ、市民が熟議を行うための材料を整備するものとして重要になると考えられるだろう。タイプIVに

13

おいては、公文書管理によって正確な情報を手に入れられるようになることこそが、市民が「真の選好」を形成するうえで重要である、という位置づけがなされることになろう。むろんそれぞれのタイプの民主主義において、網掛け以外の箇所についても公文書管理が関係してくる可能性はある。だが、ここではさしあたり、民主主義の捉え方の違いによって、公文書管理の評価のポイントも違ってくることが理解されれば十分である。

　では、以上のように民主主義と公文書管理の関係を捉えることにはどのような意義があるのだろうか。重要な点は以下の二つである。

　第一に、上に見たように民主主義にはさまざまな捉え方がありうるが、どのような捉え方をしたとしても、いずれかの点で公文書管理が重要になってくるということである。そもそも民主主義はなぜ重要なのか、という問いに対しては複数の答え方がありうるが、少なくともここで挙げた四つの価値を持ち出す限り、公文書管理が重要でないということはできない。先に述べたとおり、現在の日本においては、民主主義について必ずしも十分な理解やコミットメントがひろく共有されているとはいえないかもしれない。だが、上にあげた四つの価値はほとんどすべてのひとに受け入れられるものだろう。もし民主主義以上にこれら四つの価値を実現できる政治の仕組みが存在しないのであれば、われわれは民主主義を採用せざるを得ないということであり、かつ、いずれの価値を重視するとしても公文書管理は重要な役割を果たすと考えられるのである。

　第二に、その一方で、以上四つのタイプの民主主義のうち、どのタイプを重視するかで公文書管理制度の理想のあり方も異なる可能性がある、ということである。ひとことで民主主義と公文書管理の関係といっても、どのように民主主義を理解しているかで、公文書管理の位置づけや意義が違ってくるとすれば、その制度化にあたっても異なったタイプのものが想定されることになるだろう。たとえば平等の観点から公文書管理を評価する場合と、市民の選好形成に資することを重視する場合とでは、異なったタイプの公文書管理制度が構想されるかもしれない、ということである。言い換えれば、同じように公文書管理を重視しているにもかかわらず、その具体的な制度化に関して意見が異なる場合には、その背後にある民主主義観がそもそも異なっている可能性がある、ということである。

2 「制約」としての公文書管理

　次に、「制約」としての公文書管理について考えてみたい。なおここでいう「制約」は民主主義の否定という意味ではなく、先に述べたとおり「立憲的制約」のことを指す。民主主義のもとでも権力の濫用は起こりうるので、それを防止するものとしての「制約」ということである。公文書管理は上で述べたように民主主義の条件となると同時に、民主主義に制約を課す役割をも有していると考えられる。

　そこでまず、そもそも誰が公文書管理を必要としているのか、という問いから考察を始めよう。むろん理念的には国民ないし市民全員ということになるが、実際に切実に必要としているのは具体的にはどのような人々だろうか。

　ごく簡単にいえば、ひろい意味での「強者」は必ずしも公文書管理のような制度を必要としないと考えられるだろう。もともと有利な立場にいる者や政治的に力のある者は、公文書管理の制度がなくても多くの情報を手に入れることができるうえ、自分たちの主張を政治を通じて実現することも容易なはずだからである。それゆえ、あえて極言すれば、そういう人たちにとってはじつは公文書管理は必要ない。逆にいえば「弱者」にとってこそ公文書管理は必要になると考えられる。よく知られているとおり、実際に公文書管理が役に立った多くのケースは、立場の弱い者が公文書管理によって救済されたケースである。たとえば最近になって、第二次世界大戦の際にカナダ政府がカナダ国内にいる日系人を強制収容していたことが公文書で明らかになり、カナダ政府が賠償請求に応じることになったということがあった。また日本が太平洋戦争で負けた際に公文書を焼却処分してしまったために、あとになって戦犯として訴追された人々が裁判でみずからの潔白を主張することができなかった、という話もある。これらのケースが示唆しているのは、理不尽な目にあったひとにとって自分の身を守るものとして公文書がありうるということである。「弱者にとっての最後の拠り所は真実である」といわれることがあるが、公文書はまさにそうした弱者にとっての「切り札」となりうるのである。

　公文書管理がこのような役割を果たしうるならば、公文書管理を単に民主主

義の条件として捉えるだけでなく、同時に民主主義の下でも生じうる権力濫用を阻止するための制度として位置づけることも可能だろう。しばしば公文書管理の担い手は独立した第三者機関であるべきだと主張されるが、公文書管理が弱者のためのものであるとすればこの主張も理解しやすい。民意を実現するものとしてのみ公文書管理を捉えると、民意を体現する（はずの）内閣や首相、議会が管理の主体として想定されてしまう。だが、権力濫用の被害者を救うためのものとして公文書管理を位置づけるならば、内閣や議会ではなく、独立した第三者機関のほうがより適任であることは言を俟たないだろう。

　次にさらに、公文書管理の導入を嫌がっているのは誰か、ということも考えてみよう。公文書が残り、公開されて困るのは誰かということである。一般的にそれは行政（役所）であると考えられているが、筆者はここでそれだけではないことを強調しておきたい。最初に述べたように公文書管理の問題はしばしば「行政たたき」の一環として理解されてしまっている。「行政は自分たちにとって都合の悪いことを隠したがるので、そうさせないために公文書管理が必要である」という具合である。しかしながら、確かにこのような側面があることは否定できないが、これだけでは行政のみに限定的な問題として理解されてしまう恐れがある。また当事者である行政職員自身も自分たちを縛りつけるものとしてのみ公文書管理を受け止めてしまいかねない。だが実際には行政の「向こう側」にいる政治家や業界団体、一部の市民こそが、公文書を残すことを嫌がるケースも少なくない。じつのところ行政自身は必ずしも隠したいと思っているわけではないにもかかわらず、政治家などの要望を受けて、やむを得ず隠していることも多い。公文書管理の問題にせよ情報公開の問題にせよ、単なる行政の問題としてではなく、行政の外側にある「政治」を含めた問題として捉える必要がある[2]。

　では、以上のように立憲的制約として公文書管理を捉えられるとすれば、そこからなにがいえるだろうか。少なくとも次の二つのことが指摘できると思われる。

　第一に、立場の弱い人々にとっての拠り所として公文書管理を位置付けることができるとすれば、仮に多数の人々が公文書管理を不要と考え、多数決にもとづいて公文書管理の仕組みを廃止することに決めた（あるいは導入しないこ

とに決めた）からといって、それを安易に認めることはできない、ということである。公文書管理が弱者の権利保護のためのものであるとすれば、現在の議会の多数派が公文書管理は不要であると判断したからといって、簡単に「はい、そうですか」とはいえないということである。今後ますますポピュリズムの傾向が強まっていった場合、国レベルの公文書管理制度ですらあっさり廃止されることも考えられないわけではない。しかし公文書管理を立憲的な制約のひとつとして位置づけるのであれば、その時々の政治的な流れに簡単に左右されてはならない、ということになるだろう。

　第二に、その一方で公文書管理の問題の背後にある「政治」の問題から目を背けることはできない、ということである。じつのところ、たとえば公文書管理を担当する独立した第三者機関を仮に設置することができたとしても、必ずしもそうした機関を信用できるとは限らない。実際、現在の日本において、（独立しているはずの）日本銀行や会計検査院、裁判所が十分に政治から独立しているかといえば疑問の声も少なくないだろう。つまり、独立した第三者機関とひとことでいっても、実際には容易に実現するものではなく、その理由はつまるところ公文書管理の問題は単なる行政の問題ではなく政治の問題であるからにほかならない。こうした政治の問題を含めて考えなければ、公文書管理は単なる組織内部管理の話で終わりかねない。こうした政治の現実を踏まえてなお公文書管理を導入しようとすれば、導入に反対する人々も認めざるを得ないほど強力な理論的根拠を構築するとともに、多くの人々にその意義を理解してもらう必要がある。

　そもそも少数派や弱者を保護する仕組みが立憲的制約としてひろく受け入れられるためには、いま現在の多数派や強者もなにかのきっかけで少数派や弱者になりうるという「恐怖」がひろく共有されている必要がある。残念ながら日本においては、国レベルでは政権交代が起きにくく、地方レベルでも権力の担い手がほとんど変わらないところが少なくない。こうした状況のもとでは、多数派（強者）はいつか自分も弱者として理不尽な目にあうかもしれない、という「恐怖」を感じにくいだろう。しかしながら、その一方で、不確実性が増大し社会が複雑化している現在、だれもがなんらかの意味で弱者になるリスクが高まっている。こうしたことが理解されるならば、立憲的制約として公文書管

理を捉える見方もひろく共有されるようになるかもしれない。

3 「梃子」としての公文書管理

　最後に、現在議論されている公文書管理制度をひとつの「梃子」として利用することで、民主主義をさらに拡大・進化させる道筋について考えてみたい。

(1) 立法・司法への拡大

　その一つ目が、公文書管理制度の立法や司法の領域への拡大である。現在議論されている公文書管理は原則として行政内部の文書に関することであって、立法や司法は対象外である。だが、繰り返し述べてきたように、公文書管理の議論を行政に限定するのは不十分である。たとえば裁判所が有する文書のなかには、民主主義の観点からして重要なものも少なくない。じつのところ裁判所に提出され、裁判所が保管している文書は大量に存在するが、そのすべてが必ずしも裁判の過程で公開されているわけではなく、日の目をみないまま廃棄されるものも存在する。そして実際には、そのようにして廃棄される文書のなかには、ひろく国民が知っておいてよいこと、知っておくべきことが含まれている可能性があるのである。近年ようやく司法における公文書管理について議論がなされるようになりつつあるが、さらにその流れを加速する必要があるだろう。

　また、政策形成過程全体を理解するには、公文書管理と情報公開の仕組みによって行政の透明性を高めるだけでは不十分である。当然のことながら立法府内部のプロセスについても知っておく必要がある。確かに議事録などは公開されているものの、立法府内部に存在する文書はじつはそれだけではない。たとえば立法調査文書をはじめとして、立法府において利用・作成されている文書のすべてが適切に管理され、公開されているわけではないのである。[3]

　じつをいえば、日本の行政は他の先進諸国に比べて多くの仕事を抱えており、本来であれば政治がすべきことまで行政が担ってきたといわれている。その意味では、行政の透明性を高めることには大いに意味があるだろう。だが、以下

18

図 0-1　政治的判断と専門的判断の線引き

に述べるように、今後、公文書管理が進み、情報公開が充実するにつれ、立法府における公文書管理と情報公開がますます重要になっていくと考えられる。

　図 0-1 は、政策形成過程において求められる判断について、政治的判断／専門的判断を両端として一次元上に示したものである。左に行くほど価値判断や利害調整に関わっており、いわゆる「政治的判断」と呼ばれるものになっていく。それに対して、右に行くほど技術的あるいは法的な観点からの「専門的判断」となる。もちろん実際にはこれらの判断は容易に区別できなかったり、両方の要素が混ざり合ったりしていることも少なくない。また一次元で図示したように、あくまで程度の問題である。ただ、大まかにいえば、日本の行政は、かなり左のほうまで含めて判断を行ってきたことは確かだろう。政策を立案するにせよ、政策実施の現場でなんらかの決定を行うにせよ、日本の行政は政治的判断の要素が濃い判断を行ってきたわけである。もちろん政治的判断の要素が強まるにつれて、さまざまな関係者から圧力や要望を受けることになるが、そうした圧力や要求も水面下で行われることがほとんどであって、形式的には（公的には）行政が判断を行ってきたわけである。

　そしてここでのポイントは、右に行けば行くほど専門性の高い判断となるため、関連する情報を公開することも、判断の根拠について説明することも容易になるが、左のほうに行けば行くほど判断が行われたプロセスや根拠に関して情報公開することも説明することも難しくなるということである。容易に想像できるように、利害調整に関することは（裏取引のようなものを含むこともあるため）すべて表に出しにくいことが多い。また、価値判断を含む判断は、十分な議論がなされない場合、恣意的な決断に委ねられがちである。それゆえ先に述べたように、日本の行政がかなり左のほうの判断まで担ってきたとすれば、

公文書管理や情報公開に消極的になるのも無理はない、といえるのかもしれない。

　したがって、今後もし仮に行政における公文書管理と情報公開が徹底されるならば、行政と政治の線引きが変化する可能性がある。つまり、行政は、本来政治が担うべきであった利害調整や価値判断に関わる領域から撤退し、より専門性の高い業務に特化していく、ということである。じつのところ、行政における公文書管理と情報公開が徹底されると、利害調整や価値判断のプロセスの実態がかなり明らかになってしまうため、一部の政治家や業界団体は行政ではなく政治の場で決定を行うようになると予想される。先に触れたように、現状では、立法府における情報公開は進んでいないうえ、政党内部の意思決定プロセスもブラックボックスの状態にあるからである。言い換えれば、行政における公文書管理と情報公開を徹底しただけでは、結果的に「見えないところ」が増えてしまう可能性もないとはいえないということでもある。かつて鳥取県知事であった片山善博氏は在任中に、県職員に対して議員などから陳情を受けた際にはすべてその記録をとっておくように指示したところ、県職員に対する「理不尽な陳情」はなくなり、むしろ「まっとうな陳情」が増えたとのことであった。確かに公文書管理と情報公開はこのようなかたちで行政の負担を減らし、理不尽な要求を遮断する効果がありうる。ただ、実際には、そうした理不尽な要求は行政に対してではなく、どこか別のところでなされている可能性も否定できない。そうしたことまで考慮すると、立法府や政党をも含んだかたちで透明化が進められる必要があるだろう。

(2) 私的団体・私的生活

　そこで次に取り上げたいのが私的団体における公文書管理と情報公開である。公文書管理と情報公開を立法府と司法に拡大するだけでなく、私的団体にも拡大することで民主主義の実質化をさらに促進させることが考えられてもよいのではないか、ということである。

　もちろんここでいう私的団体は、ひとまずは政党のような公共性の高い団体のことを想定している。先に触れたように政党内部では政策形成に関するさま

ざまな議論が行われているが、必ずしもそのすべてが公開されているわけではない。それゆえ、行政と立法府の透明性が増したとしても、政党内部の透明性が低いままでは、肝心の点は結局わからないということになりかねないのである。じつのところ、与党が野党の質問や追及に誠実に応じないような状況のもとでは、立法府における公文書管理と情報公開を進めるだけでも不十分であることは容易に想像できる。以前から日本においても政党法をつくるべきとする主張がなされてきたが、そのポイントの一つは政党内部の議論を一般市民が情報公開請求できるようにする、ということであった。

　このように実際には公的な役割を担っているにもかかわらず、法律上の位置付けとしては私的な団体であるため透明性の低い組織や団体は政党以外にも数多く存在する。特に経済団体や労働団体、業界団体などは政策形成に実質的に関与することが多く、なんらかのかたちで透明性を高める工夫があってよいのではないだろうか。むろんそうした私的団体の公文書管理や情報公開を法律によってどこまで求めることができるのか、というのは難しい問題だろう。とはいえ、少なくとも理想としては、こうした団体も含めて透明性を増すことが民主主義の観点からも重要である。こうした団体も含めて透明性を増さなければ、いちばん肝心なところがわからない、ということになりかねないからである。

　そのうえでさらにいえば、私たちが日常的に関わっている諸団体、たとえば町内会や自治会、PTAや消防団、NPOや趣味のサークルなどにおける文書管理や情報公開についても、より積極的に進めていくことが考えられてよいのではないだろうか。政治や行政、あるいは「公的な場面」でのみ記録を残し、公開するのではなく、普段の私的な日常生活においても、複数のひとが協働して活動する際にはできるだけ正確に記録をとっておき、情報公開を行い、透明性を確保していくべきではないだろうか。実際、古くからある自治会などでは、江戸期の村の寄り合いのころからの記録をすべて保存しているところが少なくないが、これもそうした団体の活動がなかば公的なものとして位置づけられてきたからにほかならない。私的な領域においても普段から記録をとり、議事録を整理し、情報公開できるようにしておくことが、結局は政治や行政における透明性の確保にもつながるように思われる。日常生活ではまったく文書管理も情報公開も行っていないにもかかわらず、政治や行政についてのみそれを求め

ることはやはりどこかに無理がある。これまでにも、日常的な生活における民主主義、いわば「生き方としての民主主義」（デューイ）の意義はしばしば説かれてきたとおりである。たとえば、普段から権威主義的な組織運営を行っているひとが、政治の場面で民主的にふるまうことは難しいだろう。また、家庭では男尊女卑の態度をとっている男性が、公的な場面ではジェンダーフリーの観点から発言・行動することは難しいだろう[5]。より多くのひとが、家庭や学校、町内会や自治会、趣味のサークルなども含めて日常的に民主的な議論や決定になじんでいることが、結局は政治体制としての民主主義を支える基盤になるのではないだろうか。言い換えればそこまでしなければ民主主義は単なるタテマエ以上のものにはならないのではないだろうか。

（3）外部

　最後に、政治共同体の外部の者との関係について触れておこう。しばしば民主主義は共同体のメンバーによる自己統治として理解されている。民族自決などがわかりやすい例だが、自分たちのことは自分たちで決める、ということである。ただ、民主主義をこのように捉えると、たとえば情報公開を求める権利は、その共同体のメンバーにしか認められないのか、という問題が生じてくる。日本政府の活動については日本人のみが、また、自治体の場合には当該自治体の住民のみが権利を有するのか、ということである。

　実際、よく知られているとおり、日本における情報公開法の制定の際にもこの点は問題となり、最終的には「代理を立てる可能性」（外国人が情報公開請求をする際には日本人を身代わりにたてて請求する可能性）を理由として、外国人にも請求権を認めることになった。自治体についても同様の理由から、一種のサービスとして他の自治体の住民にも情報公開請求の権利を認めるのが一般的である。このような観点からすると、公文書管理も基本的には共同体のメンバーのために行う、ということになるだろう。

　だが、そもそも情報公開を請求する権利は、その共同体のメンバーにのみ認められるべきだろうか。さらにいえば、民主主義を共同体の自己統治としてのみ捉えることは適切だろうか。たとえば法哲学者の瀧川裕英教授は、公共性を

公開性として捉えたうえで、情報公開が外国人などの共同体の外部の者に認められていることに着目し、公共性は民主主義を超えた価値理念であると主張している[6]。確かに民主主義が共同体の自己統治にすぎないのであれば、この理解は正しいだろう。

だが、筆者は、共同体の外部の者に対しても情報を公開し、説明責任を果たすことは、必ずしも民主主義に反するわけではないと考えている。というよりむしろ民主主義をさらに徹底するものであると考える。たとえばステイクホルダー民主主義を唱える論者によれば、民主主義は共同体の自己統治なのではなく、問題が生じるたびにその関係者が集い協働的に解決していく営みのことを指す。つまり、民主主義のプロセスに参加するメンバーは問題ごとに違ってくるというのである。民主主義をこのように理解するならば、国や自治体の既存の境界線を前提にし、それをもとに権利の有無を決定することは妥当とはいえないだろう。じつのところ、私たちの活動の影響の範囲にせよ、私たちが抱える問題の範囲にせよ、必ずしも既存の共同体の範囲内でおさまるわけではない。このように考えてくると、情報公開が共同体の外部の者に認められるのはむしろ当然であるし、同様に公文書管理も共同体メンバーのために行われるものではないということになるだろう。日本人による日本人のための公文書管理（X市民によるX市民のための公文書管理）ではなく、関わりのある（ありうる）すべてのひとのための公文書管理であるべきだ、ということである。実際、先に挙げたカナダなどの例が示唆するように、公文書管理は共同体の外部の者の権利を守るためにも役立つ可能性がある。また、現在行われている公文書管理が、数十年、数百年の後には、貴重な歴史資料として人類全体の財産になっている可能性もある。

4　これからの課題

最後に、公文書管理のあり方についてあらためてその役割を確認するとともに、今後の課題及び示唆を述べておく。

まず、最初に述べたように、公文書管理制度を深く正確に理解するためには、民主主義にもどって考える必要がある。たとえば従来、民主主義の促進はすな

わち政治参加の拡大として捉えられることが多く、その意味では「手続き」を重視する見方が根強かったといえる。だが今後は、民主主義のもとでの決定の「中身」にも注目していくべきである。みんなが参加すればそれでよい、ということではなく、実際にどのような決定がなされたのか、その中身についても十分に議論することで、民主主義を実質化する必要がある。公文書管理はまさにそうした中身まで含めた民主主義を実現するための方策として捉えられるべきである。ここで詳しく論じることはできないが、上で述べた四つのタイプの民主主義との関連でいえば、特に「合理性」に基づくタイプⅢの民主主義の捉え方を強化していくべきと考える。

　第二に、かつてのように価値観や利害が国民のあいだでおおむね共通しており、相互の信頼関係が強固だった社会から、価値観や利害が多様化し、無条件の信頼が失われた社会に移行しつつある現在、公文書管理はますます重要になる、ということである。社会の大多数の人々が官僚や政治家を信頼し、「まかせておけばよい」と考えている社会においては、確かにわざわざ記録を残す必要はないかもしれない。「彼らはときに少々悪いことをするかもしれないが、基本的には国民のために一生懸命やってくれている」と多くの国民が考えているのであれば、情報公開も公文書管理も必要ないかもしれない。だが、よくも悪くも、現在はそのような時代ではない。利害も価値観も多様化した現在、「まかせておけばよい」という感覚はほとんど失われている。だからこそ、きちんと記録を残し、説明できるようにしておくことが求められているのである。同調圧力が強い「内輪」の関係が崩れ、その反面社会が寛容になり、多様な人々が共存せざるをえなくなった社会では、従来型の信頼ベースの「内輪の民主主義」はもはや不可能であり、開かれた公共性に基づく説明責任を中心とした民主主義に変わっていかざるを得ないだろう。

　そのうえで、今後の課題として以下の点について考えていく必要があることを指摘しておきたい。先に触れたように、公文書管理の仕組みを導入するとしても、それだけが単体として独立に存在するわけではない。当然に、その仕組みが置かれた政治的・社会的文脈や、他の制度との関わりも出てくる。まったく同じ制度であっても状況によってまったく別様に機能することがありうるのである。したがって、こうしたことも考慮しながら制度設計を進めていかなけ

序章　公文書管理と民主主義

ればならない。実際、クリストファー・フッドらは、イギリスの状況を念頭に
置いて、公文書管理と情報公開による透明性の確保が本当に「よいガバナン
ス」につながったか否かを検討している。いうまでもなくイギリスは日本より
もずっと早く情報公開や公文書管理を進めてきた国の一つだが、それらの制度
が本当に「よいガバナンス」につながったか否かが議論されている状況にある。
彼らによれば、とにかく透明性を高めればよいというわけでは必ずしもなく
（もちろん透明性が不要なわけではない）、重要な点は結局のところどのような条
件があれば透明性が「よいガバナンス」に結びつくかを見極めることにあると
いう。

　この点で参考になるのは、ダニエル・ナウリンの議論である。彼によれば、
透明性（transparency）と公開性（publicity）と説明責任（accountability）はし
ばしば混同されるが、明確に区別すべきである。彼は、まず透明性が確保され
たとして、さらにいくつかの条件が整った場合にのみ公開性が実現されるとい
う。たとえば、さまざまな情報について実際に多くの市民が容易に手に入れる
ことができるか、またその内容もわかりやすいものになっているか、市民の側
にそうした情報の意味を読み解くリテラシーが育成されているか、というよう
なことである。そのうえで、こうした条件が整い公開性が実現されれば当然に
説明責任が果たされるかといえば、それも違うとナウリンは主張する。公開性
をもとに、市民が実際に責任を追及する仕組みが整えられてはじめて、説明責
任が果たされるとするのである。

　ここでこれらの議論の妥当性について詳しく論じることはできないが、いず
れにせよこうした議論が示しているのは、公文書管理制度を導入すれば当然に
透明性も公開性も説明責任も実現する、ということではなく、あくまで数ある
必要条件の一つに過ぎない、ということである。他の適切な条件がなければ説
明責任どころか公開性すらも十分に実現しない恐れがある。ひとことで公文書
管理といってもさまざまなものがありうることはすでに議論されてきたとおり
だが、今後は、それだけでなく、公文書管理を取り巻く他の条件にも目を向け
て議論を深めていく必要があるだろう。

25

■ 注 ■

▶ 1 谷口尚子（2016）「日本人の政治意識」http://sief.jp/21/2016/bundai201615.pdf（最終閲覧日 2019 年 5 月 9 日）

▶ 2 このように理解することによってはじめて、行政職員が自分たちの身を守る手段として公文書管理を位置付けることが可能となるだろう。

▶ 3 瀬畑源（2011）『公文書をつかう──公文書管理制度と歴史研究』青弓社。

▶ 4 片山善博「公文書管理を考える（6）」（社団法人日本記者クラブ講演）https://www.youtube.com/watch?v=BnH1cenZOhl（最終閲覧日 2019 年 5 月 15 日）

▶ 5 cf. 田村哲樹（2015）「「民主的家族」の探究──方法論的ナショナリズムのもう一つの超え方」『名古屋大学法政論集』262 号 , pp.15-37.

▶ 6 瀧川裕英（2001）「公開性としての公共性──情報公開と説明責任の理論的意義」日本法哲学会編『＜公私＞の再構成　法哲学年報（2000）』有斐閣、pp.23-40.

▶ 7 Christopher Hood and David Heald (eds.), 2006, *Transparency: The Key to Better Governance?,* Oxford University Press.

▶ 8 Daniel Naurin, 2006, "Transparency, Publicity, Accountability - The missing links," *Swiss Political Science Review,* vol.12, no.3, pp.90-98.

第1部
国における
公文書管理の現状と問題点

第1章　公文書管理法及び
　　　ガイドラインの問題点　　　　三木　由希子

第2章　公文書管理法に関する
　　　日弁連意見書　　　　　　　　山口　宣恭

第1章

公文書管理法及び
ガイドラインの問題点

三木 由希子

1 公文書管理をめぐる課題

　2011年4月に施行された公文書管理法は第1条の目的規定で、「公文書等」を「国及び独立行政法人等の諸活動や歴史的事実の記録」とし、「健全な民主主義の根幹を支える国民共有の知的資源として、主権者である国民が主体的に利用し得るもの」と位置付けた。そして公文書等が適正に管理されることが目的でなく、それによって行政の適正かつ効率的な運営と、政府の諸活動の説明責任を果たされることを目的としている。明らかなことは、公文書管理が手段であるということだ。同じことは情報公開制度にも言え、公文書を公開することで政府が説明責任を果たすことが、政府の正統性を強化することになるので、両制度は車の両輪だとされる。

　この二つの制度は、法制度論だけでは制度目的の達成は難しく、制度が適正かつ健全に機能するかは政府活動の質や適正性に依存していることでも共通している。同時に、政府活動の質を向上し適正化するための手段としての役割を果たすことが期待されており、相矛盾する課題を含んでいる分野だ。特に、公文書管理も情報公開も、どのような状態が維持されていると本質的に法令を遵守していることになるのか、実務レベルで共有化することは難題だ。手続的、形式的なものの遵守はわかりやすく徹底させやすいので、ここに議論が偏重しやすい。ところが、社会的な公文書管理や情報公開に対する評価は、それに対してのみなされるわけではない。公文書に十分に政府活動が記録されているのか、説明責任の観点から十分な公文書が管理されているか、情報公開請求に対して適切に文書が特定され、公開されているかなどの「質」が問題にされるか

らだ。

2017 年に明らかになった自衛隊の南スーダン PKO 派遣日報問題、森友学園問題、加計学園問題では公文書の扱いが問題化し、公文書管理法に関するさまざまな議論が行われた。問題にされたのは手続的、形式的なこと以上に政府や政治の質であり、それを反映した公文書管理の質だ。問題の発端は政治問題であり、政治的影響を受けて公文書の扱いに問題が発生したわけで、見方を変えれば、政治の影響を受ける公文書管理の実像があらわになったと言える。

一方、政府は公文書管理に問題があったことは認め、公文書管理法の改正はしないものの、その実施基準にもなっている行政文書管理ガイドライン（以下、「ガイドライン」という）の見直しを 2017 年 12 月に行い、手続・手順や基準を追加し、翌年 4 月から各行政機関規則も改正されている。

2 公文書管理法の課題

公文書管理法は、目的の明確化、行政文書管理に関する原則・義務に関する基本原則の確立とその対象となる範囲（行政文書の定義、対象機関など）などを定めたものだ。これを遵守して実務レベルで実行するための具体的な指針・基準・方法論として、ガイドラインや解釈運用指針になる通知や資料、各行政機関の定める規則・規程・要領などがあり、特に重要なのがガイドラインである。法の定める義務や原則の求める範囲と留意事項を示しており、実務的・技術的なものであるとともに法の解釈運用基準にもなっている。

政府は、公文書管理に係る問題は法改正でなく、一貫してガイドラインを改正することで対応している。そこで問題なのが、ガイドラインの改正と、改正されなかった公文書管理法で積み残された課題が、政府活動や政治の質や適正性という問題にどう関わるのかということになる。[1]

公文書管理法とガイドラインに係る主な課題を整理すると、①行政文書の定義と解釈運用、②文書の作成義務の範囲と行政文書として記録されるべき内容、③行政文書の整理、④保存期間の設定、⑤電子文書の整理・保存、⑤行政文書の廃棄審査、⑥歴史文書の移管基準、⑦公文書管理に関する点検・監査機能をあげることができる。中でも、行政文書管理の根幹にかかわる「行政文書」の

第 1 部　国における公文書管理の現状と問題点

定義は、情報公開法制定以来の長い経緯のある問題だ。

3　「行政文書」をめぐる問題

(1)「個人メモ」と組織共用文書

　「行政文書」の定義は、公文書管理法 2 条 4 項で①行政機関の職員が職務上作成・取得した文書であって、②職員が職務上組織的に用いるものとして、③当該実施機関で保有しているもの、の 3 要件で定められている。1999 年制定の情報公開法で作られた定義で、②の要件から組織共用文書とも呼ばれている。

　「組織的に用いる」とは、行政文書として作成する意図があったか否かを問わず、複数の職員で共用したものは行政文書になり得るというものだ。特徴は、手続的な要件ではなく利用のされ方という状態を要件として定めている点だ。しかし、外部から確認できない内部での文書の利用され方によって行政文書と個人メモが区分けされることになるため、肝心な文書が個人メモ化されているのではないかと指摘されてきた。

　組織共用文書の解釈は、「当該実施機関の組織において、業務上必要なものとして利用又は保存されている状態のものを意味する」とされている[2]。該当する状態として、「①文書の作成又は取得の状況（職員個人の便宜のためにのみ作成又は取得するものであるかどうか、直接的又は間接的に当該行政機関の長等の管理監督者の指示等の関与があったものであるかどうか）、②当該文書の利用状況（業務上必要として他の職員又は部外に配布されたものであるかどうか、他の職員がその職務上利用しているものであるかどうか）、③保存又は廃棄の状況（もっぱら当該職員の判断で処理できる性質のものであるかどうか、組織として管理している職員共用の保存場所で保存されているものであるかどうか）などを総合的に考慮して実質的な判断を行う」とされている[3]。

　しかし、総合的に判断するにしても、事後的に組織共用性を判断する上で重視されるのは共用場所で保存されているか否かだ。複数の職員で用いた場合は行政文書に該当するので、共用場所に保存されているはずという前提のもと、共用場所に保存されていなければ個人メモという整理がされていることが、加

30

第1章　公文書管理法及びガイドラインの問題点

計学園問題が改めて示した問題だ。

（2）保存場所で個人メモと行政文書が区分けされる

2017年5月に政治問題化した国家戦略特区による獣医学部新設をめぐる加計学園問題は、特区を所管する内閣府と大学学部新設の認可を所管する文部科学省の協議内容の記録の流出が発端だ。「総理のご意向」「官邸の最高レベルが言っている」と獣医学部新設を迫る内閣府側の発言が記録されていたことが問題になった。この流出した文書をめぐり、官房長官が流出文書を怪文書と記者会見で発言したことで、文書の存否とともに行政文書かどうかが問われ、公文書管理の問題にもなった。

文科省が最初に行った内部調査では、行政文書として該当文書が確認できないとしたが、元文科事務次官が幹部間で共有されていた文書であると証言し[4]、文科省内部からも共有フォルダ内に保存されていた文書であるとの証言が報道され[5]、文科省内で追加調査が行われた。その調査結果が、行政文書と個人メモがどのように区分けされているかを端的に示している。

2017年6月15日に文部科学省から発表された「国家戦略特区における獣医学部新設に係る文書に関する追加調査（報告書）」では、一部は共有フォルダなどの共用場所から行政文書として見つかったが、一部は個人フォルダや個人のメールボックスから見つかり、これらは個人のメモ・備忘録として整理されていた。報告書では特に、「……個人のメモや備忘録は、公開しないこととしているが、今回の件は、国民の声を真摯に受けとめて徹底した調査を行うという特例的な調査であることから、文書の存否について、通例とは異なる対応を行うこととした」しており、特例的に個人メモについての存否も明らかにしたと強調されている。

元文科次官や文科省職員の証言によれば、これらは組織的には共用されていた文書である。また、一時は共有フォルダ等で保存されていたが、加計学園問題が問題化した時点では、個人フォルダ等で管理されているため個人メモであるという認識が示されている。公文書管理法との関係で言えば、①一度共用された文書を共用場所に保存していない、②行政文書として共用場所に保存されたが、1年未満保存など職員個人の判断でも廃棄できる行政文書として廃棄し、

31

第1部　国における公文書管理の現状と問題点

個人的に保存していた、③電子メールで共用され文書を共用場所に保存していない、などの不適法な状態であったことが考えられる。しかし、調査結果は、どう文書が利用されていたかではなく、どこに保存されていたかで行政文書と個人メモを区分けし、利用のされ方は不問にしており、保管の状態が優先されていることがよくわかる事例だ。

　そこで、「組織的に用いる」という要件そのものを削除すべきという議論が出てくることになる。

(3)「行政文書」の定義の立法経緯

　行政文書と個人メモが区分けされることは、行政文書の定義の検討段階から懸念はされていたが、立法趣旨からすると昨今問題になっているような個人メモ化を許容するものとして、組織共用文書の定義が設けられたわけではないという点に立ち返るべきではないかと考えている。

　「行政文書」の定義は1999年制定の情報公開法で情報公開請求の対象として定められ、管理の対象にもなったものだ。法制化を検討した行政改革委員会行政情報公開部会では、当時の自治体情報公開条例で請求対象文書の範囲として主流であった決裁・供覧文書と同趣旨の定義を当初検討していた。しかし、ある時から方針を転換し、決裁や供覧などの形式的な手続を条件とせず、政府活動の説明責任を果たすに必要十分な範囲で定義することを決め、その結果作られたのが組織共用文書の定義だ[6]。

　立法趣旨としては、「政府の諸活動を説明するために必要十分な範囲で、開示請求の対象となる文書を的確に定める必要」があり、「作成又は取得に関与した職員個人の段階のものではなく、組織としての共用文書の実質を備えた状態、すなわち当該行政機関の組織において業務上必要なものとして利用・保存されている状態のものを意味する」と説明されている[7]。また、組織共用文書の範囲から除かれたものとして、「職員の自己の執務の便宜のために保有する正式文書と重複する当該文書の写しや職員の個人的な検討段階にとどまる資料等はこれに当たらない」とされた[8]。

　こうした立法趣旨を踏まえると、行政文書の範囲は政府の諸活動の説明責任

第 1 章　公文書管理法及びガイドラインの問題点

をまっとうするために、業務上の必要から共有されている情報が記録され、行政文書として保存されている状態が保たれていて、初めて法目的に照らして適当な状態にあるというべきだろう。この状態は、どのような行政文書が作成されなければならないのかを定め、法的に手続や手順を設けることによって達成される部分もあるものの、個人メモ化の背景にある情報公開請求や公文書管理に関する法的義務の回避という行為が許容される行政組織の運営のあり方が変わらなければ、行政文書として残る記録の質を下げることにもなる。

　そこで個人メモ問題は、行政文書の定義の問題でもあるが、本質的には政府活動や行政運営の質の問題であり、何を記録したものが行政文書であるべきかという問題だ。そこで二つのことは、少なくともなされる必要がある。一つは、打合せや協議・報告によって複数の者の間で情報が共有されるのは、業務上必要だからであるので、何が共有されたのかがわかるよう作業として記録し行政文書として保存するということだ。もう一つが、情報として共有された内容が記録されている文書が、共用場所で保存されていないことを理由に個人メモとするという形式的な個人メモ化は容認されず、行政文書に該当するとの解釈の変更だ。

　情報公開法制定以来、公開請求されるのを意識して行政文書の内容の簡略化や個人メモ化が進んだとされており、実際にそのようなことが散見されることも事実だ。このような状況は、「組織共的に用いる」という要件を削除しても基本的な問題は変わらないので、個人メモも残さなくなる、あるいは行政機関としての管理の及ばない私的な記録媒体（スマートフォンなど）にメモされるなど、別の方法が編み出されることになるだろう。

　結局のところ、政府の信頼性と活動の質を高めるために必要なものと適度な諦めをもって、情報公開請求された場合は粛々と公開・非公開を判断する組織への転換を目指すほかない。しかし、2017 年 12 月のガイドラインの改正は、このような前向きな努力を促すというより、形式的な手順や手続を設けることで、行政文書に記載される情報の質に影響を与え、行政文書として保存される範囲に及ぼすものと言わざるを得ない。行政文書の定義や解釈を変えていないものの，手順と手続で実質的には解釈の変更に近いことを行っている。

33

第 1 部　国における公文書管理の現状と問題点

4　ガイドライン改正と行政文書をめぐる問題

（1）行政文書管理ガイドラインとは何か

　ところで、ガイドラインがどのような性質のものかを整理しておきたい。

　前述のとおり、ガイドラインは法の定める義務や原則の求める範囲と留意事項を示しており、実務的・技術的なものであるとともに、法の運用・実施基準にもなっている。そのため、ガイドラインを改正することによって、実務に直結する制度運用を変えることができるが、策定について法的な根拠が明確にあるものではなく、実務上必要なものとして作られている。

　公文書管理法は各行政機関の長に対し、内閣総理大臣に協議し同意を得た上で、行政文書管理規則を策定することを義務づけている。また、内閣総理大臣は、各行政機関の規則案を公文書管理委員会に諮問し、意見を聴いた上で同意することになっている。この枠組みを運用するため、各行政機関が規則で定めるべき事項を示したものがガイドラインだ。行政機関の長としての内閣総理大臣の決定による。

　また、各行政機関の規則案は公文書管理委員会への諮問が法で義務づけられているので、規則の内容を実質的に拘束するガイドラインについて、諮問義務がないものの策定・改正に当たって公文書管理委員会の意見を聴く運用が行われてきた。しかし、委員会として見解や意見を示すわけではないので、体系的に検討がされるというより、各委員の関心に基づく意見を聴くにとどまることが多い。また、これまでにガイドラインは 2017 年 12 月の改正を入れて 3 回主要な改正をしているが、[9] いずれも社会的関心の高い問題を契機とした改正でパブリックコメントも実施したが、これも行政手続法に基づく義務ではなく任意の実施だ。

　ガイドラインの実務上の重みに比して、比較的容易に改正ができることはもちろんのこと、政治的な意向が反映されやすいことが 2017 年 12 月改正（以下、「改正ガイドライン」という）で明らかになるなど、公文書管理のルール形成の

34

第 1 章　公文書管理法及びガイドラインの問題点

あり方と政治の関係という課題を含みもつものだ。[10]

(2) 2段階で行政文書の範囲をコントロールする手順を設けた改正ガイドライン

　ガイドラインの改正は、①1年未満の保存期間の基準等を設ける、②特定歴史公文書等の移管基準の改定、③文書の正確性確保の手順の設定、④行政文書としての保存手順を設定、⑤電子文書の行政文書ファイル化の方法の設定、⑥電子メールの行政文書化の手順の設定の主に六つの内容からなっている。このうち、③、④が行政文書の定義や範囲に影響を与えるもので、二段階で行政文書として保存される範囲をコントロールするものになっている。一つが記録される内容で、もう一つが共用場所への保存だ。

　ガイドラインには各行政機関が定める行政文書ファイル保存要領の例が示されているが、これを改訂し、紙文書・電子文書共に共用の保存場所に保存する場合は、文書管理者（課長級）による確認を求めることとしたのが④だ。すでに述べた通り、行政文書該当性が共用場所に保存されているか否かで形式的に判断される傾向があるところに、そもそもの保存段階で手順を設けることで、「慎重」に行政文書として保存すべきか選別されることが懸念されている。

　この改正の背景には、加計学園問題がある。2017年5月29日に、文科省から流出した文書に関連して文科副大臣が、「『文書の扱いや管理は個人任せになっていた。（行政文書ではない）備忘録でも個人の判断で共有フォルダーに入ってしまう』と述べ、フォルダーで文書を保管する際のルールの必要性を強調し、一方で『上司が行政手続き上、大事だと判断すれば（個人のメモを）フォルダーに残すのも当然だ』」と話したと報じられた。[11]

　また、同年7月7日には内閣官房長官が記者会見で、「文科省は政務三役が誰も知らない文書であったことも事実。私自身の問題については、まったく違う内容でした。精査したものであるべきではなかったかと思っている」「政務三役がそこを委任する責任者が明確であるのがよいのではないかと認識している」「文科省は大臣が著しく正確性を欠いていることを認めていることも事実ではないか」と述べていた。[12]

35

第1部　国における公文書管理の現状と問題点

　政府としては、不正確な内容の文書が勝手に共用場所に保存されていたことが問題であるとの認識にあったことがわかるもので、これを反映したのが、共用部分に保存する場合は文書管理者の確認を必要とする手順だ。これにより、行政文書該当性が組織共用性ではなく、文書管理者の確認という形式的な手順によって決まってしまうのではないかとの意見がパブリックコメントなどで出されたが、内閣府は「文書管理者による確認は、正確性を確保するとともに責任体制を明確化するものであり、行政文書の定義を変更するものではない▸13」とし、行政文書の範囲に影響を与えるものではないと説明している。

　しかし、この手順の最大の問題は、影響があるのか否かがほとんど外部から確認できないことだ。従来からよく指摘されていたことに、政治的な圧力や介入を記録することが実務レベルでのリスク管理になるので、記録を行政文書として残すインセンティブになるとされてきた。しかし、加計学園問題も含めて、2017年に起こったさまざまな公文書の扱いに関する問題は、記録を行政文書として残しておくことがリスクであることを認識させたと言える。実務レベルでどのような影響が及んでいるかが、可視化されにくいところで、政府内での記録の質が低下することも懸念される。加えて講じられたのが、文書の正確性確保の措置だ。

（3）文書の作成義務と打合せ記録

　加計学園問題では、文科省には打合せに関する記録が存在し内閣府にはなかったとされたことは適切ではなかったという認識のもと、「政策立案や事務及び事業の実施の方針等に影響を及ぼす打合せ等」の記録の作成を義務づけるガイドライン（第3）改正を行った。対象となる業務類型は、保存期間を示すガイドライン別表1にある事項に関するものなので、すべての業務をもれなく網羅しているわけではない。しかし、別表1に基づき策定される各行政機関の規則の別表及びそれをもとに課室レベルで策定される標準文書保存期間基準に掲げる事項も作成の対象になるので、ある程度の網羅性はあるが保存期間表などにのっていない業務・事項については作成義務の対象から外れる規定になっている。

36

第1章　公文書管理法及びガイドラインの問題点

この打合せ等の記録の作成は、公文書管理法4条に定める文書の作成義務の[14]
範囲に打合せ等の記録が含まれることを示したものなので、新たに法的義務を
拡張したものではない。しかし、明確に作成義務に当たることをガイドライン
に示しておかないと、作成するか否かも各行政機関の裁量的判断に委ねられて
しまうので、このこと自体は前進だ。

ただし、改正ガイドラインは「打合せ等の記録」としており、別途ガイド
ラインで定めている「議事の記録」と明確に書き分けられている。「議事の記
録」とは、審議会等や閣僚を構成員とする会議等で作成が義務付けられたもの
で、「開催日時、開催場所、出席者、議題、発言者及び発言内容」を記録した
ものを指す。2012年のガイドライン改正で設けられたもので、それまで審議
会等の議事録は発言者名のないもの、きわめて簡略化された記録しか残してい
ないものなどさまざまで、このような状態も各行政機関の裁量的判断であると
されていたことに対し、「議事の記録」を定義し、それが文書の作成義務の範
囲に含まれることを明確化したものだ。

改正ガイドラインは、「打合せ等の記録」と書き分けたことで、発言者や発
言内容の記録まで義務付けたものではないという線引きがされた。実際、各行
政機関内で「いつ、誰と、何の打合せ」をしたかがわかればよく、誰が何を
言ったかなど記録しなくても可との周知が行われていたことが報道され、十分
な記録ではないのではないかと批判されることになった。

(4) 文書の正確性確保の措置

また、改正ガイドラインは行政文書について正確性確保のための手順を設け
た。これは、加計学園問題で文科省文書に記録されていた内容が不正確であっ
たという政府の認識を反映したものだ。このことを示すやり取りが、公文書管
理委員会であった。

2017年8月30日の第56回公文書管理委員会では、当時の松本文明公文書
管理担当副大臣が「この間の加計学園のときに、文科省の中で文書があったと
いうことでいろいろ出てきたわけですが、（略）文書そのものの信憑性が疑わ
れるような行政文書なるものの取り扱いというのでしょうか。そこら辺を決め

第1部　国における公文書管理の現状と問題点

ておいていただかないと、何でもかんでもとっておいて、（略）間違った誰か
の恣意的な資料が重要な資料として50年後に見られたときというのは、それ
こそ歴史を曲げてしまうことにもなりかねないので、そういったことへの対応
は、どういう対応をされようとしているのか」と、委員会での議論の文脈を離
れて突然事務方に質問し、内閣公文書管理課長が「真正性についても重い課題
だと思っておりますので、直ちにきょうの検討テーマに上がっているわけでは
ありませんけれども、よく考えなければいけない課題だと思っているところで
ございます」[15]と回答した。この会議の後に、文書の正確性確保の措置に関する
案が出てくることになる[16]。

　改正ガイドラインで定められた文書の正確性の確保の措置は、2つの手順で
構成されている。まず、文書の作成に当たっては、正確性を確保するため、原
則として複数の職員で内容を確認した上で、文書管理者（課長級）も確認し、
さらに部局長等上位の者からの指示の場合はその者の確認も経ることになった。
これが文書の作成全般に適用されるものだ。加えて、当該行政機関外との者と
の打合せ等の記録を作成する際は、相手方に発言部分を確認することを原則と
した。

　相手方に確認できないときは、相手方未確認であることを記載して打合せ等
の記録を残すこともできるとされているが、こうした手順を加えたことによっ
て、詳しい記録ではなく決まったことや確認したことだけが記録されるように
なり、どのような力学で折衝が行われ、妥結したのかなどを示す加計学園問題
での「総理のご意向」などといった発言は記録されなくなるではないか、と問
題点が指摘されている。改正ガイドライン以降、行政機関間の打合せ等の記録
についてはそれぞれが作成するのではなく、内容の確認を想定して共通の記録
しか作成されていないことが、筆者の情報公開請求でもわかっている[17]。打合せ
等の記録を作成するが、結局は記録が薄くなる方向にガイドラインが作用して
いることが、単なる懸念ではなく現実のものになっている。

38

5 行政文書の整理方法をめぐる問題

　行政文書はどのように整理されているかで、政府活動の説明責任が果たされる程度に影響があると言えるだろう。行政文書は単独で管理されているわけではなく、原則として「適時に、相互に密接な関連を有する行政文書（保存期間を同じくすることが適当であるものに限る。）を一の集合物（行政文書ファイル）」にまとめるものとされている（公文書管理法5条2項）。保存期間は行政文書ごとにつけられるが（同1項）、関連する文書をまとめた行政文書ファイルは、その中に含まれる行政文書のうち最も保存期間の長いものに合わせて保存期間が設定されるため、長期保存文書と一緒に整理されれば、比較的保存期間の短い経緯の記録なども残りやすくなる。

　しかし、「保存期間を同じくすることが適当であるものに限」って一つの行政文書ファイルに整理することとされ、短期保存文書のみまとめてファイルを作成することもできる。国立公文書館などに保管されている歴史文書は、決裁文書など何を決めたかということを示すものは残っているものの、その過程の記録が一緒に残っていないことが多いことは、これまでも指摘されてきた。[18]政府の諸活動の説明責任をまっとうすることを目的とし、4条で意思決定に至る過程及び事務事業の実績を跡付け、検証できるように文書の作成義務を定めた公文書管理法の趣旨を踏まえれば、行政文書ファイルが、制度趣旨に沿ったものとなるようまとめられていることが求められているはずだ。

　しかし、行政文書ファイルの整理の仕方は、業務上の利便性や必要性から行われていることも多く、政府の説明責任の観点から行われているとは限らない。ガイドライン留意事項は、「行政文書の分類を適切に行うことは、国の有するその諸活動を現在および将来に説明する責務がまっとうされることにも資する」としているが、同時に「事務の効率性のために重要」ともしており、実務としては後者で整理されていると思われる。たとえば筆者の経験では、森友学園に対する国有地売却に関する文書の情報公開法に基づく公開請求に対し、売却を所管した財務省近畿財務局は、13件のファイルを特定した。ほぼ売却に至る過程で行われた決裁ごとにファイルが作成されており、ファイルの名称を

第1部　国における公文書管理の現状と問題点

見る限り、たとえば森友学園への国有地売却契約書は、同年度の他の売却案件と一緒のファイルに整理されているようである。この整理は、先例を重視する行政運営上は合理性があり、効率的であるといえるが、一方で森友学園への売却に至るプロセスに沿ってファイルが構成されているわけではないので、説明責任という観点からは探索が必要な状態だ。

　行政文書管理は、行政運営において利活用できることが一義的には重要なので、このような状態が生じることを一概に問題視することはできないが、どのような単位で複数の行政文書ファイルの保存期間を同じくして、相互の関連がわかるように管理するかという課題はあるように思われる。また、行政文書ファイルを作成する際の基本原則が法の趣旨を踏まえたものであることを明確にすることが、法律上、あるいはガイドラインで必要であろう。

6　行政文書の保存期間──1年未満という保存期間

(1)　行政文書の保存期間の原則は何か

　行政文書の保存期間は、公文書管理法施行令で大枠の事項と業務区分、行政文書の類型と保存期間が定められ、ガイドラインで具体例が示されて保存期間、保存期間満了後に移管・廃棄のいずれかが定められている。ガイドラインは政府共通の保存期間基準で、これをベースに各行政機関が規則で保存期間を定め、さらに課室ごとに文書管理者が標準文書保存期間基準（以下、「保存期間表」という）を定める構造になっている。

　このうち、ガイドラインと各行政機関の規則は公文書管理委員会で検討されるが、それ以外の規程や保存期間表を審査するようなプロセスは設けられていない。実務に近く実際の業務に照らして行政文書の保存期間を決める段階になると、文書管理者に判断が委ねられる構造になっている。また、保存期間表は情報公開法に基づく公開請求をすれば公開されるが、公表する仕組みもなかった。改正ガイドラインによって、公表が義務付けられたが、総じて実務レベルでの保存期間に関心が払われてこなかった。

　行政文書の保存期間は、情報公開法施行令でもともと定められたものがあっ

たが、公文書管理法施行令では整理の仕方が変わっている。たとえば、情報公開法施行令別表2では、「法律または政令の制定、改正又は廃止その他の案件を閣議にかけるための決裁文書」を30年保存としている。一方、公文書管理法施行令別表では、事項として「法令の制定又は改廃及びその経緯」を「法律、政令、内閣府令、省令その他の規則に関する次に掲げる文書」と定め、行政文書の類型として「立案基礎文書並びに立案の検討に関する審議会等文書及び調査研究文書」（以下省略）などと列挙し、30年保存としている。決裁文書だけでなくその関連文書も同じ保存期間となるので、事務事業の類型ごとの保存期間設定に近い整理をしていると言えるだろう。

　また、情報公開法施行令と公文書管理法施行令で、保存期間が変わったものもある。たとえば、情報公開法施行令は「国又は行政機関を当事者とする訴訟の判決書」は30年保存としていたが、公文書管理法施行令では、訴訟が終結してから10年保存となった。また、「決裁文書の管理を行うための帳簿」は30年保存としていたが、公文書管理法施行令は事項と業務類型で設定しているので、帳簿類について共通の保存期間が設定されていないなどの違いがある。このような類型的な整理が、どのような原則によって保存期間が設定されているのかは明らかではない。公文書管理法や施行令、ガイドラインで特に考え方が示されていないからだ。明示的に保存期間が決められていない業務や行政文書類型の場合、業務上必要か否かで保存期間をつけていた結果、保存期間が1年未満という行政文書の問題が生じていた。

（2）1年未満という保存期間というブラックボックス

　2016年7月の南スーダンPKO日報は、同年9月末付の情報公開請求を受けて不存在決定がされ、2016年6月の森友学園への国有地売却に至る交渉記録は、2017年2月時点でやはり廃棄済みと国会で答弁されたが、いずれも理由が1年未満の保存期間で用済み後廃棄したとされていた。政府が説明責任を果たす上で不可欠と考えられる行政文書が極めて短期間で廃棄可能とされていることに批判が集まるとともに、のちに1年未満という保存期間の行政文書の特例的な位置づけを利用して、情報隠ぺいを図っていたことがわかった。そこで

41

第1部　国における公文書管理の現状と問題点

1年未満という保存期間区分の廃止を求める意見や、改善を求める意見が出ることになったが、この問題の根底には、すでに述べている通り、①保存期間を定める原則がないこと、②保存期間表など実務レベルでの保存期間の設定に関心が払われてこなかったという、二つの問題があると考えるべきだろう。

　公文書管理法の運用上、1年未満と1年以上の保存期間の違いは大きい。1年以上の保存期間である行政文書の場合、行政文書ファイル管理簿への登録と公表が義務付けられ、保存期間満了後に廃棄しようとする場合、内閣総理大臣の同意が必要で、具体的には内閣府による審査が行われ、廃棄妥当とされた場合は、廃棄簿が作成される。これらのいずれもが不要とされているのが1年未満という保存期間だ。ただし、公文書管理法はすべての行政文書について廃棄の同意が必要と定めており、1年未満の保存期間も例外ではないが、廃棄審査は行政文書ファイル管理簿によって行われているので、登録されない1年未満のものは審査ができない。そこで、2011年4月の公文書管理法施行とともに、1年未満の保存期間については包括的に廃棄に同意する内閣総理大臣決定が行われており、廃棄ができるようになっている。▶19

　しかし、1年未満という保存期間にどのような場合は該当するのかという基準や考え方、原則がなく、また何がこれに該当するのかを把握する仕組みもなく包括的に廃棄に同意していたことが、大きな問題であった。1年未満に限らず保存期間の設定の原則がないので当然の帰結でもあるし、実務に近いところで設定される保存期間の基準に関心を払ってこなかったため、把握することもしてこなかったということになるだろう。

（3）1年未満の保存期間をめぐるガイドライン改正

　改正ガイドラインは、これらの問題に対して三つの対応を行っている。一つは、各行政機関の規則に、「行政が適正かつ効率的に運営され、国民に説明する責務がまっとうされるよう、意思決定過程や事務及び事業の実績の合理的な跡付けや検証に必要な行政文書については、原則として1年以上の保存期間を定めるものとする」と定めることを求める改正を行った（第4-3（5））。また、留意事項で、保存期間については公文書管理法4条の文書作成義務の趣旨を踏

42

第 1 章　公文書管理法及びガイドラインの問題点

まえて、適切な保存期間の設定を求めた（同）。そして、1 年未満の保存期間については、該当する類型の例示を示し、これに該当せず 1 年未満で廃棄するものについては、どのようなものを廃棄したのかを定期的に公表することとした（第 7-2（3））。

　1 年未満とできる例示としては、次の 7 項目があげられている。

① 　別途、正本・原本が管理されている行政文書の写し
② 　定型的・日常的な業務連絡、日程表等
③ 　出版物や公表物を編纂した文書
④ 　○○省の所掌事務に関する事実関係の問い合わせへの応答
⑤ 　明白な誤り等の客観的な正確性の観点から利用に適さなくなった文書
⑥ 　意思決定の途中段階で作成したもので、当該意思決定に与える影響がないものとして、長期間の保存を要しないと判断される文書
⑦ 　保存期間表において、保存期間を 1 年未満と設定することが適当なものとして、業務単位で具体的に定められた文書

　⑦の規定を設けるに合わせて、保存期間表は公表しなければならないものとされ（第 4-3（1））、1 年未満という保存期間類型がまったくわからない状態ではなくなった。しかし、1 年未満として例示されている中には、問題のあるものもある。たとえば、①に該当するとして極めて短期間で廃棄されているものには、総理大臣と各行政機関幹部が面談した際の資料が含まれており、行政機関側に正本・原本があることを理由に、官邸では早々に廃棄していることがわかっている。また、正本・原本を保存しているはずの各省庁でも 1 年未満で廃棄していたことがわかっている。[20] さらに、②で 1 年未満で廃棄できる日程表には、政務三役のものが含まれていることがガイドライン改正に関する公文書管理委員会で説明されていたが、実際に大臣日程表を即日廃棄している行政機関が多数あることがわかっている。[21]

　こうした短期での廃棄について、いずれも政府としては「適法」に公文書管理法を運用した結果であり、問題がないという立場であるが、政府活動に対する説明責任、政府活動の質や適正性という観点から、法律に違反はしていない

43

第1部　国における公文書管理の現状と問題点

としても、不当な運用であると考えるべきだろう。違法でなければ何してもよいというのが政府ではなく、不当な制度運用をしないことが本来は要求されるはずだが、政府活動の質や適正性を向上させるための努力に欠くと違法ではないことのみ重視することになる典型的な例と言える。行政文書の保存期間については、1年未満という区分も含めて実態を把握してその当・不当を継続して検討していく必要があるとともにさらなる見直しも必要だ。

7　電子文書の管理と電子メール

(1) 電子文書の管理

　行政文書ファイルの90％以上が紙文書であり、紙文書と電子文書と同じものが併存している場合は、紙文書を原本として管理していることが多く、電子文書の整理方法は実務レベルに委ねられてきた。改正ガイドラインでは、電子文書の整理について一定の考え方を示している。

　電子文書には、電子決裁された文書そのものを保管している統合文書管理システムで管理されているものと、共有フォルダで保管・利用されているものと、電子メールがある。

　公文書管理法では、1年以上の保存期間である行政文書ファイルについては、行政文書ファイル管理簿に登録する義務があり、共有フォルダで保存されている電子文書にも当然適用されている。しかし、紙文書のファイルやフォルダの整理と同じように、共有フォルダ内の電子文書が整理され、階層化されて管理されていたわけではなかったことを踏まえて、電子文書を行政文書ファイル管理簿で分類する大・中・小分類でフォルダを階層化し、文書を整理するなどの方法例を示し、各行政機関で定めるファイル保存要領でも整理方法を示すよう求めた。

　さらに、その後2019年3月に「行政文書の電子的管理についての基本的な方針」を内閣総理大臣決定し、紙文書と重複する場合は、電子文書を正本・原本とすること、暫定措置として共有フォルダの整理をするが、本格的な電子管理に2022年から以降を始めることなどの方針が示されている。電子文書の管

44

理については、公文書管理法やガイドラインの改正ではなく、実行レベルでの検討がこれから進むものと思われる。

なお、地方自治体で公文書管理条例を制定しているところでも、管見の限りでは統合文書管理システムで管理されている電子決裁・供覧文書を電子文書としては管理し、共有フォルダなどの文書は明確な規律とルールの下で管理されているわけではないようである。自治体はこれからの課題として取り組む必要がある。

(2) 電子メールは管理されているのか

電子文書で問題になるのが、電子メールの管理だ。職員個人に付与されたメールアドレスで送受信される電子メールが行政文書の該当性についても議論はあるが、原則行政文書であることに議論の余地はないだろう。少なくとも、電子メールは複数間の間で送受信されるもので、保存場所が個人のメールボックスであったしても、情報セキュリティの観点から行政機関に管理権限があるからだ。ただし、保存場所がいわゆる共用場所ではないので、この点から行政文書に該当しないという議論はあり得るだろう。現状を整理すると、電子メールについては原則行政文書に該当し、1年以上保存する電子メールについては共有フォルダに移すかプリントアウトして紙文書でファイルに整理し、それ以外は1年未満の保存期間のものとして随時廃棄する、という運用になっている。改正ガイドラインでは、このうち1年以上保存する電子メールについての保存方法を示している。

具体的には、「意思決定過程や事務及び事業の実績の合理的な跡付けや検証に必要となる行政文書に該当する電子メールについては、保存責任者を明確にする観点から、原則として作成者又は第一取得者が速やかに共有フォルダ等に移すものとする」と留意事項で示した。しかし、この方法は電子メールの内容を選別して保存する手間がかかること、選別自体が適切に行われているか把握が難しいこと、電子メールでさまざまな情報共有がされているので、電子メールそのものを一括して保存するべきとの意見もある。これは、アメリカの記録管理法では、幹部職員の電子メールは国立公文書館へ移管して歴史文書とし

第1部　国における公文書管理の現状と問題点

て保存するとされていること、電子的にそれが行うこととされていることから、それを支援するため Capstone アプローチという方法を各連邦政府機関が採用していることが紹介されて議論になったものだ。[22]

　日本ではこのような一括して電子メールを保存するという考え方をとっておらず、異なる考え方で整理がされている。両者の違いは電子メールに固有の記録としての価値を見出すか否かにある。アメリカの場合、記録管理法に照らして、幹部職員の電子メールが連邦政府の活動や機能を示す記録であり、歴史的に保存される必要があるという判断がある。次に膨大な電子メールをどのように効率的に保存するかが問題なので、電子媒体での保存・移管に移行させる指令が出され、それをサポートするために、Capstone アプローチが開発されたという順になる。一方、日本は前述の通り、事項や業務類型で行政文書を整理し、保存期間を設定して管理する仕組みをとっており、電子メールという手段や媒体で保存期間を定め、移管・廃棄の判断をするという考え方をとっていない。そのため電子メールも内容に応じて、該当する業務類型に整理して保存するという整理になっている。しかし、実際の運用場面を考えると手間だけが増え、適切に判断・運用されるかは職員個人次第という運用であるため、政府活動の記録という観点から電子メールそのものに一定の価値を見出し、保存期間を設定して包括的に保存する方法などを検討する必要があるだろう。

8　行政文書の廃棄と移管

(1) 移管基準と廃棄審査

　行政文書は保存期間を満了すると、廃棄ないし国立公文書館等への移管のいずれかの措置が取られる。移管基準はガイドラインで定められているが、改正ガイドラインでは移管基準に各行政機関における重要政策を加え、各行政機関は、定期的に検討して指定し、その企画・立案から実施に至る経緯を含めた情報が記録された文書を原則移管するとした。移管対象とする重要政策は公表されることになっている。

　これまでは、政府横断的な重要政策等について移管基準を示していたが、そ

れに加えて行政機関単位でも重要政策を指定することしたのは、ガイドライン別表2で示した移管・廃棄の区分や廃棄基準で特に指定されているもの以外に、移管が進んでいないことの表れとも言える。これは、廃棄審査が実質化していないことを反映しているとみることもできるだろう。

　行政文書を廃棄する場合は、内閣総理大臣の同意が必要で、内閣府が実際は審査を行っている。公文書管理法施行から3年目までは不同意案件があったが、それ以降はほとんどない。筆者は施行から3年分の廃棄不同意リストを情報公開法に基づく公開請求により公開を受けて精査したが、不同意とされていたのは、移管基準に照らすと明らかに誤って廃棄対象とされているものがほとんどだ。独自に、あるいは専門的に歴史的価値判断を行って不同意としていたとは言いがたい。

　結局のところ、各行政機関の廃棄判断に対して、歴史的に価値があるとするにはそれなりの理由や根拠が必要であろうことは想像に難くない。そこまで踏み込んで廃棄審査ができるような蓄積や環境が人材を含めて途上であるということは言えるだろう。そうすると、各行政機関で重要政策を決めて移管していくという方法にはそれなりに合理性があるだろうが、専門的な判断能力を上げることが重要である。

(2) 行政文書ファイル管理簿問題

　ところで、廃棄審査は行政文書ファイル管理簿により行われるが、実際にはファイル管理簿に追加情報を加えたレコードスケジュール（以下、「RS」という）によって行われている。ファイル管理簿とRSにはそれぞれ課題がある。

　ファイル管理簿は情報公開法の施行に合わせて、どのような文書を保有しているかわからない請求者に対する情報提供と、各行政機関での行政文書管理のために作られ、ウェブサイトで検索できるように提供されているものだ。公文書管理法はこれを法定化して、登録項目を追加するなどして今に至っている。ファイル管理簿には行政文書ファイルの名称が登録されているが、この登録名称がファイルの背表紙になるものだ。このファイル名が以前から、情報公開請求を回避するためか、抽象的であいまいであることは指摘されてきた。公文

第1部　国における公文書管理の現状と問題点

書管理法施行令8条1項は「わかりやすい名称を付さなければならない」と特に定めている。また、ガイドラインは留意事項でファイルの「内容を端的に示すような、わかりやすい名称とする」ことを求め、あまり意味を持たないような用語、たとえば○○文書、○○綴りなどはできる限り用いないように求めている。しかし、今でも名称の抽象化が行われ、行政機関内での業務においてもファイルの背表紙から内容がわからずずさんな管理の原因になっていることがわかっている。[23]

　また、抽象的なファイル名だとファイル管理簿を用いた廃棄審査ができないはずなので、本来はもっと早く公文書管理法の運用として是正されるべきだと思われるが、それがなかなかされずにきているのには理由がある。廃棄審査に用いられているのは実際にはRSのほうで、ファイル名が抽象的な場合は内容を端的に記載する欄を設けている。このほかに、特定秘密文書が含まれているか否かなども記録する欄があり、これらを参考にして廃棄審査を行うだけでなく、ファイルが作成されてすぐに内閣府と国立公文書館はRSの提供を受け、保存期間や廃棄・移管の区分の点検を行っている。

　この手順の中で、ファイル管理簿の名称があいまいであることは把握されているが名称をわかりやすくするための是正ではなく、補足情報の提供を各行政機関から求めて政府内では処理しているにとどまっている。公文書管理法を実施するために、さまざまな仕組みや手続、手順を設けて、文書や資料が作成されているが、法制度を効果的かつ信頼されるものとして機能させるために、そうした情報が活用されていない実態が見えてくる。

9　公文書管理の評価・検証・是正プロセス

　ガイドラインが改正に加え、2018年7月20日に行政文書の管理のあり方等に関する閣僚会議で「公文書管理の適正の確保のための取組について」が決定された。それにより、「実効性あるチェックを行うための体制整備」として、特定秘密保護法の施行に伴い設けられた内閣府独立公文書管理監を審議官僚から局長級に格上げし、行政文書管理についてのチェック機能を追加し（通称、政府CRO）、その下に公文書監察室が2018年9月に設置された。また、2019

48

年4月からは各行政機関にも公文書監理官（通称、各府省CRO）を設置し、行政文書の管理と情報公開への対応の適正性や統一性を確保するため、その下に公文書監理官室が設けられた。この体制の下で、改正ガイドラインも含めた行政文書管理の徹底が図られるものとされている。

　組織的なヒエラルキーの中に行政文書管理に関する監察的機能を設けて一定の責任を持つこと自体は、必要なものと理解すべきだろう。問題はこうした監察機能が、作成される行政文書や管理の質の向上ではなく、形式化と形骸化を推し進めるような形式チェックに終始すると、形式的には問題がないが質的には問題がある行政文書が、私たちの前にこれまで以上に現れることになるということだ。重要なのは、法やガイドライン、規則などを実施レベルで機能させるためには、実務レベルでの調査・評価・検証を踏まえて、実務の調整を行うとともに、必要に応じて実務的な基準などを示すことだ。

　また、すでに実施していることの屋上屋を重ねるのではなく、活用することも考えるべきだろう。すでにRSについて述べたが、この情報が十分に活用されていれば、行政文書ファイル名の是正は各行政機関内でもできていたが、それをしてこなかったわけだ。また、公文書管理法施行令では、年1回以上の点検・監査の実施を義務付けているが、筆者が2015年に調査した時には、各行政機関で実施している点検範囲が大幅に異なっていた。他にも、さまざまな「作業」をし、情報が生み出されているが、それらが効果的に活用され、行政文書管理の質を上げることに活かされているかは大いに疑問だ。その結果が、公文書管理に対する不信感を増幅させているともいえる。

　公文書管理法は、これまでのある種の無秩序感から課題が炙り出され、問題ある実態が明らかになり、社会的議論になってきたことで、議論が政治化し政治的なリスク管理の対象となる様相になってきている。いまだ多くの課題があるとされている公文書管理法や改正ガイドラインの徹底を図る役割を担うのが、政府CROや各府省CROである。指摘されている課題が不可視化されるような制度運用を推進するのか、課題も可視化した上で開かれた議論を促す存在になるのか。そうした問題も抱えて、公文書管理法は今後議論していく必要があるだろう。

第 1 部　国における公文書管理の現状と問題点

■ 注 ■

▶ 1　なお、公文書管理法は、行政機関における文書のライフサイクルを定めた部分、独立行政法人等の法人文書のライフサイクルを定めた部分、国立公文書館等に移管された特定歴史公文書等に対する利用請求権に係る部分、そして第三者機関である公文書管理委員会にかかる部分で構成されている。それぞれの部分に課題があるが、主に議論になっているのが行政機関における行政文書管理であるので、ここに絞って述べることをお断りしておく。

▶ 2　総務省行政管理局編『詳解情報公開法』（財務省印刷局　2000 年）p.24.

▶ 3　同上。

▶ 4　「前文科次官会見『文書存在』」毎日新聞 , 2017 年 5 月 26 日。

▶ 5　「獣医学部新設 文書は共有フォルダーにも 調査は専門教育課だけ」（NHK ニュース 2017 年 6 月 5 日　http://www3.nhk.or.jp/news/html/20170605/k10011007361000.html（最終閲覧日 2017 年 6 月 6 日）

▶ 6　詳しくは、三木由希子「公文書とは何か……『薬害エイズ事件』の文書が与えた大きな影響」現代ビジネス , 2019 年 7 月 17 日。　https://gendai.ismedia.jp/articles/-/65759

▶ 7　「情報公開法要綱案の考え方」（1996 年 12 月 16 日　行政改革委員会）

▶ 8　同上。

▶ 9　最初が 2011 年 3 月に東日本大震災、福島第一原子力発電所事故を受けた政府の各種対策会議の議事録未作成問題を受け、災害時等の議事録作成、審議会等や閣僚が参加する会議の議事の記録の作成を義務づけるなどした 2012 年の改正。2 度目が、特定秘密保護法の制定後に特定秘密以外の省秘などの内部規程による秘密指定について、ガイドラインで基準を設けて各行政機関の規則に反映させた 2015 年改正。3 度目が 2017 年 12 月の改正で、自衛隊日報問題、森友学園問題、加計学園問題における公文書管理問題に対応する改正を含んでいる。

▶ 10　三木由希子「政策見直し議論の論点設定の透明性・公開性──公文書管理法の場合」『時の法令』No.2049, 平成 30 年 5 月 15 日 , 朝陽会。

▶ 11　「文科省　文書管理にルール設置へ　副文科相が必要性強調」毎日新聞 , 2017 年 6 月 29 日。

▶ 12　2017 年 6 月 21 日午前　内閣官房長官記者会見 https://www.kantei.go.jp/jp/tyou-kanpress/201707/7_p.html（最終閲覧日 2018 年 4 月 15 日）

▶ 13　「行政文書の管理に関するガイドライン」改正案に対するパブコメ意見概要」（第 59 回公文書管理委員会資料　2017 年 12 月 9 日開催）

▶ 14　「当該行政機関における経緯も含めた意思決定に至る過程並びに当該行政機関の事務及び事業の実績を合理的に跡付け、又は検証することができるよう」文書の作成が義務付けられている。

▶ 15　第 56 回公文書管理委員会議事録（2017 年 8 月 30 日開催）

▶ 16　前掲三木　『時の法令』

▶ 17　詳しくは、三木由希子「2時間会議で14行の記録……経産省「個別発言は記録不要」の実態」現代ビジネス , 2018年9月10日。https://gendai.ismedia.jp/articles/-/57445（最終閲覧日2019年7月2日）

▶ 18　たとえば、瀬畑源『公文書を使う　公文書管理制度と歴史研究』青弓社 , 2011年。

▶ 19　「公文書等の管理に関する法律第8条第2項の同意の運用について」（平成23年4月1日　内閣総理大臣決定）

▶ 20　「首相の面談記録『不存在』　対省庁幹部1年未満で廃棄」毎日新聞 , 2019年4月14日。

▶ 21　「閣僚日程11府省残さず　17年度から2年分『即日廃棄も』」東京新聞 , 2019年4月25日。

▶ 22　Capstoneアプローチについては、The U.S. National Archives and Records Administration「Guidance on a New Approach to Managing Email Records」（NARA Bulletin 2013-02　2013年8月29日 ）https://www.archives.gov/records-mgmt/bulletins/2013/2013-02.html　（最終閲覧日2019年7月2日）

▶ 23　「防衛省のファイル名、わざと分かりにくく　「公開請求逃れ」と職員証言」毎日新聞 , 2018年5月13日）

第 2 章

公文書管理法に関する
日弁連意見書

山口 宣恭

　本章が説明の対象とするのは、日本弁護士連合会（以下「日弁連」という。）
が、2018 年 12 月 20 日に公表した、「公文書管理法制の改正及び運用の改善を
求める意見書」（以下「2018 年意見書」という。）である[1]。

1　議論の出発点

　我が国における公文書管理は、旧来、役所内部における効果、すなわち事務
の適切かつ円滑な運用を専ら目的としてきた。そのため、公の主体によって作
成・取得された公文書は、専ら官公署の用に供される「公用物」として位置づ
けられ、公文書管理法・条例までは必要ないと考えられていた。

　その後、情報公開法・条例の制定により公文書が開示請求の対象となると、
公文書は、公衆の用に供される「公共用物」と位置づけられるようになり、公
文書に関する公文書管理法・条例が必要と考えられるようになった。

　しかし、情報公開法旧 22 条は、行政文書の適切な管理を努力義務にとどめ
たことから、公文書管理に対する意識は高まらず、国も地方自治体もその後の
公文書管理法制の整備を怠った。こうして公文書の杜撰な管理が見過ごされた
結果が、2007 年に、消えた年金事件、薬害肝炎患者リストの放置問題等、国
民に実害を与える重大事件として発覚した。

　当時の福田康夫首相は、公文書管理法制の整備を国家事業として取り組む姿
勢を示し、公文書管理の在り方等に関する有識者会議を設置した。2008 年 11
月、有識者会議は、政府に最終報告を提出したが、その基本認識の冒頭で、公
文書の価値について次のように語っている[2]。

「民主主義の根幹は、国民が正確な情報に自由にアクセスし、それに基づき正確な判断を行い、主権を行使することにある。国の活動や歴史的事実の正確な記録である『公文書』は、この根幹を支える基本的インフラであり、過去・歴史から教訓を学ぶとともに、未来に生きる国民に対する説明責任を果たすために必要不可欠な国民の貴重な共有財産である。」

　この言葉は、2009年に制定された公文書管理法1条の目的規定に結実したが、公文書管理法制を考える議論の出発点として、繰り返し立ち返り、参照されなければならない。

2　2018年意見書発表に至る経緯

(1)　公文書管理法制定前後の日弁連の取り組み

　前述したように、情報公開制度の導入により、公文書の位置づけは、専ら官公署の用に供するものから公衆の用に供されるものに大きく変化した。しかし、作成されるべき公文書が作成されなかったり、保存されるべき公文書が廃棄されていたのでは、公衆の用に供することができない。これでは情報公開制度が適切に機能しない。

　そこで、日弁連は、1999年の情報公開法制定以降、「情報公開と公文書管理は車の両輪である」ことを掲げ、公文書管理法制に対するさまざまな提言を行ってきた。そのなかで代表的なものとしては、以下のようなものがある。

①　2008年10月22日付「公文書管理法の早期制定と情報公開法の改正を求める意見書」(以下「2008年意見書」という。[3])

　前記有識者会議の最終報告直前に公表したこの意見書では、公文書管理庁の創設、情報公開の対象となる「行政文書」の定義である「行政職員が組織的に用いるもの」(以下「組織共用性の要件」という。)の適正な解釈運用、公文書の廃棄・紛失に対する罰則の制定等を提言した。

②　2009年4月24日付「公文書管理法案の修正と情報公開法の改正を求める意見書」

第1部　国における公文書管理の現状と問題点

公文書管理法案審議中に公表したこの意見書では、公文書管理法4条に規定された内容と同様の文書作成義務を法案に明記すること、30年を経過した公文書について原則公開とするいわゆる「30年原則」を採用すること、行政文書だけでなく裁判の記録である刑事確定記録を国立公文書館に移管する仕組みをつくること等を提言した。

③　2014年3月19日付「公文書管理法と情報公開法の改正を求める意見書」

この意見書では、電子記録管理を明確に意識した改正、保存期間1年未満文書の取り扱いの見直し等を提言した。

④　2015年12月18日付「施行後5年を目途とする公文書管理法の見直しに向けた意見書」（以下「2015年意見書」という。）

公文書管理法附則13条は、「政府は、この法律の施行（2011年4月）後5年を目途として、この法律の施行の状況を勘案しつつ、行政文書及び法人文書の範囲その他の事項について検討を加え、必要があると認めるときは、その結果に基づいて必要な措置を講じるものとする」と規定していた。そこで、施行後5年を控えた時期に、公文書管理庁の創設、徹底した電子記録管理を行う法制度への移行、いわゆる「30年原則」の採用、地方自治体における公文書管理体制の促進等を提言した。

(2) 問題事案発覚後の日弁連の取り組み

しかし、法律施行後5年目に、政府も公文書管理委員会も公文書管理法制の抜本的な見直しを行わなかったところ、2016年から2017年にかけて、いわゆる自衛隊日報問題、森友問題、加計問題といった問題事案（以下「三つの事案」という。）が次々と発覚した。事案の概要は後述するが、三つの事案に共通するのは、問題発覚当初、政府・行政機関が、「文書の不存在」を理由に開示を拒み、後に対象文書の存在が発覚して政府・行政機関の信頼性を失墜する事態を招いた点である。前述した有識者会議の最終報告が示した、「公文書が民主主義の根幹を支える基本的インフラである」との視点からすれば、我が国の民主主義の根幹を揺るがす危機的な事態に直面していると言っても過言ではない。

このような事態を受けて、日弁連は、2017年10月、第60回人権擁護大会

54

において、「情報は誰のもの？　──監視社会と情報公開を考える」と題した
シンポジウムを開催した。その基調報告書のなかで、情報公開請求による開示
を免れる抜け道として「文書の不存在」が理由とされていることを踏まえ、公
文書管理制度の改善に関する具体的方向性を指摘した。

　その内容は、①公文書管理法4条に規定された文書作成義務の厳正な履行を
求めること、②公文書管理法2条4項に規定された組織共用性の要件を削除す
ること、③保存期間1年未満文書の範囲をより限定すること、④デジタルデー
タの長期間保存を明文化すること、⑤公文書管理庁を創設すること、⑥公文書
管理条例の制定を促進することであった。

　以上述べてきたように、日弁連は、公文書管理法制について、長い時間をか
けて繰り返し問題点を洗い出し、議論を積み重ねてきた。

(3) 政府・与党及び公文書管理委員会の取り組みとその問題点

　他方、三つの事案の発覚を受けて、政府・与党や公文書管理委員会もまった
く手を拱いていたわけではない。公文書管理委員会は、2017年12月、行政文
書の管理に関するガイドラインを改正した。[5] このガイドライン改正により、た
とえば、保存期間1年未満文書の取り扱いについて一定の改善が図られた。し
かし、文書の正確性の確保を求めた点については、後述するように新たな問題
を生む結果となっている。

　また、与党は、公文書管理の改革に関するワーキングチームを立ち上げ、
2018年4月に中間報告（以下「与党中間報告」という。）[6] を、同年7月に最終
報告（以下「与党最終報告」という。）を公表した。このうち与党中間報告では、
三つの事案に関する行政の対応を厳しく批判しており、政治的立場を問わず、
三つの事案が行政への国民の信頼を揺るがした深刻な問題であったことを示し
ている。

　さらに、与党最終報告を受けた政府の閣僚会議は、2018年7月、「公文書管
理の適正の確保のための取り組みについて」（以下「政府取組」という。）[7] を取り
まとめ、公文書管理の制度設計を示した。これにより政府・与党の公文書管理
に関する方針、骨格がほぼ出揃ったといえる。

第 1 部　国における公文書管理の現状と問題点

しかし、日弁連がこれまで積み重ねてきた議論に照らすと、これら政府・与党及び公文書管理委員会の取り組みでは、現在の公文書管理法制が抱える諸問題を解決することはできない。そこで、これまでの議論を集約し、公文書管理制度のさらなる改正、改善を求めたのが、2018 年意見書である。

3　2018 年意見書の内容と説明の視点

2018 年意見書の意見の趣旨は、章末に［資料］として掲げたので参照されたい。

第一に、そもそも行政行為を文書によって記録することが確立されていなければ、恣意的な行政を回避できないし、行政に対する国民的監視をすることができない。そこで、公文書管理法 4 条が定める意思形成過程の文書作成義務の遵守を求めた（意見の趣旨 1）。

第二に、公文書管理の制度設計に関する具体的な提案を行った。

この点、日弁連は、2008 年意見書以来、公文書の恣意的廃棄が行われないようにするため、特に政治権力から独立し、専門的な見地から公文書の保存、廃棄の分別を行う組織として、公文書管理庁の創設を提言してきた。2018 年意見書では、公文書管理法制を支える人的資源として、相応の予算措置を講じて、現用文書管理の専門家であるレコードマネージャーや、現用を終えた文書の収集・保存・利用の専門家であるアーキビストを養成すべきとの提言をしている（意見の趣旨 2 (1)）。

また、日弁連は、2015 年意見書等で、電子記録管理を行う法制度への移行を提言してきたが、電子メールを日々行政実務において大量にやりとりされている実態に鑑み、電子メールの内容を公文書管理法 1 条が規定する、現在及び将来の国民に対して説明責任を負う「政府の諸活動」であると位置づけた。そして、メールアドレスが割り当てられた職員のパソコン内の送受信メールを自動保存する仕組みを構築し、一括して長期保存管理する制度設計にすることを提言した（意見の趣旨 2 (2)）。

第三に、三つの事案で明らかになった現在の公文書管理法制の問題点の指摘と、具体的な改善策を提言した（意見の趣旨 3　記載の各項目）。

56

第2章　公文書管理法に関する日弁連意見書

　以上述べたように、2018 年意見書の意見の趣旨は、①前提としての文書主義の徹底の要求、②公文書管理の制度設計の提案、③個別の文書管理法制の改善策という形で整理されている。

　これに対し、本章においては、① 2015 年意見書の発表以降明らかになった三つの事案の概要を通覧して、②共通する問題点である「文書の不存在」という抜け道を塞ぐための具体的改善点を説明する。また、③三つの事案の発覚後問題となっている文書の作成を控える傾向について、その弊害を除去するための具体的改善点を説明する。そして、最後に④日弁連が考える公文書管理制度のあるべき姿を明らかにしたい。

4　三つの事案と「文書の不存在」（説明の視点①）

（1）問題事案 1　自衛隊日報問題

　2016 年 7 月、陸上自衛隊が PKO 活動で派遣されていた南スーダンで大規模な戦闘が発生した。海外メディアは数百人の死者が出ている等と報じていたが、日本政府は、「散発的な発砲事案」であり、「武力紛争は発生しておらず PKO5 原則も崩れていない」と発表していた。この政府発表に疑問を抱き実際の活動状況を知りたいと考えたジャーナリストの布施佑仁氏が、防衛省に対し、大規模な戦闘が起きたとされる時期に、陸上自衛隊の中央即応集団司令部と南スーダン派遣部隊の間でやり取りした文書の開示請求をしたのが発端である。

　開示請求当時、派遣部隊が作成した日報が、陸上自衛隊の指揮システムの掲示板にアップロードされ、閲覧やダウンロードが可能な状態にあった。しかし、日報を開示対象から外す意図の下に、中央即応集団司令部の職員が、陸上幕僚監部関係職員に対し、日報を「個人資料」であると説明し、開示対象に含めないこととなった。その後なされた日報の開示請求に対しても、防衛省は、日報は、陸上自衛隊文書管理規則の別表第 20 備考 6 に規定する保存期間 1 年未満の文書であり、既に廃棄されたとして、「文書の不存在」を理由に不開示決定を行った。

　しかし、このことが新聞報道され、当時自民党の行革推進本部長が防衛省に

57

第 1 部　国における公文書管理の現状と問題点

再調査を求めたところ文書が発見され、さらにその後実施された特別防衛監察の結果、陸上自衛隊が日報を一貫して所持していたことが明らかになった。

この事案について、前述した与党中間報告は、「日報は貴重な歴史的一次資料であるにもかかわらず、このように極めて短い保存期間としていたのは、開示請求を受けて『戦闘』という用語が用いられていたことを隠すためではないかとの疑念を招くものである」「当初の調査で確認されなかった文書が続々と発見されている。これについても……公文書管理、情報公開に対する信頼を根本から揺るがすものである」と批判している。

与党中間報告が指摘するように、派遣部隊自身が作成し、指揮システムの利用者が閲覧できた日報は貴重な一次資料である。とすれば、当該文書は、派遣活動の成果や問題点を検証し、今後の PKO 活動の可否・内容を考えるために必要であり、長期間にわたって保管されなければならないはずである。

しかし、①日報を、「個人資料」だから組織共用性がなく「行政文書」ではないとして不開示としたこと、②実際には廃棄されていないのに保存期間 1 年未満文書で廃棄扱いとしたことは、事後検証を不可能にする行為であって，公文書管理法の精神に反することは明らかである。

(2) 問題事案 2　森友問題

2016 年 9 月、大阪府豊中市の木村真市会議員が、同市内の国有地（以下「本件土地」という。）が学校法人森友学園に売却された内容を調査するため、近畿財務局に対して本件土地売却に関する書類を開示請求したことが発端だった。その後、本件土地が隣接する国有地に比べ著しく低い金額で売却されていたことが判明したが、2017 年 2 月 24 日の衆議院予算委員会で、当時の財務省理財局長は、売却に関する交渉記録は財務省行政文書管理規則に基づいて保存期間が 1 年未満の文書とされており、売買契約成立により事案が終了したため廃棄したと答弁した。

ところが 2018 年 3 月 2 日、財務省が本件土地の売却契約に関する決裁文書を書き換えていたとの新聞報道がなされ、その後の財務省の内部調査で、2017 年 2 月下旬から 4 月にかけて、本件土地の売却に関連する決裁文書 14 件が改

58

ざんされていたことが明らかになった。2018年6月4日に財務省が公表した、「森友学園案件に係る決裁文書の改ざん等に関する調査報告書」は、交渉記録の廃棄や決裁文書の改ざんが、「国会審議が相当程度紛糾することを懸念し、それを回避する目的」でなされたものと結論づけた。

この事案について、前述した与党中間報告は、保存期間1年未満を理由とする文書の廃棄について、「不都合な記載があるから早期に廃棄したのではないかとの疑念を招くもの」とされ、決裁文書の改ざんについても「意思決定の背景に不都合な事実があったことを隠そうとしているのではないかとの批判を招く行為であり、論外である。」と厳しく批判している。

国有地の売却手続については、国の事業の実績を合理的に跡づけ、検証することができるよう文書を作成しなければならず、少なくとも会計検査院による検査期間が終了するまでは、経緯を含めた説明責任を果たすために保管されなければならない。

しかし、①行政文書は作成されたが保存期間1年未満文書として廃棄したことは、公文書管理法の精神に反するものであり、②文書の改ざんに至っては、公文書管理法の想定を超えた歴史の改ざんと言わざるをえない行為である。

(3) 問題事案3　加計問題

2017年5月17日、政府の国家戦略特区制度を活用した学校法人加計学園の愛媛県今治市での獣医学部新設問題について、文部科学省（以下「文科省」という。）が、内閣府から、「総理のご意向だと聴いている」「官邸の最高レベルが言っている」と言われたことを記載した文書を作成していたことが報道された。

当初、内閣官房長官は、「怪文書のようなものである」等と述べ、文科省は文書の存在は確認できなかったと発表した。ところが文科省の元事務次官が記者会見をして文書が本物であると話し、その後当該文書が省内の複数の部署で電子データとして共有されていたことが報道された。これに対し、文科省が、「個人のメモや備忘録は公開しないこととしているが、今回の件は、国民の声を真摯に受け止めて徹底した調査を行うという特例的な調査である」として再

第 1 部　国における公文書管理の現状と問題点

調査したところ、同年 6 月、問題の文書と同内容あるいは同じ文書の存在が確認された。

　この事案について、前述した与党中間報告は、「当初存在しないとしていたものが、外部の指摘によって再調査を行えば発見されるというのでは、不都合な事実を隠そうという意図の下で、十分な探索を行わなかったのではないかという疑念を招いてもやむをえず、公文書管理、情報公開に対する信頼を根本から揺るがすものである」と批判している。

　問題となった文書は、政府の国家戦略特区制度を活用した学部新設の認可プロセスという、まさに国が説明責任を負う事項にかかるものであり、政府及び文科省の意思決定に至る過程に関する文書を作成、保管しなければならないことは言うまでもない。省内の複数の部署で電子データとして共有され、事務次官も閲覧できた文書を、「個人のメモ」として組織共用性がなく「行政文書」にあたらないと解釈して「文書を不存在」とすることが、公文書管理法の精神に反することは明らかである。

(4) 三つの事案の共通点「文書の不存在」

　これら三つの事案いずれも「文書の不存在」が問題となっている。そして、なぜ「文書が不存在」となるのかについては、①自衛隊日報問題における「個人資料」や加計問題における「個人のメモ」は、組織共用性の要件を欠き公文書管理法 2 条 4 項の「行政文書」に該当しないという理屈であり、②森友問題と自衛隊日報問題では、「行政文書」として作成されたが保存期間 1 年未満の文書として廃棄（森友問題）、あるいは実際には廃棄していないが廃棄したことにして隠蔽した（自衛隊日報問題）という理屈である。

60

5 「文書の不存在」という抜け道を塞ぐための具体的改善点（説明の視点②）

（1）組織共用性の要件について誤った解釈運用を正す
（意見の趣旨 3（1））

　情報公開法及び公文書管理法に組織共用性の要件が置かれたのは以下の理由による。

　すなわち、情報公開法 2 条 2 項が、組織共用性を「行政文書」の要件にしたのは、情報公開法に先行して制定された情報公開条例において、「公文書」の定義に、「決裁」「供覧」を要件とするものがあり、決裁や供覧を経ていない文書の公開が拒否されるという不合理な運用がなされていたことを踏まえ、公開の対象となる文書の範囲を、「政府の諸活動を国民に説明する責務を全う」する情報公開法の目的（1 条）達成に必要な範囲に広げる見地から実質的要件として導入されたものであった。

　そして、公文書管理法 1 条に規定されている目的が、政府等の「諸活動を現在及び将来の国民に説明する責務を全う」することにあること、この目的を達成するために、同法 4 条が意思決定過程の文書の作成義務を課していることからすれば、同法 2 条 4 項の組織共用性の要件も、意思決定の過程を含めた政府の諸活動を事後的に検証するために必要な文書を広く含むものと解釈されなければならない。

　そうであるとすれば，自衛隊日報問題において、派遣部隊自身が作成し、指揮システムの利用者が閲覧できた日報は、派遣活動の成果や問題点を検証し、今後の PKO 活動の可否・内容を考えるために必要な文書であり、当然に組織共用性が認められる。

　また、加計問題で問題となった文書は、国家戦略特区制度を活用した学部新設の認可プロセスという、まさに政府及び文科省の意思決定に至る過程に関する内容のものが複数の部署で電子データとして共有されていたのであるから，当然に組織共用性が認められる。

第 1 部　国における公文書管理の現状と問題点

したがって、これらの文書を「個人資料」「個人メモ」として組織共用性を否定する解釈・運用は、情報公開法 2 条 2 項及び公文書管理法 2 条 4 項の組織共用性の解釈を誤ったものである。

では、組織共用性の要件をどのように扱うべきか。ここで考え方は二つに分かれる。

一つは、公文書管理条例研究班が公表した公文書管理条例案（公益財団法人日弁連法務研究財団研究第 105 号研究）で示したように、組織共用性の要件を撤廃することである。2017 年の人権擁護大会シンポジウムの基調報告書でも、同様の方針が示されている。

しかし、組織共用性の要件は、「行政文書」の実質的要件として、情報公開法及び公文書管理法に共通する概念である。そして、行政文書の開示請求等の不服審査を担う情報公開・個人情報保護審査会では、組織共用性の要件を用いて「行政文書」の範囲を画する判断を行っている答申例が積み重なっており、この要件の削除により解釈・運用に混乱が発生するおそれがある。

そこで、2018 年意見書では、組織共用性の要件を残した上で、「情報公開法及び公文書管理法の目的に立ち返り、ガイドラインを改正して、意思決定の過程も含めた政府の諸活動を事後的に検証するために必要な文書は、広く組織共用性の要件を充足し、情報公開及び公文書管理の対象から漏れ落ちないとする解釈指針を記載し、厳格な運用が行われるよう措置を講じる」ことで、組織共用性の要件について誤った解釈・運用を正す方向性を示した。

(2) 行政機関の諸活動と評価できる電子メールは組織共用性の要件を充足する

なお、日々行政実務においては電子メールが大量にやりとりされている実態に鑑み、電子メールが組織共用性の要件を充足し、情報公開・公文書管理の対象となるかについて意識しておくべき判例があるので、ここで紹介しておく。

これは市長と職員との一対一でなされた電子メールが、組織共用性の要件を充たし情報開示請求の対象となるかが争われた事案である。大阪地裁 2016 年 9 月 9 日判決は、組織共用性の要件を、「当該実施機関の組織において、業務

上必要なものとして、利用または保存されている状態のもの」をいうとした上で、「送受信者は、当該電子メールを個人用メールボックスに長期間にわたって保有し、必要に応じてコピーファイルを貸与された公用 PC の記録媒体に記録したり、プリントアウトしたものを保有したりするなどして」保存、利用することが十二分に想定されるならば、組織共用性が認められると判断した。

また、この裁判の控訴審である大阪高裁 2017 年 9 月 22 日判決（判例時報 2379号 15 頁）は、「市長がある職員に対してメールで職務上の指示又は意見表明をし、これを受けた職員がそのメールを転送するのではなく、その内容を敷衍して関係職員にメールで送信する場合」やその「職員が関係職員からの報告等を受けて市長に一対一メールで報告する場合」に「これが廃棄されていないとすれば」、組織共用性が認められると判断した。

電子メールが行政機関の諸活動そのものと評価できる場合は、たとえ一対一でなされたものであっても組織共用性を否定できないことに注目すべきである。

(3) 保存期間 1 年未満の文書の範囲を絞る（意見の趣旨 3 (3)）

森友問題と自衛隊日報問題では、行政機関が長期間保存すべき文書について保存期間を 1 年未満に設定し、恣意的な廃棄がなされている実態が明らかになった。

このような行政機関による恣意的廃棄を許している原因は 2 つある。①保存期間 1 年未満の文書が外部から想定している以上に広範囲にわたっていることと、②何が廃棄されているか外部から分からないことである。

第一の点について、公文書管理委員会は、2017 年 12 月にガイドラインを改正し、存期間 1 年未満の文書として、以下に示す七つの類型を明示した（ガイドライン第 4.3 (6)）。

① 別途，正本・原本が管理されている行政文書の写し

② 定型的・日常的な業務連絡、日程表等

③ 出版物や公表物を編集した文書

④ 府省の所掌事務に関する事実関係の問合せへの応答

第1部　国における公文書管理の現状と問題点

⑤　明白な誤り等の客観的な正確性の観点から利用に適さなくなった文書

⑥　意思決定の途中段階で作成したもので、当該意思決定に与える影響がない
　　ものとして長期間の保存を要しないと判断される文書

⑦　保存期間表において、保存期間を1年未満と設定することが適当なものと
　　して、業務単位で具体的に定められた文書

　しかし、②④は，ほかの情報と結びつくことで意思決定過程の跡づけや検証
に必要となる場合があることから、保存期間1年未満とすべきではない。また，
上記⑤⑥⑦の判断は、「文書管理者」という課長級の内部職員に委ねられてお
り、恣意的な判断がなされる危険性を否定できない。

　したがって，公文書管理法で文書の保存期間を1年未満にすることを原則禁
止し、ほかの文書で代替できるもの（①③）のみを例外的に認める規定とすべ
きである。

(4) 保存期間1年未満の文書の廃棄を可視化する
（意見の趣旨3(2)(3)）

　また、第二の点についてみると、①公文書管理法8条2項は、行政機関の恣
意的な文書廃棄を防止するために、廃棄に際して内閣総理大臣の協議と同意を
要件としている。しかし、公文書管理法の施行日である2011年4月1日に制
定された内閣総理大臣決定（「公文書等の管理に関する法律第8条第2項の同意の
運用について」）により、保存期間1年未満の文書は、協議を経ることなく随時
自由に廃棄できる運用となっている。

　また、②公文書管理法7条で作成が義務づけられている行政文書ファイル管
理簿についても、公文書管理法施行令12条で、保存期間1年未満の文書は管
理簿に掲載しなくてよいこととされている。そのため、保存期間1年未満の文
書は、廃棄された記録が残らず、外部から何が廃棄されたかも分からない運用
となっている。

　さらに、③公文書管理法5条2項は、相互に密接な関連を有する文書を同じ
ファイルに保存しなければならないとされているが、同条項には、同じファ

64

イルに保存される文書は、「保存期間を同じくすることが適当であるものに限る」との限定があることから、保存期間1年未満の文書をファイルから外され、自由に廃棄できる運用となっている。

そこで、2018年意見書は、①内閣総理大臣決定を廃止し、②公文書管理法施行令12条及び③公文書管理法5条2項の限定規定を廃止して、保存期間1年未満の文書の廃棄を可視化し、恣意的な廃棄を防止する提案を行った。

6 文書を作成しない弊害を除去するための具体的改善点（説明の視点③）

(1) 文書の正確性確保を理由とする改正ガイドラインの規定を削除する（意見の趣旨3(4)）

2017年12月、公文書管理委員会がガイドラインを改正し、保存期間1年未満の文書に関する変更がなされたことは前述したが、それとは別に、「文書の正確性」をキーワードとする重要な変更がなされた（ガイドライン第3.3）。この変更は、内閣府内に組織された「行政文書の管理の在り方に関する検討チーム」が作成し、同年9月20日の公文書管理委員会に突如提出された「行政文書の管理において取るべき方策について」に基づくものである。

具体的には、①文書の作成に当たっては、「文書の正確性を確保するために」、その内容を「文書管理者」（これは課長級とされている）が確認することとなった。

また、②外部の者との打合せ等の記録の作成に当たっては、相手方の発言部分等についても、相手方による確認等により「正確性の確保」を期するものとされた。

このような変更がなされたのは、加計問題での文科省の文書を巡って、文科省と内閣府との意見の相違が明るみになったことが背景にあると推察される。

しかし、①についてみれば、文書作成者によって不都合な事実が記載された文書が、文書管理者の確認がないということで「行政文書」として取り扱われない危険性がある。

また、②についてみると、打合せの各当事者の主張や受け止め方が異なる場

第1部　国における公文書管理の現状と問題点

合や、一方当事者に不都合な内容がある場合に、互いの主張を擦り合わせた結
果を残すことに時間を費やしたり、後に問題になりそうな箇所を記載しないと
いった取扱いがなされる危険性がある。

　実際にガイドライン改正後の2018年3月には、経済産業省が、ガイドライ
ンの改正内容を職員に説明するために配布した内部文書のなかで、省内外で
の打合せなどの記録について、「打合せ等の記録」は「いつ、誰と、何の打合
せ」を行ったかが分かればよく、「議事録のように、発言の詳述は必要ない」
等としていたことが発覚した。

　また、同年11月、海上自衛隊幕僚監部が幹部研修で使っていた資料に、打
合せ記録の「作成範囲の統一基準」として課長級以上の会議と明示しているこ
とが発覚した。

　そもそも打合せ等の文書の内容に各行政機関の主張や受け止め方の違いがあ
る場合、その違いをそのまま残すことこそ、意思決定過程や事務及び事業の実
績の合理的な跡づけ、検証に必要な文書作成義務を規定した公文書管理法4条
の趣旨に合致する。したがって、このような文書の作成を控えようとする動き
を防止する観点から、2018年意見書では、「文書の正確性」を求めたガイドラ
インの記載部分を削除することを求めた。

(2) 文書作成義務の遵守、徹底（意見の趣旨1）

　さらに、改正されたガイドラインでは、文書を作成すべき打合せ等の範囲を、
「別表1に掲げる事項に関する業務に係る政策立案や事務及び事業の実施の方
針等に影響を及ぼす打合せ」と規定している（ガイドライン第3.2(2)）。

　しかし、2018年意見書公表後の事象であるが、2019年6月の報道で、首相
と官庁幹部が官邸で面談した際の議事内容などの記録を、官邸側も官庁側も作
成していないことが明らかとなった。その理由として内閣官房長官は、「当該
政策を主管する立場から説明報告を行う各行政機関において作成保存される」
ものであって官邸側が作成しないことは公文書管理法及びガイドラインに違反
しないとの見解を示した。また、官庁側は、「政策立案や事業の実施の方針に
影響を及ぼす打合せに当たらない」ため、ガイドラインに違反しないとしてい

第 2 章　公文書管理法に関する日弁連意見書

る。

　しかし、首相と官庁幹部の面談は、意思決定過程のなかでも最も重要と考えられ、政策立案や事業の実施方針に影響を与えないとは到底考えられない。私見ではあるがかかる打合せ記録の文書作成義務を官邸側が免除される根拠もなく、両者の対応が公文書管理法 4 条及びガイドラインに違反していることは明らかである。意見の趣旨 1 の概説で既に述べたとおり、そもそも行政行為を文書によって記録することが確立されていなければ、恣意的な行政を回避できないし、行政に対する国民的監視をすることができない。官邸及び各府省には、公文書管理法 4 条が定める意思形成過程の文書作成義務の遵守徹底を、改めて強く求めたい。

7　日弁連が考える公文書管理制度の制度設計　（説明の視点④）

（1）政府取組の問題点と公文書管理庁の設置（意見の趣旨 2 (1)）

　以上に述べてきた現行制度の改善が速やかに行われるべきであることは言うまでもないが、最後に日弁連の考える公文書管理の制度設計を、2018 年 7 月に取りまとめられた政府取組に即して述べておきたい。

　政府取組によれば、公文書管理の適正を確保するための機関として、①2018 年 9 月、特定秘密の指定・解除・管理が適切かどうかを検証・監察する機関である独立公文書管理監（局長級）に、各府省における行政文書の管理状況について常時監視する権限を追加し、この者の下に「公文書監察室」を設置した。

　また、② 2019 年度に、各府省に、行政文書の管理及び情報公開の実質的責任者となる「公文書監理官（審議官級）」を設置し、この者の下に府省内の行政文書の管理及び情報公開への対応の適正性や統一性を確保するため、「公文書監理官室」を設置し、公文書管理に係る専門的知見や実務経験を有する者の配置を検討することとしている。

　しかし、局長級があてられる独立公文書管理監が、内閣総理大臣、国務大臣、

67

第1部　国における公文書管理の現状と問題点

政務官等、高い政治レベルの活動に関する行政文書や、事務次官級等、自身より位階の高い者に関する行政文書の管理状況を監視できるか甚だ疑問である。

　また，独立公文書管理監の本来の職務は、特定秘密に関する検証・監察であるところ、かかる本来業務が十分になされているとは到底評価できないのに、これと兼務して特定秘密よりも膨大な行政文書全体の管理状況を監視することはおよそ不可能である。

　さらに、既に各府省には、行政文書の確認権限を付与された「文書管理者」（課長級）及びこれを補佐する「文書管理担当者」、指導監督の役割を果たす「総括文書管理者（正副）」が設置されている。それらに加えて、「公文書監理官」及び「公文書監理官室」というポストを設置することは、多数の指導監督者からの指摘を回避したいとの思惑が働き、行政職員の萎縮を招き、かえって作成すべき文書を作成しなくなるおそれを否定できない。

　そもそも、どの文書を保存し廃棄するかの分別は、公文書管理をチェックする作用と位置づけられるべきであり、時の政治権力の介入及び各行政機関の恣意的な公文書管理を排除しなければ、公文書管理法1条が規定する，「国及び独立行政法人等の有するその諸活動を現在及び将来の国民に説明する責務」を全うすることはできない。

　そこで、2018年意見書では、時の政権や府省の利害を超えて公文書全体を統括し、専門的な見地から独立の判断により行政文書の管理状況に関する報告又は資料の提出を求め、立入調査等の権限も与えられた数百人規模の人員からなる公文書管理担当機関を創設することが必要かつ急務であると訴えた。

　また、公文書管理法制を支える人的資源として、相応の予算措置を講じてレコードマネージャーやアーキビストを養成し、上記機関及び各府省に配置すべきであることは、前述したとおりである。

(2) 行政文書の電子記録管理（意見の趣旨2(2)）

　行政文書の電子的記録管理について、政府取組によれば、今後作成する行政文書は電子的に管理することを基本とすることとし、作成から保存、廃棄・移管までを一貫して電子的に行うための仕組みの在り方を、内閣府において

2018 年度中に策定するとしていた。

これを受けて 2019 年 3 月、「行政文書の電子的管理についての基本的な方針」が示された。これによれば、個人的な検討段階で作成した文書は当該個人のみがアクセス可能な「個人用フォルダ」に格納し、組織的な検討中に入った行政文書は「検討中フォルダ」、組織的な検討を経た行政文書は「記録用フォルダ」に格納し、各フォルダを峻別すること、保存期間開始後は記録用フォルダを読み取り専用に設定し、書換え・削除ができないようにすること等が規定され、組織共用性に関する一定の配慮が見られる。

また、電子メールについては、職員の日常業務の円滑かつ効率的な遂行のための利便性の高い連絡手段であると位置づけ、意思決定過程や事務・事業の実績の合理的な跡づけ・検証に必要となるものについては、行政文書として確実に整理・保存することの必要性が明記されたこと、メールの自動廃棄システムを採用しないことを明言した点は評価できる。

ただし、メールの選別・保存については、現状では従前どおり、原則として作成者及び第一取得者が速やかに共有フォルダに移す取扱いがなされているようである。

しかし、日々の行政実務で大量にやりとりされる電子メールを、作成者及び第一取得者がいちいち「行政文書」に該当するか否かを判断し共有フォルダに移す方法は、機能的とは言えないばかりか、恣意的判断が入り込み、本来保存されるべきデータが保存されない結果を招く可能性を否定できない。

そもそも、電子メールが職員の日常業務の円滑かつ効率的な遂行のための利便性の高い連絡手段であるならば、電子メールの内容は，政府及び行政機関の諸活動そのものであると位置づけるべきである。

この点、アメリカ合衆国では 2011 年 11 月 28 日付オバマ大統領の政府管理記録に関するメモランダムで、永久保存及び現用の電子メール記録をアクセス可能な電子フォーマットに管理することとなっている[8]。技術的にみて日本に出来ないことはないはずであり、したがって、メールアドレスが割り当てられた職員のパソコン内の送受信メールを自動保存する仕組みを構築し、一括して長期間保存管理すべきである。

第 1 部　国における公文書管理の現状と問題点

(3) 不適切行為に関する内部通報専用の窓口の設置
（意見の趣旨 3(6)）

　三つの事案について、各府省に置かれた内部職員からの法令違反等に関する通報を受けつける内部通報制度はまったく機能しなかった。

　そこで、2018 年意見書では、内部通報制度の対象範囲を、公益通報者保護法 2 条 3 項に規定される犯罪事実等に限定せず、職務上の内規違反も含めた公文書管理に関する不適切な行為に拡大し、かつ、通報した職員の保護を徹底する新たな公文書管理に関する内部通報制度を整備することを提言した。

(4) 公文書の改ざん、廃棄に関する罰則の取扱い
（意見の趣旨 3(5)）

　森友問題では、決裁文書の改ざんに関与した者の刑事訴追が見送られた。そのため文書の改ざんに対する罰則を導入すべきとの声は非常に大きい。

　この点、日弁連は、2008 年意見書で、恣意的で不適切な文書の廃棄や杜撰な管理による文書の紛失を防止するために，①公用文書毀棄罪の積極的な運用と，②過失による廃棄や紛失についての罰則を設けることを提言した。

　しかし、2018 年意見書を取りまとめる過程で、刑法上の公文書偽造・変造罪、虚偽公文書作成罪とは別に新たな故意犯規定を制定することについては意見が分かれた。すなわち、懲戒処分を超えて罰則の対象とすると、行政機関の職員が文書の作成自体を控え、あるいは文書の作成に当たって不都合な事実となりうる記載を差し控えるようになるのではないかとの懸念が示された。他方、政府取組が定めるような重い懲戒処分だけでは身内に甘い処分しかなされないのではないかとの指摘がなされた。

　そのため 2018 年意見書では、「新たな故意犯の導入については、慎重な検討を求める」との表現となっている。

70

（5）公文書管理から情報自由基本法の制定へ

　以上、2018年意見書について、「情報公開と公文書管理は車の両輪」であるという日弁連の立場から、「文書の不存在」を理由とする情報開示の拒否を防ぎ、かつ最近の傾向である文書の作成を控える動きに対抗する具体的方策を検討した。また、日弁連が考える公文書管理制度のあるべき姿にも言及した。

　日弁連は、冒頭の有識者会議の最終報告と同じく、公文書及びその内容である公的情報を、民主主義の根幹を支える基本的インフラであり国民の貴重な共有財産であると捉えている。そして、この公的情報の取り扱いに関連する、公文書管理法、情報公開法、特定秘密保護法、公益通報者保護法等の諸法のうえに、憲法21条で保障された「知る権利」を具体的権利として明文化した包括的な基本法である「情報自由基本法」の制定を目指している（2016年2月18日付「情報自由基本法の制定を求める意見書」参照）。[9]

　2018年意見書が、我が国の公文書管理法制をよりよいものとし、情報自由基本法の制定に向けた議論の出発点になることを期待したい。

第 1 部　国における公文書管理の現状と問題点

■ 注 ■

▶ 1　https://www.nichibenren.or.jp/library/ja/opinion/report/data/2018/opinion_181220.
pdf（最終閲覧日 2019 年 8 月 23 日）

▶ 2　https://www.cas.go.jp/jp/seisaku/koubun/hokoku.pdf（最終閲覧日 2019 年 8 月 23 日）

▶ 3　https://www.nichibenren.or.jp/library/ja/opinion/report/data/081022.pdf（最終閲覧日
2019 年 8 月 23 日）

▶ 4　https://www.nichibenren.or.jp/library/ja/opinion/report/data/2015/opinion_151218.pdf
（最終閲覧日 2019 年 8 月 23 日）

▶ 5　https://www8.cao.go.jp/chosei/koubun/hourei/kanri-gl.pdf（最終閲覧日 2019 年 8 月
23 日）

▶ 6　https://jimin.jp-east-2.os.cloud.nifty.com/pdf/news/policy/137260_1.pdf（最終閲覧日
2019 年 8 月 23 日）

▶ 7　https://www8.cao.go.jp/chosei/koubun/hourei/honbun.pdf（最終閲覧日 2019 年 8 月
23 日）

▶ 8　https://obamawhitehouse.archives.gov/the-press-office/2011/11/28/presidential-
memorandum-managing-government-records（最終閲覧日 2019 年 8 月 23 日）

▶ 9　https://www.nichibenren.or.jp/library/ja/opinion/report/data/2016/opinion_160218_4.
pdf（最終閲覧日 2019 年 8 月 23 日）

[資料] 公文書管理法制の改正及び運用の改善を求める意見書

2018年12月20日
日本弁護士連合会

意見の趣旨

1　政府が行政機関の職員に対し、公文書等の管理に関する法律（以下「公文書管理法」という。）4条に定める意思形成過程文書に関する文書作成義務について、行政文書の管理に関するガイドライン（以下「ガイドライン」という。）の規定する文書主義の原則を徹底させることを求める。

2　公文書管理法制の制度設計に関し、

　(1)　公文書の恣意的な廃棄等が行われないように監視するため、独立した第三者機関としての公文書管理庁を設置すること

　(2)　公文書管理法を、行政文書の作成段階から徹底して電子記録管理を行う法制度に変更すること

　　を政府及び国会に対して求める。

3　現行の公文書管理法、ガイドラインの改正及び運用の改善に際しては、

　(1)　事後的検証に必要な文書が、情報公開及び公文書管理の対象から外れない運用をすること（公文書管理法2条4項、ガイドライン第1関係）

　(2)　行政文書ファイルにおける文書整理に関する「保存期間を同じくすることが適当であるものに限る」（公文書管理法5条2項）との文言を削除すること

　(3)　文書の保存期間を1年未満とすることを原則禁止すること（公文書管理法8条2項を受けての内閣総理大臣決定、ガイドライン第4、3関係）

　(4)　ガイドラインから「可能な限り、当該打合せ等の相手方（以下「相手方」という。）の発言部分等についても、相手方による確認等により、正確性の確保を期するものとする。」との規定を削除すること（ガイドライン第3、3関係）

　(5)　罰則について新たな故意犯を導入するのであれば、慎重に検討すること

　(6)　公文書管理に関する法令違反等の不適切行為に関する内部通報専用の窓口を、各府省及び新設する公文書管理庁に整備すること

　(7)　長期間利用制限をすべき秘匿性の高い文書であっても利用年限は30年を超えないとするいわゆる「30年原則」を制度化すること（公文書管理法16条関係）

　　を政府に対して求める。

第2部
地方公共団体における
公文書管理の現状と問題点

第3章　地方公共団体における
　　　　公文書管理の現状と課題　　　　早川　和宏

第4章　相模原市における
　　　　公文書管理　　　　　　　　　　飯田　生馬

第3章

地方公共団体における
公文書管理の現状と課題

早川 和宏

はじめに

　行政文書の管理に関するガイドライン[1] 10 頁には、「行政機関の意思決定及び事務事業の実績に関する文書主義については、行政機関の諸活動における正確性の確保、責任の明確化等の観点から重要であり、行政の適正かつ効率的な運営にとって必要である」との記述がある（傍点は筆者による。以下同じ。）。ここでいう「行政機関」は、公文書等の管理に関する法律（以下「公文書管理法」という）2条1項が規定するものを指すため、そこに地方公共団体（以下「自治体」という）の行政機関は含まれない。しかしながら、文書主義の重要性が、自治体においてもそのまま妥当することに、異論はないであろう。

　ここで示されている「行政機関の諸活動における正確性の確保、責任の明確化」「行政の適正かつ効率的な運営」は、単に文書を作成することによって果たされるわけではない。当該文書を利用できる状態にしておくこと、すなわち、公文書管理がなされなければ、正確性の検証、責任追及、適正性の検証、効率性の向上は図れないからである。

　そのため、自治体においても、従前から公文書管理がなされているわけであるが、その法形式・内容はさまざまである。これは、各自治体における公文書管理が自治事務としてなされてきていることからすれば、当然のことといえる。しかし、公文書管理法が施行されている今日、自治体における公文書管理の法形式・内容には一定の制約が課されていると考えられる。なぜならば、同法34条が「地方公共団体は、この法律の趣旨にのっとり、その保有する文書の適正な管理に関して必要な施策を策定し、及びこれを実施するよう努めなけ

第3章　地方公共団体における公文書管理の現状と課題

ればならない」と定めているからである。

　公文書管理法が全面施行されたのは、2011（平成23）年4月のことである。同法の趣旨にのっとった公文書管理は、自治体に浸透しているのであろうか。浸透していないとすれば、それは何故なのであろうか。このような問題意識の下、本章では、自治体における公文書管理の現状を概観するとともに、その課題を提示したい。

1　自治体における公文書管理の根拠

（1）自治体における公文書管理の根拠法令

　総務省自治行政局行政経営支援室は「公文書管理条例等の制定状況調査結果」を2015（平成27）年3月と2018（平成30）年3月に公表している[2]。それによると、自治体における公文書管理の根拠法令の状況は、**表3-1**、**表3-2**のとおりであるとされている。

　いずれの調査結果を見ても、条例による公文書管理は圧倒的少数派である。また、この2回の調査の間に「条例」の数は増減していないのに対して、指定都市・市区町村では「定めていない」の数が減少し、「規則・規程・要綱等」が増加している。このことから、「条例」は新たに制定されていないが、指定都市・市区町村では「規則・規程・要綱等」の制定が進んだように見える。し

表 3-1　平成 27 年調査

（1）公文書管理条例等の制定状況について

		都道府県		政令指定都市		市区町村	
		団体数	構成比(%)	団体数	構成比(%)	団体数	構成比(%)
制定済		46	97.9	15	75.0	1568	91.1
	条例	5	10.6	4	20.0	12	0.7
	規則・規程・要綱等	40	85.1	11	55.0	1544	89.7
	その他	1	2.1	0	0.0	12	0.7
定めていない		1	2.1	5	25.0	153	8.9
合計		47	100.0	20	100.0	1721	100.0

出典：総務省「公文書管理条例等の制定状況調査結果」2015（平成27）年3月。

77

第 2 部　地方公共団体における公文書管理の現状と問題点

表 3-2　平成 29 年調査

(1) 公文書管理条例等の制定状況について

		都道府県		指定都市		市区町村	
		団体数	構成比(%)	団体数	構成比(%)	団体数	構成比(%)
制定済		47	100.0	20	100.0	1,605	93.3
	条例	5	10.6	4	20.0	12	0.7
	規則・規程・要綱等	40	85.1	15	75.0	1,583	92.0
	その他	2	4.3	1	5.0	10	0.6
定めていない		0	0.0	0	0.0	116	6.7
合計		47	100.0	20	100.0	1,721	100.0

出典：総務省「公文書管理条例等の制定状況調査結果」2018（平成 30）年 3 月。

かし、このような評価は誤りである。

　調査結果によれば、都道府県で「条例」となっているのは、平成 27 年調査では神奈川県、鳥取県、島根県、香川県、熊本県であり、平成 29 年調査では東京都、鳥取県、島根県、香川県、熊本県であるとされている。神奈川県が減り、東京都が増えたことから、5 団体という数字に変化がないわけであるが、神奈川県が公文書管理条例を廃止したわけではない。神奈川県法規集を確認する限り、同県には神奈川県立公文書館条例は存在するものの、同法規集の第 1 編第 1 章「第 1 節の 2　文書等」には、公文書管理条例やそれに類する名称の条例は存在していない。[▶3]

　また、平成 27 年調査で「定めていない」となっていた唯一の都道府県は、栃木県であるとされているが、同県には栃木県文書等管理規則（平成 13 年 3 月 30 日栃木県規則第 17 号）や栃木県文書等取扱規程（平成 13 年 3 月 30 日栃木県訓令第 1 号）が定められている。同様に、平成 27 年調査で「定めていない」となっている指定都市である、さいたま市、川崎市、新潟市、浜松市、岡山市においても、調査時点において文書管理規則・規程は定められていた。更に、平成 29 年調査で「定めていない」となっている、市区町村についても、例規集を確認すると文書管理に関する規則・規程を見つけることができるものが多い。

　このように、平成 27 年調査、平成 29 年調査の結果には、疑問がある。この疑問は、2015（平成 27）年 10 月 28 日に開催された公文書管理委員会（第 45 回）配布資料 1 － 4 の「平成 26 年度『公文書管理の在り方に関する調査』調査結果」

（以下「内閣府調査」という[4]）を見ると、さらに深まる。すなわち、同資料によれば、「アンケート調査に回答した914団体中、公文書管理の条例化を行っている団体は88団体、条例化に向けて具体的に検討している団体は16団体、具体的には検討していない団体は783団体（無回答27）」とされているのである。2015（平成27）年1月5日時点のものである総務省の平成27年調査では、「条例」が都道府県5、政令指定都市4、市区町村12の計21団体だったのに対し[5]、同年2月に調査した内閣府調査では88団体になっている[6]。

　このように、公文書管理条例の制定状況に関する総務省、内閣府の調査結果にはいくつもの疑問がある。このような疑問が生じる原因としては、調査時の質問項目の立て方の問題[7]、回答団体の違い、回答者の誤解・認識不足等いくつかのものが考えられるが、根本的な原因として、「公文書管理条例」とは何であるのかについての共通認識がないまま調査がなされていることを指摘できよう。

　字句どおりの意味で捉えれば、公文書管理条例とは、「公文書管理に関する条例」である。「条例」という法形式を用いているか否かは一目瞭然であるため、問題となるのは「公文書管理に関する」という部分である。例えば、情報公開条例に「実施機関は、この条例の適正かつ円滑な運用に資するため、公文書を適正に管理するものとする」といった条文が置かれている場合、これは、公文書管理条例といえるのであろうか？

　「公文書管理に関する条文が置かれている条例である」という意味でいうならば、これを肯定的に解することもできよう。しかし、国においては、行政機関の保有する情報の公開に関する法律（平成21年法律第66号による改正前のもの）22条1項が、「行政機関の長は、この法律の適正かつ円滑な運用に資するため、行政文書を適正に管理するものとする」と定めていたにもかかわらず、公文書管理法が制定されている（同条は、公文書管理法（平成21年法律第66号）の施行に伴い削除されている）。つまり、このような条文が存在するだけでは不十分だったからこそ、公文書管理法が制定されたのである。先述のように、公文書管理法34条により、自治体には公文書管理法の趣旨にのっとるよう努めることが求められているのであるから、情報公開条例中の一つの条文の存在を以って、これが果たされていると解することはできないであろう。

第2部　地方公共団体における公文書管理の現状と問題点

　では、どうすれば公文書管理法の趣旨にのっとることができるのか。この点については、法形式、内容の二つの側面から検討する必要がある。内容面については、本章2で検討することとして、先ずは公文書管理の法形式について検討したい。

（2）公文書管理条例と公文書管理規則・規程の違い

　公文書管理法34条は、自治体に対して公文書管理条例の制定を明文で義務付けているわけではない。そのため、公文書管理「条例」までは必要とされていないと解する余地があるように思える。

　周知のように、自治体は憲法94条によって条例制定権を有している。そして地方自治法14条は、条例によって義務賦課・権利制限が可能であること、条例に刑罰を科する旨の規定を置くことができることを定めている。自治体が定めることのできる法形式のうち、義務賦課・権利制限が可能であるのは、条例のみである。また、条例の制定改廃は議会の必要的議決事項（地方自治法96条1項1号）であると同時に、当該議決に異議があるときは、長はこれを再議に付することができる（同法176条1項）。すなわち、議会・長という二元代表双方の合意の下で制定改廃されるのが条例である。

　これに対して規則・規程は、自治体の長・委員会等によって制定されるものであり、議会の議決を要しない。また、規則・規程を制定することができるのは、長・委員会等の「その権限に属する事務」に限定されているため、組織横断的な定めを置くことができない（地方自治法15条1項、138条の4第2項、222条2項）。

　以上のような条例と規則・規程の違いから、公文書管理条例と公文書管理規則・規程との間には、次のような違いが生ずることになる。

①　公文書管理規則・規程は長・委員会の判断のみで随時制定改廃が可能であるのに対し、公文書管理条例の制定改廃には議会の議決が必要である（二元代表の合意≒住民の合意がある）。

②　公文書管理規則・規程は長・委員会等ごとに定めなければならないのに対し、公文書管理条例は一つの条例で長・委員会等について組織横断的に規律

第3章 地方公共団体における公文書管理の現状と課題

することができる（情報公開条例が「実施機関」として長・委員会・委員をあげているのはこのためである）。

③ 公文書管理規則・規程で義務賦課・権利制限をなすことはできないが、公文書管理条例であれば可能である（情報公開条例が、その規律対象に地方独立行政法人を入れたり、非公開情報を定めることにより情報公開請求権を制限したりしているのはこのためである）。

④ 公文書管理規則・規程に刑罰を置くことはできないが、公文書管理条例であれば可能である（個人情報保護条例が刑罰規定を置くことができるのは、このためである）。

さらに、著作権法との関係では、公文書管理条例でなければ、以下の法効果は発生しない。[9]

⑤ 地方公文書館等[10]における未公表著作物の公衆への提供、提示に係る著作者の、みなし同意（著作権法18条3項3号・5号）

⑥ 公表権（同法18条1項）の適用除外（同条4項7号・8号）

⑦ 氏名表示権（同法19条1項、90条の2第1項）の適用除外（同法19条4項3号、90条の2第4項3号）

⑧ 地方公文書館等における保存のための複製（同法42条の3第1項）、閲覧・写しの交付のための利用（同条2項）

(3) 条例によらない公文書管理がもたらしているもの

本章1（1）で確認したように、圧倒的多数の自治体は、公文書管理規則・規程によって公文書管理を行っている。しかし、公文書管理条例と公文書管理規則・規程には、本章1（2）で述べたような違いが存在する。そこで、条例によらない公文書管理が具体的にどのような状況を引き起こしているのかについて、公文書のライフサイクルの各段階に分けて検討してみたい。

1）作成・取得段階

いかなる文書も、誰かに作成されなければ存在しえない。そこで、自治体における公文書管理の対象となる文書は、①自治体によって作成されたもの、②

81

第2部　地方公共団体における公文書管理の現状と問題点

何人かによって作成され、自治体が取得したものの2種類に分けられる。

　公文書の作成・取得が公文書管理規則・規程によって規律されている場合、法令等によって義務づけられているもの[11]を除けば、いかなる公文書を作成し、取得するのかという点については、規則・規程制定権者の自由である。そのため、住民にとって作成が必要な文書であっても、規則・規程上は作成を要しないとすることが可能である。

　また、規則・規程が長・委員会等ごとに定められるものであることから、A委員会では作成すべきとされている公文書であっても、B委員会では作成しなくてもよいとすることが可能であり、自治体内における公文書管理の程度に差が生じやすくなる。この差は、以下の2）〜4）でも生じうる。

2）整理段階

　作成・取得された公文書は、いつでも探せる状態になければならない。これは、当該公文書を用いて仕事をする公務員にとってのみならず、当該公文書の公開を請求する住民にとっても当てはまる。しかしながら、何を整理の対象にするか、いかなる整理をするかが公文書管理規則・規程に委ねられている場合、公務員にとっての利便性が重視され、住民にとって使いにくい（探しにくい）整理になってしまいかねない。

　たとえば、国の行政文書については、保存期間1年未満のものについては行政文書ファイル管理簿に記載しなくてもよいこととされているが（公文書管理法7条1項ただし書、同法施行令12条）、これにより開示請求時の文書の特定が困難になっている。

3）保存段階

　一般に、保存期間が満了した公文書は廃棄される。そのため、保存期間が満了した公文書に対して情報公開条例に基づいて公開請求をしても、文書不存在を理由とする非公開決定がなされることになる。このことから、公文書管理規則・規程が定める文書の保存期間は、当該文書に対する情報公開請求が可能な期間を画するという効果をもつといえる。換言すれば、情報公開請求権の消滅時期を定めるのが、公文書の保存期間なのである。このような状態は、情報公

82

第3章　地方公共団体における公文書管理の現状と課題

開条例にもとづく権利を、規則・規程で奪うことを可能にしているといえよう。

4）移管または廃棄段階

　多くの自治体は公文書館を設置していないため、「移管」という概念をもっていない。一般に「移管」とは、保存期間が満了した公文書を公文書館に移し、その管理下に置くことをいう。公文書館を設置している自治体の情報公開条例では、その対象文書から公文書館が管理する文書を除外するのが一般的である（行政機関情報公開法2条2項2号参照）。移管された公文書は、公文書館条例等によって閲覧に供されることになる（公文書館法4条1項参照）。そのため、どれを廃棄し、どれを移管するかの判断（「評価選別」といわれることが多い）は、公文書館における閲覧可能性を左右することになる。公文書管理規則・規程に基づく移管は、規則・規程制定権者にとって都合のよい文書のみを移管することを可能にしているといえよう。

5）移管後の利用段階

　先述のように、未公表著作物が公文書館に移管されてきた場合、また、個人の日記等が公文書館に寄贈・寄託された場合、著作権法18条が定める公表権を侵害しない形で閲覧に供すること、その写しを交付することは、公文書管理条例でなければできない。

　また、公文書館に移管された後の利用関係を公文書管理法16条1項のように権利として捉えるならば、公文書館における利用制限（同項各号参照）は、「権利を制限する」ものに該当するため、地方自治法14条2項の規定により、条例でなければならないことになる。

　以上述べてきたように、公文書管理規則・規程にもとづく公文書管理は、規則・規程制定権者の恣意的な運用を可能にするとともに、法律上の問題を抱えている。これを解消するためには、「条例」という法形式でなければならないといえよう。

83

第2部　地方公共団体における公文書管理の現状と問題点

2　公文書管理条例の規律対象

(1) 公文書管理法の規律対象

　本章ではこれまで、特に断りなく「公文書」という用語を用いてきたが、自治体における公文書管理は、公文書管理法の趣旨にのっとるよう努めることが求められているのであるから（同法34条）、管理の対象とすべき「公文書」の内容を明らかにする必要があろう。

　公文書管理法は、その正式名称である「公文書等の管理に関する法律」が示すように、「公文書等」の管理について定めるものである。同法上「公文書等」とは、行政文書、法人文書、特定歴史公文書等の三つの文書をいう（同法2条8項）。行政文書の定義は同条4項でなされており、行政機関の保有する情報の公開に関する法律（以下「行政機関情報公開法」という）2条2項の「行政文書」の定義と基本的に一致している。法人文書の定義は公文書管理法2条5項でなされており、独立行政法人等の保有する情報の公開に関する法律2条2項の「法人文書」の定義と基本的に一致している。特定歴史公文書等の定義は公文書管理法2条7項でなされており、歴史公文書等（同条6項）のうち、①行政文書が国立公文書館等に移管されたもの、②法人文書が国立公文書館等に移管されたもの、③国の機関（行政機関を除く）から国立公文書館に移管されたもの、④法人その他の団体（国及び独立行政法人等を除く）又は個人から国立公文書館等に寄贈又は寄託されたもの、という4種類の文書がこれに該当する。

　公文書管理法1条が述べるように、同法は「国及び独立行政法人等の諸活動や歴史的事実の記録である公文書等が、健全な民主主義の根幹を支える国民共有の知的資源として、主権者である国民が主体的に利用し得るものであることにかんがみ」て定められたものである。したがって、自治体が同法の趣旨にのっとるためには、当該自治体が保有する「公文書等」に相当する文書全般について、すなわち行政文書、法人文書、特定歴史公文書等に相当する文書の管理を条例で定める必要があろう。

　なお、公文書管理法は、「現用文書と非現用文書を包括した公文書のライフ

第3章　地方公共団体における公文書管理の現状と課題

サイクル全体を対象としたオムニバス方式の一般法[12]」であるといわれる。ここでいう現用文書とは、行政文書（公文書管理法2条4項）と法人文書（同条5項）を、非現用文書とは特定歴史公文書等（同条7項）を指すが、公文書管理法と同じくオムニバス方式を用いることまでが同法の趣旨であるとはいえないであろう[13]。たとえば、公文書館を設置している自治体においては、非現用文書の管理について定める公文書館条例のみが存在し、現用文書の管理について定める公文書管理条例が制定されていない例があるが[14]、これは、公文書管理法の趣旨に一部のっとっているものと解されよう。

（2）公文書管理条例の規律対象

前項で述べたように、公文書管理法の趣旨にのっとって条例による公文書管理を行う場合、その規律対象は、同法にいう行政文書・法人文書・特定歴史公文書等に相当する文書の3種類になる[15]。しかしながら、公文書管理に関する条例を見ると、その一部しか規律していないものが多数存在する。これまでに制定された公文書管理に関する条例を、制定順に並べ、規律対象とする文書の種類という視点から分類すると、**表3-3**のようになる[16]。

表3-3　公文書管理条例の規律対象

条例名	行政文書	法人文書	特定歴史公文書等	公文書館等の有無
宇土市文書管理条例	○	○ （宇土市土地開発公社）	× （教育委員会への引継ぎに1か条を当てるのみ）	無
名古屋市情報あんしん条例	× （行政文書の管理につき1か条を当てるのみ）	× （地方独立行政法人の文書は行政文書扱い） 出資法人等は努力義務	×	有 （名古屋市市政資料館）
ニセコ町文書管理条例	○	×	× （歴史的資料等の保存に1か条を当てるのみ）	無

85

第2部　地方公共団体における公文書管理の現状と問題点

大阪市公文書管理条例	○	○ （地方独立行政法人・大阪市住宅供給公社） 出資等法人・指定管理者は努力義務	○	有 （大阪市公文書館）
島根県公文書等の管理に関する条例	○	○ （地方独立行政法人）	○	有 （島根県公文書センター）
熊本県行政文書等の管理に関する条例	○	○ （地方独立行政法人・熊本県道路公社）	○	無
鳥取県公文書等の管理に関する条例	○	○ （地方独立行政法人・鳥取県住宅供給公社・鳥取県土地開発公社）	○	有 （鳥取県立公文書館）
安芸高田市公文書管理条例	○	×	○	無
志木市公文書管理条例	○	× （出資法人・指定管理者への指導に係る努力義務規定のみ）	× （市長への引継ぎに1項を当てるのみ）	無
札幌市公文書管理条例	○	○ （地方独立行政法人）	○	有 （札幌市公文書館）
秋田市公文書管理条例	○	○ （地方独立行政法人） 公的団体（出資法人・指定管理者）は努力義務	○	無
草津市市政情報の管理に関する条例	○	○ （草津市土地開発公社）	○	無
香川県公文書等の管理に関する条例	○	×	○	有 （香川県立文書館）

86

小布施町公文書管理条例	○	× （出資法人・指定管理者は努力義務）	○	有 （小布施町文書館）
高松市公文書等の管理に関する条例	○	× （出資法人・指定管理者は努力義務）	○	有 （高松市公文書館）
相模原市公文書管理条例	○	× （出資法人等・指定管理者は努力義務）	○	有 （相模原市立公文書館）
武蔵野市歴史公文書等の管理に関する条例	× （移管・廃棄につき1か条を当てるのみ）	×	○	有 （武蔵野市立武蔵野ふるさと歴史館）
三豊市公文書等の管理に関する条例	○	× （出資法人等・指定管理者は努力義務）	○	有 （三豊市文書館）
藤沢市公文書等の管理に関する条例	× （作成・整理等の2か条しかなく、内容も不十分）	× （出資法人・指定管理者は努力義務）	× （重要行政文書につき、1か条を当てるのみ。藤沢市文書館条例にも管理に関する規定はない）	有 （藤沢市文書館）
東京都公文書の管理に関する条例	○	○ （地方独立行政法人）	× （公文書館長への引継ぎに1か条を当てるのみ。公文書館条例は制定されていない）	有 （東京都公文書館）
高根沢町公文書管理条例	○	×	○	無
愛媛県公文書の管理に関する条例	○	○ （地方独立行政法人・愛媛県土地開発公社）	×	無

第2部　地方公共団体における公文書管理の現状と問題点

天草市行政文書管理条例	○	×	× （天草アーカイブズへの移管につき1か条を当てるのみ。ただし、天草市立天草アーカイブズ条例で管理されている）	有 （天草市立天草アーカイブズ）
豊島区公文書等の管理に関する条例	○	× （出資法人等は努力義務）	△ （特定重要公文書の保存等・廃棄につき2か条を当てるのみ）	無
山形県公文書等の管理に関する条例	○	○ （地方独立行政法人）	○	有 （山形県公文書センター）
滋賀県公文書等の管理に関する条例	○	○ （地方独立行政法人） 出資法人・指定管理者は努力義務	○	有 （滋賀県立公文書館）
那須町公文書の管理に関する条例	○	×	×	無

注：　2019（平成31）年3月31日時点の条例（未施行分を含む）による。

　　この表から、公文書管理条例をその規律対象によって分類すると、以下のようになる。
① 　行政文書管理条例
　　ニセコ町、志木市、那須町
② 　法人文書管理条例
　　（この類型に該当する条例は、寡聞にして知らない）
③ 　特定歴史公文書等管理条例
　　武蔵野市（そのほか、特定歴史公文書等の管理について定める公文書館条例もここに含まれる）
④ 　行政文書・法人文書管理条例
　　宇土市、東京都、愛媛県

第3章　地方公共団体における公文書管理の現状と課題

⑤　行政文書・特定歴史公文書等管理条例

安芸高田市、香川県、小布施町、高松市、相模原市、三豊市、高根沢町、天草市[17]、豊島区

⑥　法人文書・特定歴史公文書等管理条例

（この類型に該当する条例は、寡聞にして知らない）

⑦　行政文書・法人文書・特定歴史公文書等管理条例

大阪市、島根県、熊本県、鳥取県、札幌市、秋田市、草津市、山形県、滋賀県

⑧　公文書管理条例とは言い難いもの

名古屋市、藤沢市

　以上のように、ひとくちに「公文書管理条例」といっても、その規律対象はさまざまである。条例制定時の人的・物的・財政的制約等により、当初から公文書管理法の趣旨にのっとることが困難である自治体が存するであろうことは想像に難くない。その意味では、⑦（行政文書・法人文書・特定歴史公文書等管理条例）に分類されたもの以外は、発展途上の条例であると評価することもできよう。

　発展途上であるならば、条件が整ったとき（条件を整えたうえで）発展させれば（改正すれば）よい。たとえば、④（行政文書・法人文書管理条例）に分類された「東京都公文書の管理に関する条例」は、特定歴史公文書等を条例の規律対象に入れる改正を予定しているとのことであり[18]、改正後は⑦に分類されることになろう。

3　公文書管理条例の制定が進まない理由

　本章1（3）で述べたように、自治体が公文書管理法の趣旨にのっとる形でその保有する文書を管理するためには、条例という法形式を用いる必要がある。しかしながら、公文書管理条例を制定している自治体は圧倒的少数派である。これは何故なのであろうか。

　本章1（1）で取り上げた総務省の平成29年調査では、次のようなデータが示されている（**表3-4**）[19]。

89

第2部 地方公共団体における公文書管理の現状と問題点

表 3-4 公文書管理条例等の制定予定

(3) 公文書管理条例等の制定予定について

	都道府県		指定都市		市区町村	
	団体数	構成比 (%)	団体数	構成比 (%)	団体数	構成比 (%)
制定に向けて検討中					1	0.9
制定するかどうかも含め検討中					25	21.6
検討していない					90	77.6
不要					0	0.0
合計					116	100.0

注：構成比は、条例等を定めていない団体に対する割合
出典：総務省「公文書管理条例等の制定状況調査結果」2018（平成30）年3月。

表 3-5 公文書管理条例等の制定を検討していない理由

(4) (3)にて検討していない又は不要の理由について

	都道府県		指定都市		市区町村	
	団体数	構成比 (%)	団体数	構成比 (%)	団体数	構成比 (%)
現段階で制定する必要が無い					37	41.1
条例等を制定するための体制 が整っていない					44	48.9
その他					9	10.0
合計					90	100.0

注：構成比は、条例等の制定を検討していない又は不要とした団体に対する割合
出典：総務省「公文書管理条例等の制定状況調査結果」2018（平成30）年3月。

　先に述べたように、同調査にいう「公文書管理条例等」とは、公文書管理規則・規程を含むものとして用いられている。同調査の「集計表（市区町村詳細）[20]」によれば、この表は、公文書管理条例等を「定めていない」と回答した自治体に対する質問への回答を取りまとめたものである。しかしながら、この質問に回答した自治体の例規集を確認すると、公文書管理について定めている規則・規程が多数存在する[21]。そのため、この質問については、「公文書管理条例等」と「公文書管理条例」を混同し、「公文書管理条例」を制定していない自治体が回答した可能性が高いと思われる。この推測が正しいのであれば、「公文書管理条例」の制定は「不要」であるとする自治体は存在しないが、「検討していない」自治体が90（77.6%）あるということになる。

第 3 章　地方公共団体における公文書管理の現状と課題

　同調査では、この質問で「検討していない」「不要」と回答した 90 の自治体
に対して、その理由を聞いている。その結果が、**表 3-5** である。

　これについても、「公文書管理条例等」ではなく「公文書管理条例」につい
ての回答であると仮定するならば、公文書管理条例制定の必要性に対する認識、
条例制定のための体制整備が、公文書管理条例が増えないことの要因であると
考えられよう。

　また、内閣府調査では公文書管理の条例化に向けて「具体的には検討してい
ない」と回答した団体（783 団体）に、具体的な検討に至らない理由について
きいている。その結果は、「情報公開条例など既存の仕組みにより十分に対応
できている」が 368 団体（47%）、「条例制定に対応する体制が整っていない」
が 271 団体（34.6%）、「具体的なメリットがない」が 143 団体（18.3%）、「住民
の理解やニーズが期待できない」が 76 団体（9.7%）であるとされている。

　さらに、公益財団法人東京市町村自治調査会が 2013（平成 25）年 7 月に行っ
た、東京の多摩・島しょ地域の 39 市町村に対するアンケート調査の結果によ▶22
れば、調査対象となった 39 団体のうち 38 団体が「公文書管理条例制定の計画
はない」としており、その理由については、「現行の文書管理規則で問題がな
いため」が 39.5%、「職員の手が回らないため」が 31.6%、「公文書管理法は自
治体に対して努力義務のため」が 10.5%、「公文書管理条例化の進め方がよく
分からないため」が 10.5% であるとされている。

　以上の三つの調査の回答のうち、「現段階で制定する必要が無い」（41.1%）、
「情報公開条例など既存の仕組みにより十分に対応できている」（47%）、「現行
の文書管理規則で問題がないため」（39.5%）、「公文書管理法は自治体に対して
努力義務のため」（10.5%）については、本章 1（2）で述べた条例と規則・規程
の違い、同（3）で述べた規則・規程による公文書管理の問題点に関する理解
の不足（あるいは誤解）が背景にあると考えられよう。公文書管理法の趣旨に
のっとった公文書管理を自治体が実現するためには、公文書のライフサイクル
全般にわたる条例による管理が必要だと解されるからである。

　一方、「条例等を制定するための体制が整っていない」（48.9%）、「条例制定
に対応する体制が整っていない」（34.6%）、「職員の手が回らないため」（31.6%）、
「公文書管理条例化の進め方がよく分からないため」（10.5%）については、条

91

例制定事務に係る公文書管理条例化阻害要因であるといえよう。

「体制が整っていない」という回答については、その背景に何があるのかが問題である。「公文書管理法にのっとるためには公文書館の設置が必要であるように思えるが、新しくハコモノを設置する予算が無い」という意味であるならば、既存施設を転用する、図書館・博物館等と併設する、公文書館機能を特定の部署に担わせる等の方法により、これを解決することが可能である[23]。「条例化のための人員が確保できない」という意味であるならば、「職員の手が回らない」という回答と同義であり、公文書管理事務に係る自治体の意識（政策としての優先順位の低さ）の問題であるともいえる。「公文書管理条例化の進め方がよく分からない」については、本章2（2）で示した自治体に問い合わせることが可能である。

このように見てくると、①条例による公文書管理の必要性について正しく認識する→②政策としての優先順位が上がる→③人員を配置する→④先行事例を調査する、といった流れをつくることができれば、公文書管理条例の制定は進んでいくものと考えられよう。

おわりに

2011（平成23）年4月に公文書管理法が全面施行されてから、8年以上が経過した。しかし、「公文書管理法ができたことによって、国における公文書管理が適切になされるようになった」と言い切れないことは、森友学園問題、加計学園問題、自衛隊日報問題等によって明らかにされている（第1部第2章参照）。その意味では、公文書管理条例を定めたからといって、適切な公文書管理が実現するとは言い切れない。

当たり前のことであるが、公文書管理条例の制定は、適切な公文書管理を実現するための手段であって、制定自体が目的ではない。また、管理の対象となる公文書は、自治体の日々の活動によって作成・取得されるもの（動的作用）であることから、自治体の活動が変化すれば、それにともなって変化する。その意味では、公文書管理条例は、制定後も、常に点検し、改善され続けなければならないという性質を有しているといえよう。

92

第 3 章　地方公共団体における公文書管理の現状と課題

　このような公文書管理条例の性質から、いわゆる PDCA サイクル（plan-do-check-act cycle）の確立が重要な意味を持つことになる。P においては、公文書管理条例・規則・規程等の下での文書管理が抱えている問題点の把握が欠かせない。D においては、公文書管理に係る職員の意識改革が欠かせない。C においては、文書主管課の視点は勿論、公文書管理に係る専門家の視点、公文書の究極的持ち主である住民の視点が欠かせない。A においては、特定の部署において発生した公文書管理を巡る問題であっても、これを全庁的なものとして捉え、全庁的に改善を図るという視点が欠かせない。[24]

　この PDCA サイクルを意識した公文書管理条例があれば、国において発生したような公文書管理をめぐるさまざまな問題は起こりにくくなるであろう。そしてそれは、公文書管理法が想定している以上に、自治体および地方独立行政法人等の有するその諸活動を現在および将来の国民に説明する責務（同法 1 条）を全うすることにつながるであろう。

　注記：本章で示した URL は、2019（令和元）年 5 月 28 日時点のものである。

93

第２部　地方公共団体における公文書管理の現状と問題点

■ 注 ■

▶1　内閣府ウェブサイト https://www8.cao.go.jp/chosei/koubun/hourei/kanri-gl.pdf 参照。

▶2　それぞれの調査時点は 2015（平成 27）年 1 月 5 日、2017（平成 29）年 10 月 1 日であることから、以下「平成 27 年調査」「平成 29 年調査」という。なお、両調査における「公文書管理条例等」という用語は、条例以外にも規則、規程、要綱等で公文書管理について定めている場合を含むものとして用いられている。調査結果の詳細については、総務省ウェブサイト http://www.soumu.go.jp/main_content/000545165.pdf および http://www.soumu.go.jp/main_content/000542521.pdf 参照。

▶3　2014（平成 26）年 12 月 26 日時点、2015（平成 27）年 3 月 31 日時点の神奈川県法規集を確認したところ、いずれにおいてもこのようにいえる。

▶4　この調査は、2015（平成 27）年 2 月に 1,788 の地方公共団体を対象に公文書の管理状況について調査を実施したもの（914 団体より回答）とのことである。内閣府ウェブサイト https://www8.cao.go.jp/koubuniinkai/iinkaisai/2015/20151028/20151028haifu1-4.pdf 参照。

▶5　ちなみに、国立公文書館統括公文書専門官室連携担当「公文書管理条例の制定状況について」http://www.archives.go.jp/publication/archives/no071/8305 の注 4 によれば、「総務省調査における条例制定済みの公共団体の数は 21 となっているが、今回改めて調査したところ、総務省調査の時点では 19 である。挙げられている公共団体のうち、静岡県森町、東京都板橋区については、前者が『森町情報の公開に関する条例』、後者が『東京都板橋区立公文書館条例』を指しているものと見られ、除外する必要がある」とのことである。

▶6　2019（平成 31）年 2 月 22 日に開催されたセミナー「公文書管理のあるべき姿〜民主主義の根幹を支える基盤〜」（日本弁護士連合会主催／日弁連法務研究財団共催）の打合せにおいて、情報公開クリアリングハウスの三木由希子氏にご教示いただいたところ、①自治体へのアンケート調査項目には「条例制定の有無」という設問がそもそもなかった、②「88」という数字が出てきた根拠は不明である、とのことであった。調査票を確認したところ、公文書管理を条例化している地方公共団体のみが回答する質問項目（B-1）が問 29 から問 31 まで用意されており、ここに回答した団体数を単純計算して「88」を導き出した可能性が否定できない。もっとも、同調査票には、何を以って「公文書管理を条例化している」といえるのかについての記載は無い。

▶7　たとえば、全国歴史資料保存利用機関連絡協議会（全史料協）調査・研究委員会が 2009（平成 21）年に実施した「地方自治体の歴史的公文書等の取扱いに関するアンケート調査」では、「貴自治体の文書管理に関する最も基本的な例規は、次のうちどれですか」との質問への回答の選択肢が、a〜i の 9 つに分かれており、回答した 970 団体中「文書管理に関する根拠規定はない」を選択したのは 4 団体（0.4%）であった。調査票および調査結果については、全史料協ウェブサイト http://jsai.jp/linkbank/tmpdata/linkbank100505.pdf 参照。

▶8　山形県情報公開条例 16 条 1 項、富山県情報公開条例 36 条 1 項、広島市情報公開条

第 3 章　地方公共団体における公文書管理の現状と課題

例 20 条など、多数の情報公開条例がこのような条文を置いている。

▶ 9　著作権法上の「公文書管理条例」とは、「地方公共団体又は地方独立行政法人の保有する歴史公文書等の適切な保存及び利用について定める当該地方公共団体の条例」をいう（同法 18 条 3 項 3 号かっこ書き）。

▶ 10　著作権法上の「地方公文書館等」とは、「歴史公文書等の適切な保存及び利用を図る施設として公文書管理条例が定める施設」をいう（同法 18 条 3 項 3 号かっこ書き）。

▶ 11　法令によって自治体に作成が義務付けられているものとしては、議会の会議録（地方自治法 123 条 1 項）、住民基本台帳（住民基本台帳法 6 条）、土地課税台帳・家屋課税台帳（地方税法 382 条 3 項）、指導要録（学校教育法施行規則 24 条 1 項）など枚挙に暇が無い。一方、取得（受理）が義務付けられているものとしては、請願（請願法 5 条）、戸籍の届出（戸籍法 46 条、47 条 1 項）、求人・休職の申込み（職業安定法 5 条の 5、5条の 6 第 1 項）などがあるほか、行政手続法 7 条（申請に対する審査、応答）・37 条（届出）や、これに相当する行政手続条例の規定もあげることができよう。

▶ 12　宇賀克也（2015・平成 27）『逐条解説　公文書等の管理に関する法律〔第 3 版〕』第一法規 , p.10.

▶ 13　たとえば、行政手続法 46 条が定める努力義務規定に応えるため、行政手続条例中に意見公募手続に係る規定を置く自治体と、パブリックコメント条例を別に定める自治体とがあるが、後者が同法の趣旨に反しているとはいえないであろう。

▶ 14　福岡県では、福岡県立公文書館条例が非現用文書の管理について定めているが、現用文書の管理について定める条例は制定されていない。

▶ 15　以下、自治体が保有する文書についても、「行政文書」「法人文書」「特定歴史公文書等」という表現を用いる。

▶ 16　公文書管理条例の分類を試みるものとして、拙稿「地方公共団体における公文書管理条例制定の状況と特色」中京大学社会科学研究所アーカイブズ研究プロジェクト編（2017・平成 29）『地方公共団体における公文書管理制度の形成──現状と課題』公職研 ,p.66. 参照。本章では、「文書」や「情報」の「管理」を条例名にあげているものにつき、各文書の管理に関する条文の有無という視点のみから分類を行ったため、一部これと異なる分類になっている。

▶ 17　天草市には、天草市行政文書管理条例と天草市立天草アーカイブズ条例の両方があることから、ここに分類した。

▶ 18　東京都公文書館在り方検討会議の報告書（2019（平成 31）年 3 月 29 日）http://www.soumu.metro.tokyo.jp/01soumu/archives/01shinkan_arikatakentoukaigi.pdf　p.2 によれば、東京都では、現行の公文書管理条例に、「新たな公文書館が完成する平成 31 年度に合わせて、（仮称）歴史公文書等（歴史資料として重要な公文書等）に関する規定を追加する予定である」とのことである。なお、本稿校正段階では「東京都公文書の管理に関する条例改正案概要」http://www.soumu.metro.tokyo.jp/ikennkoubo.pdf が公表されくおり、その主なポイントとして「歴史公文書制度の導入」があげられている。

95

第 2 部　地方公共団体における公文書管理の現状と問題点

▶ 19　前掲・注 2 参照。

▶ 20　総務省ウェブサイト http://www.soumu.go.jp/main_content/000542614.xlsx 参照。

▶ 21　たとえば、「公文書管理条例等」を定めていないと回答している旭川市には、たしか
に「文書管理」「公文書管理」と題する規則・規程は見当たらないが、「旭川市事務取扱
規程」で文書管理について定めており、また「旭川市史編集資料の収集保存に関する規則」
も制定されている。

▶ 22　公益財団法人東京市町村自治調査会「市町村における公文書管理方法に関する
調 査 報 告 書 」（2014（平 成 26）年 3 月）http://www.tama-100.or.jp/contents_detail.
php?co=cat&frmId=383&frmCd=2-5-11-0-0　p.207.

▶ 23　全史料協調査・研究委員会編「公文書館機能ガイドブック」2015（平成 27）年。
http://www.jsai.jp/kanko/guidebook/index.html 参照。

▶ 24　たとえば、広島県監査委員「文書等の管理に係る監査の結果報告書」2011（平成 23）年，
p.7 は、「文書管理に係る不適切事案が発生した場合などは，それを教訓として全庁的に
事務改善を図り，不適切事案の再発を防ぐ必要がある」としている。

第4章

相模原市における公文書管理

飯田 生馬

はじめに

　相模原市は昭和29年に市制を施行した、戦後に誕生した市としてはじめての政令指定都市である。面積328平方キロ、人口72万2,000人、平成18年及び19年に当時の津久井郡4町と合併し（神奈川県では平成の合併が行われたのは、唯一相模原市と津久井郡だけである）平成22年4月政令指定都市へと移行（20都市中19番目の政令指定都市）し、山梨県や東京都町田市、八王子市、神奈川県大和市、座間市、厚木市などの自治体と接している。

　平成25年12月24日に公文書管理条例を制定、平成26年10月1日に公文書館を開館した。

　平成29年11月には全国歴史資料保存利用機関連絡協議会全国（神奈川相模原）大会を、テーマ「公文書館法30年——今、問われる公文書管理」と題して、政令指定都市としてはじめて開催した自治体立の公文書館である。

　今回は公文書管理条例の必要性と厳しい自治体運営のなかで民主主義を支える基盤である公文書管理について、相模原市の事例は必ずや他の基礎自治体においても参考になるであろう事項について「相模原市における公文書管理」と題して紹介をさせていただくこととした。

1　文書の増加

　相模原市は、平成16年に統合文書管理システムを導入し、電子決裁、文書の電子化に努めはじめた。これはいち早くではないにしても決して遅い導入で

97

図4-1　統合書管理システム上の年間の起案件数

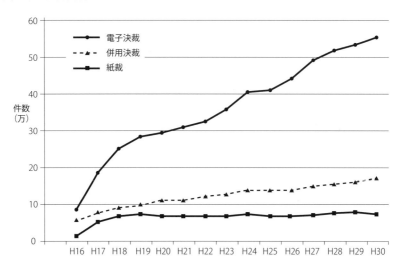

※企業会計（下水道）の関係文書は別システムで管理
平成30年度　総件数　796,352件（平均170件／人）

はない。人口62万人（平成16年当時）を抱える役所としての文書の作成保存管理を紙ベースから電子データとして取り扱いはじめることはデータ量が膨大であり、紙に慣れ親しんだこれまでの慣行スタイルから大きな改革で、パッケージ利用が難しい自治体の大きさのなかで相当な力技と指導力が必要であったことが想像できる。

　平成22年にはそれまでの永年保存文書を30年保存文書に改める。この際に30年を超える文書が相当数あることから、一度に30年の保存年限を迎えると事務的に処理能力を超えることが想定され、5年間の猶予期間を置くこととし、平成27年3月までに旧永年の30年満了文書の処理を行えるよう例規を整えることとした。同時に非現用文書のうち重要な公文書の保存を文書管理規則に規定した。これで今流の歴史的公文書の保存制度を、条例の委任を受けた規則のなかで規定することとなったのである。

　年間起案数の表を見ると起案件数は右肩あがり、電子文書が増えているもののまだまだ紙文書も残っていることがわかる、現状電子文書は7割、電子と紙

の併用文書が2割、紙文書が1割という状況である。それでも人口72万の自治体で、電子化がここまで進みはじめたともみることができるのではないか。

2　公文書とは

　公文書とは何であろうか、役所が作成した文書、何となくそう感じているひとが多いのかもしれない、広辞苑によれば「国または地方公共団体の機関、または公務員がその職務上作成した文書」とある。さて、法令上はどのように規定されてきたのか、公文書館法という法律がある、昭和62年に制定され現在でも公文書館が拠り所とする法律である。この法律の第2条に「この法律において「公文書等」とは、国又は地方公共団体が保管する公文書そのほかの記録（現用のものを除く）をいう。」と規定されており、はじめて公文書等の定義がおかれたものである、公文書等の等には現用のものは除くという非現用文書について公文書と等しいものとして等の位置づけが行われた。これによって、非現用文書である歴史的公文書が市民国民の前へ法令の位置づけの下、明らかにされたものである。では、公文書自体の法令上の定義はどうなっているのであろうか。自治体においては、昭和57年金山町で公文書公開条例がはじめてつくられ公文書の定義がおかれることになった。相模原市においても昭和60年に公文書公開条例を制定し、公文書の定義を置いた。しかしながらそこには非現用文書の概念はない。平成11年に制定された情報公開法においても同様である。非現用文書について具体的に法令上定義が行われたのは、平成21年に制定された公文書管理法において行政文書として定義が置かれ、非現用文書についても歴史文書として管理保存について規定が置かれたのである。

3　公文書管理法

　平成21年6月公文書管理法が成立し、平成23年4月には施行された。この法律には、公文書の管理はもちろんのこと、現用文書のみならず非現用文書について保存・利用についても規定されているのである。この公文書管理法と前段2の公文書館法との比較を**表4-1**に掲載する。そこには同じ公文書を取り扱

第 2 部　地方公共団体における公文書管理の現状と問題点

表 4-1　公文書館法と公文書管理法の比較

公文書館法	公文書管理法
地方公共団体への責務（保存・利用）	公文書管理の目的
公文書等の定義	公（行政）文書・特定歴史公文書等の定義
公文書館の定義	
保存・閲覧・調査研究・施設	行政文書の管理
館長・専門職員・その他の職員	法人文書の管理
	歴史公文書等の保存・利用
地方公共団体の条例で設置	地方公共団体の責務（文書の適正管理）

う規定ではあるが、館を主体にしているのか文書管理を規定していくのかの違いが見えてくる。

(1) これまでの公文書管理でいいのか

　現用文書の所管部局は市役所では多くが総務部系である。しかしながら非現用文書である歴史的公文書を取扱っている部署は、現用文書の作成や整理などと直接関係しているというよりは、むしろ現用文書が廃棄される段階において、歴史資料として重要なのかどうかという視点から評価選別をしていく、この関係からのつながりをもつ古文書室や文書館などが多いのではなかろうか。しかしながら公文書管理法では、歴史資料というよりも後世に残すべき重要な公文書だからこそ、一つの法律で現用文書から非現用文書に至るまでの公文書管理について一元的に規定がされているのである。このことは法律制定のうえで検討された考え方であり、それぞれの自治体においても十分読み解いていただきたい部分でもある。

(2) 公文書管理に関する条例制定団体数

　全国の都道府県、市区町村のなかで 23 団体だけが条例制定団体ということである。大半が規則や規程といった内部の規定で対応している状況の証しである。

第 4 章　相模原市における公文書管理

表 4-2　条例制定団体数

都道府県	7
政令指定都市	4
市区町村	12
計	23

出典：令和元年 6 月　全国公文書館長会議資料から

(3) 公文書管理法第 34 条（地方公共団体の文書管理）

　地方公共団体は、この法律の趣旨にのっとり、その保有する文書の適正な管理に関して必要な施策を策定し、及びこれを実施するよう努めなければならない。（情報公開法第 25 条も同様な規定）と規定している。この規定を自治体はどのように解釈されているのであろうか。いくらなんでも知らないとは言わないにしても、あまりにも条例を制定する団体の少なさから関心がないのか、あえてそのままにしているのか、不思議でならない。

(4) 地方公共団体の対応

　公文書管理条例を制定している団体は 23 団体である。この内政令指定都市は 4 団体、情報公開制度がスタートした時は加速的に広がっていった情報公開条例（公文書管理条例と同様に情報公開法では地方公共団体に対して法律の趣旨にのっとり必要な施策を講ずるよう努めるものとするというほぼ同様の規定が法整備されていた。）とは異なり、公文書管理条例はまだまだ役所に、その必要性を十分認識するところまできてはいないのではないかと感じられてしまうのである。なぜであろうか。情報公開制度とは異なり住民が直接公文書管理をするわけではなく、現に存在する文書管理制度、公文書管理規則や規程で当面は役所内部でなんとかなっているということなのであろうか。だが非現用文書である歴史的公文書はそうはいかない。条例化されてはじめて歴史的公文書に対する保存が義務付けられ利用が権利として行使できるものであり、公文書の管理も地域住民として、適正に行われているかどうかのチェックが行える、これは条例に規定されてはじめて法令に基づいてもの申せるようになることではなかろうか。

101

第2部　地方公共団体における公文書管理の現状と問題点

4　相模原市の場合

（1）経過

　市制施行と同時に昭和29年11月に文書取扱いに関する規程、昭和38年3月に文書の作成や整理に関してファイリングシステムを他に先駆けて導入することとなり、文書の管理方法を規定するため文書管理規程に改正した。平成13年3月には、情報公開条例施行に伴いそれまでの規程を格上げして公文書管理規則を制定、さらに平成16年4月には電子決裁を含む統合文書管理システムの導入。平成22年4月には永年保存を30年保存文書とし、歴史的公文書の選別をスタートした。平成25年12月公文書管理条例制定、平成26年10月市立公文書館開館と続くのである。

　ここには情報公開法、公文書管理法の影響は大きいものがある。しかし、それを超えて公文書管理を条例化していこうとする熱意と努力、さらには市民のため条例化を進めていくとした市長をはじめとする理事者の理解と実行力なくして進められるものではない。

（2）なぜ公文書管理条例が必要なのか。

　相模原市の考え方をまとめると以下の六つがあげられる。

①　執行機関も含めた統一的な文書管理のルールができること。

②　住民の代表である議会の同意を得たルールで市民共有の財産が管理できること。

③　歴史的公文書を利用する権利を規定し、義務を課すには条例が必要であること。

④　非現用文書の安定的保存が可能となること。

⑤　情報公開と文書管理は車の両輪の関係にあり、もう一方の情報公開が条例形式で定められているからには、もう一方の文書管理についても条例が必要。

⑥　審査会委員の守秘義務違反について罰則を定めるには条例が必要。

102

第4章　相模原市における公文書管理

（3）条例への取組み

　公文書管理法の制定に伴い、地方公共団体に対して、公文書の適正な管理に
関し必要な施策を策定するよう努めるものとする、という規定が制定された。
もちろんこれまでにも地方公共団体では訓令や規則ではあっても様々な文書管
理の規定を制定し公文書の管理に努めてきた。しかしながら国が法律で制定し
ている公文書管理制度を、市民の代表である市議会の意見を聞くことなくその
まま条例化せずによいのか、それで住民に対して公文書管理法が求める必要な
施策を策定したと言い切れるのか、あるいは公文書は何のために作成するのか
などを考えたときに導き出されたものが、規則の条例化であり、そこには非現
用文書の保存利用についても含めた内容とすべきではないかということである。
さらに、相模原市の場合はこの取組みはトップダウンではなく議員提案でもな
く担当部局の熱意と努力によるボトムアップであり、それは例え業務が増えて
も地方公共団体として市民のため、なんとしてもやり遂げていこうという熱意
と意気込みがあったからこそである。

（4）条例制定に向けた動き

　平成21年6月公文書管理法の制定を受け、文書保存年限の見直しや歴史的
公文書の保存に向けてそれまでの文書管理規則を改正した。この改正では、永
年文書を30年保存とし、保存年限満了の時点で再度歴史的公文書として保存
していくかの確認を原課をまじえて行い、30年保存の満了文書が一時に到来
することから、5年間の経過期間を設け事務対応に支障が出ないようにするこ
とも忘れてはいなかった。

　条例化に向けて庁内調整を行うとともに市総合計画の実施計画に公文書館機
能の構築に向けた検討を進めることを入れ込んだ。さらにどれだけの文書がど
こで保存されているのか、特に平成18年、19年に合併した旧津久井郡4町の
保存文書については、作成時点で文書の整理の仕方が旧市域とは異なることか
ら、かつての役場の書庫を直接現地確認を行い保存状況などの実地調査を行っ

103

第2部　地方公共団体における公文書管理の現状と問題点

た。その結果各役場のあった場所や近くの場所に、それぞれ旧役場の永年文書が十分な保存環境にあるとは言えない状態のものも含め保存が確認されたのである。

　平成24年4月相模原市情報公開・個人情報保護・公文書管理審議会に対して公文書のあり方等について市長から諮問、およそ1年をかけ7回に亘り調査審議を行い平成25年6月審議会から答申が行われた。そこには、「地方自治体の公文書及び歴史的公文書は、地方自治の本旨に鑑みれば、当然に市民のものであり、共有の知的資源として、適正に管理・保存・利用していくためには、行政の内部規定である規則ではなく、条例においてその仕組みや基準を定めることが必要である。」と記されていた。

　平成25年12月議会に条例案を提案、歴史的公文書の取り扱いや執行機関における公文書管理の状況などについて質問・意見が述べられたが全会一致で可決成立、翌年4月には相模原市公文書管理条例が施行されることとなったのである。

(5)　条例の特徴

　相模原市公文書管理条例は法を基本として相模原市として自治体独自の部分を上乗せした。文書作成段階からのレコードスケジュール化、合理的に跡付け、検証できるように文書を作成すること、そのための公文書作成に関する指針の策定、さらには文書の廃棄にあたってはホームページで公表するだけではなく、第三者の審議会の意見をあらかじめ聴かなければならないなどの規定を盛り込んだのである。

　さらに、非現用文書である歴史的公文書の保存及び利用を請求する権利として規定した。

　このことにより、現用文書と同様に何人も権利として利用することができることとなり役所側には情報公開のときと同様に、請求された歴史的公文書を原則利用とすることが義務としてが課せられることとなったのである。これは単なる内部規定ではできないことである。

104

図 4-2　相模原市の条例の主な内容と特徴

▶▶ 相模原市の条例の主な内容と特徴

- 新 **公文書とは**（相模原市公文書管理条例第 2 条に定義）
  - （ア）職員が職務上作成し、又は取得した文書
  - （イ）文書＝文字、図画及び電磁的記録
  - （ウ）職員が組織的に用いるものとして実施機関が保有
- 新 **第三者機関（審議会）によるチェック**
  - （ア）公文書の保存期間の延長
  - （イ）公文書の廃棄（歴史的公文書を含む）
  - （ウ）歴史的公文書選別基準の制定又は改廃
- 新 **歴史的公文書の利用請求制度**
- 新 **公文書管理状況の公表**
  - 現用公文書の保有状況などを公表

（6）重要な公文書を残していく仕組み

　公文書作成時、保存期間満了の直前、保存期間満了時に、それぞれの段階において歴史的公文書として該当するのかの適否を判断する。文書作成段階からレコードスケジュールを明らかにし、原課及び文書担当課がともに関わりながら後世に残すべき重要な公文書の選別に関わっているのである。

　保存期間満了時には外部委員で構成される情報公開・個人情報保護・公文書管理審議会へ諮問し、公文書の廃棄について意見を聞くなど内部決裁のみで判断が行われていないことの証である。審議会には、このほか公文書の保存期間の延長や歴史的公文書選別基準の制定改廃なども諮問が必要と条例に位置づけを行った。ただし、そのためには審議会へかける時間と労力が当然必要であり、また委員から保存が求められる文書への対応が出てくる。これまでの審議会では保存が必要だという意見は出ても、保存する必要はないという意見は出てこないという状況もある。

　保存にはそれなりの市単独経費が必要であり、その負担は国庫の補助制度がない以上地域住民が負担するということも踏まえながら議論していかなければならないことであり、他の福祉や教育など喫緊の行政需要もあり受益と負担の

図 4-3　重要な公文書を残す仕組み

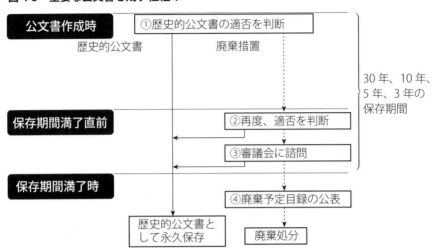

適正化という考え方も踏まえざるを得ない。

5　次は公文書館設置だ

　公文書管理については公文書管理条例が公布された。公文書館も政令指定都市として公文書管理条例と合わせてもつ4番目の自治体として名乗りをあげたのである。ここでどこの自治体も厳しい財政状況と定数管理のなかで、相模原市が公文書館を設置することができたのか、その知恵と工夫とをご紹介する。必ずや他の基礎自治体でも参考になるはずである。

　公文書館法では地方自治体に対して「歴史資料として重要な公文書等の保存及び利用に関し、適切な措置を講ずる責務を有する、公文書館は、公文書館法の定めるもののほか、国又は地方公共団体が設置する」と規定している。この法律が制定されたのは昭和62年のことである。しかしながら、相模原市において公文書管理条例を検討していく過程で、公文書館を独立して設置していくという考えはなかった。今の時代に独立館は用地の確保や維持管理経費などが膨大となることからである。あるいは民間の力を借りて設置運用しているところも中には出てきている。本市では既に他の施設においても公共施設の複合化

が行われ推進されてきていることもあり、当初は他の歴史資料や図書を取り扱っている施設において公文書館機能が持てないか検討を行った。図書館は元々古文書室があったところであり、流れとしてはよさそうに思えるが、実際にはそう簡単にいかない。それは博物館についてもいえることでもあった。そもそも MLA（Museum Library Archives）連携と言われるぐらいある面においては近しい関係にあるかもしれない。しかしそれぞれに個別の法律があり、法令に基づく司書や学芸員などの専門職もいる。様々な垣根が存在しているということであり、公文書館としてアーカイブズ機関として他の施設において業務を1か所で行うことは並外れた難事であった。こうしたことなどを踏まえ総務部では直接公文書館を所管することを検討しはじめるのだった。

　公文書管理は市長や議会、執行機関が行うものだが、歴史的公文書は市長として保存及び利用ができるようその責任において行うものである。さらに歴史的公文書の利用にあたっては、単なる利用に止めず本市が所有する貴重な公文書を市民に積極的に紹介する展示を行うことも大切な役割である。こうしたことから、当時の文書担当課は公文書館機能から公文書館の設置へと舵を切るのである。ただし、総合計画に位置付けられていない以上投資的経費はかけられない。どこか空いている施設の再利活用が大前提である。公文書館設置で最も経費が掛かるのは書庫の建設及び維持管理費である。相模原市は考えた、民間に任せよう、保存する歴史的公文書は未来永劫保存し将来の市民が利用できるようにしていくものであるから、保存経費は現在の市民だけではなく将来のひとにも負担をしてもらう、受益と負担の適正化が必要なのではないか、平準化を行うことができればということであった。空調設備のある民間書庫を長期継続契約で借り、そこへ歴史的公文書を保存していくことによって、必要な保存経費を毎年度委託料として計上し少しずつ負担をしていくことにより設置当初の単年度の支出を減らす工夫をしたのである。

　次に設置する場所である。単独ではなくどこかに空いている施設はないか、結果として市町合併によって倉庫程度にしか利用されていなかった町の旧議場の利用案が出てきた。それは、相模原市が平成18年、19年に四つの町と合併を行った。そのなかの一つ旧城山町の議場は平成8年3月に竣工した建物でまだ十分利用できること、さらに別の階では教育委員会の相談室が利用している

第2部　地方公共団体における公文書管理の現状と問題点

ものの、3階部分はそっくり空いていたのである。またこの地区は本市の地図でほぼ中心に位置すること、地域においても市立の施設を設置してほしいなどの要望があることから、修繕費程度の経費（備品と改修経費合わせて約1,500万円）で改修を行うこととして進めることが認められたのである。

　次に、ひとの配置である。人員配置では定数管理を所管する総務部が公文書館を設置するのである。他の部局へ定数削減をお願いしているのにもかかわらず、自分のところで定数増することはまず認められない。この命題のなかで担当課は取り組みを進めはじめた。定数換算となる正規職員の配置は難しいことから、定年を迎えた職員を再任用として時短で配置する、館長は誰がなってもよいように非常勤特別職として設置する、そのほか目録作りや窓口業務などは非常勤一般職として設置するというものであった。これで配置することができれば定数0である。役所のなかには賢い職員もいたものである。実際に人事配置された職員のなかには、元図書館長や元博物館長もいた、再任用ではあるが実質のMLA連携が行える体制が構築されたのであった。これがお見事相模原市流だ、公文書館を少ない経費で定数を付けずに開館したからくりなのである。やればできる、こうして市民が直接利用することができる本市自慢の単独の市立公文書館が誕生したのである。

6　これから期待すること
──公文書管理条例未制定の団体へ

　公文書管理条例制定は公文書の改ざんや文書の廃棄など地方公共団体においても注目を浴びてきている。また、電子決裁や電子メールの増加に伴い電子文書の保存管理についても大きく取りあげられるようになってきた。

　公文書管理について、住民の理解を十分得て内部規定のままで運用することも一つの方法かもしれない。また国や一部の地方公共団体のように、公文書の管理について法制度化し権利と義務を明らかにしたうえで住民の理解を得るやり方も少しずつではあるが着実に増えてきている。ここで思い出していただきたい、日本国は公文書管理を法制化したのである。公文書管理法を制定施行しているのだ。それでも基礎自治体は今のままでよいのであろうか、自問自答を

是非していただきたい、公文書とは誰のものでありどういった資源なのか、地域住民の立場に立ち、公文書は住民の知的共有資源だという基本に立ち返って考えていただきたいのである。

　公文書管理の制度化は、トップからの鶴の一声があるかもしれない。あるいは職員の熱意と努力でボトムアップにより進められるかもしれない。その際に今回のモデル条例案（第４部参照）や相模原市公文書管理条例を参考に進んでいくかもしれない。法律で「必要な施策を策定し、及びこれを実施するよう努めなければならない」と規定されている以上は何が必要か、何をしなければならないのか、今行っているやり方で法が求めているものが十分満たされているのか、自治体職員一人ひとりに問いかけられているのである。

　さらに現用文書だけでなく、非現用文書についても保存・利用できる体制・制度をいかに構築していくか、住民が歴史的公文書を利用できる具体的な場をどのように確保していくのか、行政内部だけではなく議会や住民の意見を聴き、地域とその時代に合った制度・ハードを経費をかけずに設置し運営していけるのか、まさに基礎自治体それぞれの知恵と工夫にかかっている。

109

第3部
パネルディスカッション

公文書管理のあるべき姿
──民主主義の根幹を支える基盤

パネリスト

金井利之
（東京大学法学部教授）

早川和宏
（東洋大学法学部教授，第二東京弁護士会）

二関辰郎
（日本弁護士連合会情報問題対策委員会委員長，第二東京弁護士会）

小池知子
（日本弁護士連合会法律サービス展開本部自治体等連携センター幹事，東京弁護士会）

コーディネーター

幸田雅治
（日本弁護士連合会法律サービス展開本部自治体等連携センター条例部会長，第二東京弁護士会）

幸田　パネルディスカッションを始めさせていただきたいと思います。まず、最初にパネリストを簡単に自己紹介の形で紹介させていただきます。わたしの隣のほうから、順番にと思います。

　　　まず、早川さん、お願いいたします。

早川　皆さん、こんにちは。東洋大学法学部で行政法や地方自治法という科目を担当しております。また、日本アーカイブズ学会の副会長や、全国歴史資料保存利用機関連絡協議会の理事なども務めております。本日はどうぞよろしくお願いいたします。

幸田　次に、金井さん、お願いします。

金井　皆さん、こんにちは。東京大学法学部で自治体行政学・都市行政学を担当しております。よろしくお願いします。

幸田　続いて、二関さん、お願いします。

二関　二関と申します。本日午前中に同じ委員会に所属している山口委員からご報告がありましたけれども、日弁連情報問題対策委員会という委員会で現在委員長を務めております。よろしくお願いいたします。

幸田　ありがとうございます。そして、先ほど報告した小池さんもパネリストとして加わっています。最後になりましたけれども、コーディネーターを務めさせていただきます幸田と申します。日弁連の自治体等連携センターの条例部会長をしております。今日はよろしくお願いいたします。

1　公文書管理において重要なこと

(1) 公文書管理条例の制定状況

幸田　それではまず、小池さんから報告のあった公文書管理条例案（第4部参照）ですが、これは法律の公文書管理法のある意味では対案といった意味合いもありますし、自治体として公文書管理条例にこれからぜひ積極的に取り組んでいただきたいという、両方の意味をもっているものとして考えています。これを題材にして公文書管理のあり方について議論していきたいと思いますが、その前に、全国の自治体の状況が今どうなっているかということに

113

第3部　パネルディスカッション

ついて、早川さんから、説明をいただきました（第3章2を参照）。ほんとうに法に準拠している条例は9団体というたいへん少ない状況となっています。わたし自身は約20団体かなと思っていたので、たいへん驚いたところでございます。この全国の状況ということについて、小池さん、いかがでしょうか。

小池　「公文書管理条例」とは何であるかを明らかにしないまま調査がなされたということには、公文書管理に対する関心の低さが伺われます。また、条例が定められていても、規定内容はさまざまとのこと、条例が定められていても条例にもとづき適切な公文書管理が必ずしもなされていないことが危惧されます。

幸田　二関さん、いかがでしょうか。

二関　早川さんのお話（第2部第3章を参照。特に条例数を調査する際の基準が、時期や国の調査主体によってさまざまであり、結果の条例数も大きく異なっており、そのままそれぞれ公表されていることを指す（本書77〜79頁参照））を聞いて、自分がいかにいい加減な国に暮らしているのか、あらためて気づかされました。昨年、関弁連（関東弁護士会連合会）でも公文書管理条例をテーマにシンポジウムをやったのですけれども、そのときの整理の仕方は、早川さんからは怒られてしまうかもしれませんが、公文書管理条例を制定済みの自治体数を一応20と整理しまして、そのなかにもさまざまなバリエーションがあるという捉え方をしました。その際、こういう立派な報告書（実物を手でかざして）を作ったのですが、そのなかの1章をそのようなバリエーションの説明に割いて分析しました。いずれにせよ、自治体数を20と捉えるにせよ、9と捉えるにせよ、そもそも条例の形式で公文書管理のことを定めている自治体が非常に少ないことがわかるかと思います。

　情報公開法制と公文書管理法制は車の両輪であるとよくいわれます。なぜかというと、情報公開法制というのは、あるがままの文書を開示する、公開するという仕組みで、そもそもきちんとつくられるべき文書がつくられていない、整理されていなければ、きちんと機能しないんですね。それゆえ、情報公開法がきちんと機能するための前提として、公文書管理法制というのは非常に大事なわけです。しかし、多くの自治体では、公文書管理条例はない

わけですから、いわば片輪走行でこれまでずっと走ってきているという状態と言えるかと思います。

(2) 公文書管理の重要性

幸田 全国で、なぜ条例制定が進んでいないのか、どう進めていったらいいのかということについては、後ほど取り上げたいと思いますけれども、公文書管理の重要性、公文書管理のもつ意味について、先ほどから話も出ておりますけれども、順次、パネリストの方からお話を聞かせていただきたいと思います。最初に、金井さん、いかがでしょうか。

金井 講演では、佐野さんのほうから民主主義との関係、あるいは三木さんのほうからも、政治との関係で出ていたのですが、わたしは専門が行政学なものですから、まず行政官僚制との関係で公文書の意味について、考えてみたいと思っています。行政官僚制というのは、文書による執務を基本にしています。

官僚制は、合法的支配の純粋形態と言われているわけですが、ルールにもとづく支配というわけです。そのルールというのは、制定法・成文法として、紙に書かれているものが基本であります。紙に書かれたルールを適用する事実というのも文書になっている。いわば文書に書かれている事実を文書に書かれている法に照らして行政を進める。

文書に書かれているということによって、人による思いつきの支配というのを回避する。紙に書いていませんと、憶えていないとか、言っていないとか、記憶にないとか、合意していないとか、いろいろと権力者は時々の都合で言い訳をするということになりますけれども、文書によって行政を進めるということによって、そうしたことがある意味で防げるという可能性があるわけであります。

もちろん、悪徳な借金取りが証文を盾に人々を苦しめるということ、悪徳役人が法律を盾に人々を苦しめること、もあり得ますけれども、悪徳の人は文書がなくても悪徳のことをするわけでありますから、やはり弱者にとっても、文書は大事だといえるのではないかというふうに思います。

115

第3部　パネルディスカッション

　一方、行政にとってどうか。行政職員にとっては、文書は行政の適切性を
説明する、あるいは、証明する武器になる。こういう文書にもとづいてやっ
ているのできちんと根拠がある、ということになります。ただ、同時に、文
書は行政の不適切性を証明する証拠にもなりえます。ここが公文書管理の非
常に難しいところで、内在的な問題をはらんでいます。行政官僚制とは、文
書による行政を基本にしますが、官僚自身に有利な文書の証拠だけを残そう
というインセンティブが働く構造にあります。ここが公文書管理の一番大き
な難点ではないかと思っています。

　そして、その場合、自分に不利な文書を残さないという傾向を官僚制はも
つわけです。そこで、公文書管理の外界にある制度とか、運用の考え方の原
則が問われてきます。日本の場合には、行政に有利な文書も不利な文書も
ない場合には、行政が決定することが通用するのがデフォルトです。つまり、
グレーゾーンという証拠のないところについて、行政の適切性がいわば推定
されてしまうのです。この問題が、公文書管理の外界あるいは環境要因とし
てあるのではないかというふうに思われるわけであります。

　本来ならば、文書による行政でなければならないのですから、文書がなけ
れば、行政の不適切性が推定されるべきなのではないか。現状では、文書が
ない場合には行政の適切性が推定されてしまいますけれども、むしろ文書が
ない場合には、行政の不適切性が推定されるべきです。ちょっと法律家の前
で言うと誤解を与えかねませんけれども、一種の比喩的な意味での挙証責任
の転換というものがないと、単に公文書管理の技術論だけでは済まない問題
があるのではないかなというのを感じているところであります。

幸田　今、金井さんから、行政における文書の意味というお話があったかと思
　いますが、この点、早川さん、いかがでしょうか。

早川　そうですね。実際に文書があることが不利になるケースもあるというご
　紹介がありましたけれども、その点も含めて、「文書による行政」が必要だ
　ということは、異論のないところでしょう。

　　わたしが若干関係しているアーカイブスの世界では、記録というものが重
　視されていて、「記憶よりも記録」という言葉があります。「記憶」によって
　行政が動いているとものすごく怖いですよね。だから、「記録」によって行

116

政がなされなければいけないという考え方になります。

　先ほど金井さんからお話がありましたように、行政の側からみましても、自分の活動が適法であったことを証明するツールとしての意味合いも、記録としての文書にはあるわけですので、文書をつくるほうのインセンティブとして、メリットとして、そこを強く訴えていくことができればと考えています。

　この「文書による行政」は、行政の側にとって重要なものであるのはもちろんですが、もう一方で、行政を監視するわたしたちの側にとっても重要です。記憶だけでわたしたちが行政を批判することはできないので、記録にもとづいて批判をすることが必要になるんですね。ここでも、やはり文書というのは必要です。

　そのような考え方があるからこそ、公文書管理法1条は、公文書等について、「健全な民主主義の根幹を支える国民共有の知的資源」ですよ、「現在及び将来の国民に説明する責務」を全うするためのツールなんですよ、という言い方をしているわけですね。これは法律の文言ですけれども、考え方はそのまま地方公共団体にも当てはまると考えています。

幸田　今の金井さん、早川さんの考えを聞いて、二関さん、いかがでしょうか。

二関　早川さんから今ご指摘があった公文書管理法の1条は、同法の目的規定ですが、その最後のところで、「行政が適正かつ効率的に運営されるようにするとともに、国及び独立行政法人等の有するその諸活動を現在及び将来の国民に説明する責務が全うされるようにすることを目的とする」と規定しています。

　そこでは適正な公文書の管理は、行政自身にとって、かつ国民にとって、その両方にとって重要だという視点が示されていると思います。公務員の立場に立って考えた場合、組織の一員としてきちんとした仕事をしようとしたら、一人で勝手に動くわけではありませんから、自ずと業務遂行のために必要な文書はつくると思うんですね。

　ただ、公務員の意識として、自分たちが仕事のため、自分たちのためにつくる文書と、国民なり住民に見せるための文書は別のものだといった意識が、やはりどこかにあるのではないでしょうか。

第3部　パネルディスカッション

公文書管理法4条は、今の1条を受けて、「第1条の目的の達成に資するため」に文書作成義務を課している。そういう意味では、国民のために文書を作成するという視点が条文に入っている。また、そもそも公務員の仕事というのは、国民の信託を受けて、国民の福利のために行われるはずのものですから、一定の範囲の文書は、国民・市民に見せないことが承認される、あるいは一定の期間に限って見せないことが承認されるにしても、業務のために公務員がつくる文書と、国民に見せるための文書というのは、基本的にイコールのものなのではないかと考えています。

幸田　小池さん、いかがですか。

小池　たとえば裁判となった場合には、記録があればそれを証拠として事実を証明することができますが、記録が残っていないと、その事実を証明することは、非常に難しいです。行政の立場で考えたとしても、きちんと記録を残すということは、正しい仕事をしているという証明にもなりますし、究極的には職員一人ひとりのことを守っていくことにもつながります。もし、間違いが発見されれば、その時点で直せばいいのです。ですので、公文書管理は、とても重要なことだと思います。

幸田　公文書管理はたいへん重要であると。しかし、これだけいろいろ問題が起きているわけですね。そういう意味では、正しい公文書管理がなされていないといえます。こういったことが起きるのはなぜかという点については、早川さん、いかがでしょうか。

早川　そうですね。理念の話でいけば、今までお話のあったようなことは、皆さん「そうだよね」と納得していただけると思うんですが、うまくいっていないという現実があるわけです。いろいろな原因はあると思うのですが、わたし自身は、人事異動というのが一つの大きな要因になっていると考えています。国も自治体も、行政を担う職員は、概ね3年程度で異動するわけです。そうすると、その職員にとって必要な文書管理は、3年なんです。自分がその職場にいて、その仕事をする範囲で、文書管理ができていれば困らないわけです。

ちょっと古い例ですが、平成22年版の厚生労働白書のなかに、消えた年金記録問題についての言及があります。そのなかには、「実際には、多くの

職員は年金記録の誤りを漠然と認識していたが、定量的に把握、検証、補正するための組織的な取り組みは行われていなかった」という記述があるんです。「何となく怪しいな」と思っていたんですね、職員の方は。でも、自分は異動するかもしれない、定年が近い、ということになると、「自分がいる間にわざわざ寝た子を起こさなくても……」ということになってしまうでしょう。その感覚が、最終的に5,095万件の年金記録未統合に結びついているのではないでしょうか。

　そのようなことを考えると、やはり現場の職員だけに任せるのでは難しいと思います。適切な公文書管理をめざすためには、行政の諸活動から一歩引いて、公文書管理を3年というスパンではなくて、長期的なスパンで見ることができる専門職員であったり、あるいは、今日の午前中の山口さんのご報告（第1部第2章2を参照）にもあった公文書管理庁であったり、別の組織というものを考えておく必要があるのではないか。言い方を変えると、公文書管理は、現状では個人レベルのものになっているので、組織レベルのものに変えていかなければならないと考えています。

2　公文書管理の意味

(1)「公文書」の定義

幸田　それではここからは、公文書管理に関する個々の項目ごとの議論に入っていきたいと思います。

　まず、公文書の定義について、取り上げたいと思います。現行法では、「組織的に用いるもの」（組織共用性）が要件とされており、日弁連意見書でもこれを維持することが適切とされていますが、条例案では、この要件を削除して、幅広く捉えるべきとしています。最初に、早川さん、いかがでしょうか。

早川　午前中に小池さんから条例案が報告されたところですが（第4部参照）、この条例案では、国の法律と異なり、「組織共用性」という要件を削除するという選択をされました（2条3項）。これは、「組織共用性」という要件が、

行政側にとってあまりにも都合よく解釈されてきたということを背景としているんだと思います。何遍か言及がありましたが（第1部第2章5（3）参照）、加計学園の獣医学部新設を巡る問題では「総理のご意向」文書というのは、「共有すべきではない個人メモ」だったというのが、文科省の見解ということになっていますね。

　また、それ以外でも、少し古い話ですが、「内閣法制局が集団的自衛権の行使を容認する閣議決定をめぐり作成した想定問答」について情報公開請求がされたとき、法制局側としては、「古いデータ」という名前のフォルダに入っているので、データはあるけれども、これは今使っていないから組織共用性はない、だから不存在であるという解釈をしたわけです。このような解釈がまかり通るならば、「じゃあその名前つければいいじゃないか、全部の文書に……」ということになりかねません。

　そこで、この「組織共用性」の要件は、やはり「隠れ蓑」としての効果がどうも強そうだぞということになってくる。だとすると、「この要件はいらない」という今回の条例案の考え方というのは、非常によくわかります。ただ、これを外すことによって、対象となる文書が非常に広くなってしまうので、管理がたいへんではないかという批判もありえます。

　ただ、条例案を見ますと、2条3項のところでは、「本市（町村）の機関等が保有しているもの」という縛りがありますので、組織がもっていないものは外れるわけですね。組織がもっていれば、実際に使っているかどうかは置いておいて、組織共用状態にあるという解釈をするならば、この組織共用性という要件があってもなくても、実際の運用はそれほど変わらないと考えております。

幸田　金井さん、いかがですか。

金井　制度の細かいところはわかりかねるところがあるのですが、一般的なイメージで聞けば、組織的に用いるものという定義のままでいいのではないかなという気がしています。先ほどの官僚制の話に戻りますと、官僚制の基本原則のなかには、自分の私物によって行政を行わないということと、それから行政で使ったものを自分の私物にしないという、両方の私物からの分離という原則があります。要は自分の持ち物で行政の仕事をしないということと、

行政の持ち物を自分の私物にしないという、二つの公私分離が言われています。その意味で、文書も情報も一緒でありまして、組織的に用いるものでない私物としての文書を行政の仕事に使うということ自体が、本来、行政官僚制としてあってはいけないということになるのです。組織的でない私的なメモを行政に使うということは公私混同の行為であると言うべきと思っています。

　それから、職務の仕事でつくったものを私的な文書にすることは、公的なものを私物化したことです。言わば、役所の金を自分の財布に入れたのも同じであります。役所の文書を自分のフォルダに入れたことは、情報のいわば泥棒ということです。ほんとうはそれ自体は違法な行為であって、近代官僚制の原則からいっても、ほんとうはあり得ないことではないかと思います。その意味で、組織的に用いるものというほうがむしろ原則ではないのかなというふうに思っています。つまり、手元のメモであろうと、共有ファイルのデータであろうと、それをもとに行政組織として仕事をしている以上、組織的に用いたことに決まっているわけであります。また、メモを組織の仕事として作成した以上、それは持ち帰り残業であろうと、職務オフの時間にブレーンストーミングをやろうと、すべて組織のものに決まっているのではないかなと考えられます。だから、なぜこのような区分が行われるのか、理解できないですし、逆に言えば、そういう区分をする環境がある以上、条例や法律の定義をいくら変えても、効果がありません。公文書とは組織が保有しているものだと言われれば、公文書にしたくない人は、保有していないと言い訳するに決まっています。テクニカルな問題を超えて、三木さんが指摘されたように、まわりの話と一緒に環境整備していかないとならないかなと思っています。

幸田　行政の政策決定の根拠となるものは、すべて組織共用のものであるというか、組織共用のものでなければならないということをおっしゃっておられるということだと思います。二関さん、いかがですか。

二関　どの範囲の文書を公文書管理法、ないし条例の規律に服さしめるのが妥当かという話だと思います。おそらくその範囲自体に関しては、パネリスト全員の意見に違いはなく、それを確保するための手段、方法論として、組織

121

第3部　パネルディスカッション

共用性という概念を用いるのがいいのかどうかという話かなという感じを受けました。先ほど早川さんからご指摘があった加計学園その他の問題事例などは、運用の間違いであって、本来組織共用性がある話だと思います。日弁連でも意見書をつくる際にいろいろ議論したのですが、これまでの国の審査会などの事例でも、組織共用性という概念をもとに解釈を積み上げてきた経緯があります。そのため、日弁連の意見書では、その概念を残したうえで、適切な運用を確保していく方向性を志向した。そのような結果、昨年の日弁連意見書になったという流れがあります。

幸田　条例案を先ほど報告いただきましたけれども、小池さん、いかがですか。

小池　組織共用性の要件があったとしても、適切な運用がされて、正しく公文書の範囲が決まるということなのであれば、要件に残すことには、異存ありません。ただ、これまでもそういったいろいろ議論があったなかで、きちんと正しい運用がされていなかったという現実があります。今、正しく運用をすることになったとしても、未来永劫同じ運用が続くかどうかは未知数です。少しでも恣意的な運用というイメージがあるのであれば、要件をはずしてしまったほうがいいのかなと感じています。

幸田　両方、考え方としてはあり得るかなというふうには思います。

この問題、組織共用性の要件の問題について、何か補足、早川さん、ございますか。

早川　今までの話を聞いていただいてもわかるように、それほど大きな考え方の違いがあるわけではなくて……ということだと思います。国のほうでは「組織共用性」の要件を誤って運用している例がいくつかあるのですが、「若干いいほうに向かってきたな」という事例を一つご紹介します。

何かというと、明治5年式の戸籍についてです。つい最近もヤフーオークションで流れて、法務省が慌てたというニュースがあったのでご存知の方もいらっしゃるかもしれません。今も、戸籍の現物は存在しています。現物が存在はしてはいるのですけれども、文書としては保存期間が満了済みです。でも現物があります。厳重に封印されています。「なぜか？」ということなのですが、明治5年式戸籍って、たとえば穢多・非人ですとか、あるいは華族ですとか、身分制度にかかわる記載があるんです。差別の温床になりそう

122

な情報が記録されているので、今見せるわけにはいかない。でも、将来いつか見せることが可能になるかもしれないということで、残されているんです。

それについての情報公開の請求が何遍か出されているんですけれども、毎回蹴られています。厳重に封印されているから組織共用ではないというので、蹴られてはいるのですが、今まで、平成13年、17年、18年と計3回、情報公開・個人情報保護審査会にかかっているのですが、平成18年の審査会では、確かに法務局がもっているので、「これ、行政文書ということでいいんじゃないの」という考え方が議論のなかでは出てきたようですし、あるいは「国立公文書館に移管すればいいじゃないか」というような議論も出てきたようです。

このような議論が審査会では出ているんですけれども、情報公開の枠組みでいくならば、組織共用性があるとは言えないという結論は変わっていません。でも、ちょっと動きが見えつつあるということで、この組織共用性についての考え方が、若干動きつつあるかなと、その過渡期に今あるのかもしれないなという気がしております。

幸田 どのようにその範囲をとらえるかという問題としては、共通していると思います。

(2) 公文書の作成義務

幸田 それでは次に、公文書の作成義務について、お聞きしたいと思います。文書を残さないようにするということをどう防ぐかということですけれども、条例案6条では、作成すべき文書の範囲を細かく規定しています。早川さん、いかがですか。

早川 文書の作成義務は、条例案の6条ですね。

国の法律と違うのは、条例案の6条2項の1号から6号までの6種類の文書について、この条例案は、必ず作成しなければならないという位置付けにしていることです。国のほうでは、公文書管理法の4条(文書の作成)で挙げられているものは全部例示ですので、今回の条例案は「必ずつくれよ！」としており、法律よりも一歩踏み込んだと評価できると思います。

第3部　パネルディスカッション

　また、条例案の6条3項では、「公文書の作成に関する指針」というのを実施機関は定めるものとされています。大阪市の公文書管理条例が、似たような条文をもっています。ただ、今回の条例案を拝見しますと、指針の策定とか変更の際に、審査会への諮問を義務付け、審査会を活用されるという案になっており、その点では、大阪市の条例よりも一歩進んだ形かなと考えています。

　ただ、そうすると、「つくらなければいけない文書」というのがいくつか条例に書いてあって、「それ以外は指針にのっとれ」ということになるので、指針が気になりますよね。指針にどの程度厳しく書けるのかによって、つくるべき文書が変わってきます。ただ、「つくるべき文書を全部リストアップできますか？」というと、これは実際問題として不可能だと思います。もし、仮にできたと思い込んだとしても、たとえば東日本大震災のときには、いくつもの会議の議事録がつくられていませんでした。あれは、事前に想定していなかった会議だからでしょう。ということになると、「あらかじめ全部リストアップできた！」と思っても、突発事態のときには、リストアップされていない事務が発生するので、「文書をつくらなければならないリストに入っていないじゃないか、それ」ということが起こり得るわけですね。

　そうすると、この指針のなかでは、作成すべき文書のリストをつくるという方向もありますが、もう一方で、作成しなくてもよいものをリスト化しておいて、「それ以外はつくらなければだめですよ」という考え方をすることもあり得るかなと思います。

幸田　今、リスト化について、ポジティブリストにするかどうかという話が出ていましたが、この点について、小池さん、いかがですか。

小池　確かに作成しなくてもいいものをリスト化する、という考えもあるなと思って、あらためてお考えを拝聴して感心いたしました。ただ、毎日自治体職員が文書を作成しなければならないところで、どのような文書を作成しなければならないのか、ということ自体がなかなかわかりにくい部分もあると思いますので、やはり指針でこういうものをこのような視点で作成する、という基準を示したほうがわかりやすくていいと思います。指針に記載されていない事柄については文書を作らなくていいというわけではなく、文書を作

124

成する分には構わないので、指針を作ることには意義があると思います。

幸田 金井さん、いかがでしょうか。

金井 文書として管理しなければいけないという場合には、どういう文書が作成すべきなのかという条文を書いておくということは、非常に重要だと思っています。ただ、たとえば東日本大震災関連の会議で言えば、音声で行われる会議は、録音機だけ回しておけばいいので、ほんとうに文書ということに拘る必要があるのかというのがまず1点としてあるのではないかと思っています。

それから文書自体ですけれど、つくるべきだということを条文で書いても、先ほど言いましたように、つくらないほうが行政職員にとってはプラスになることがありますので、作成するインセンティブを設定しないとなりません。文書作成すると、職員個人に得になる、組織にとってもメリットがあるのか。そういう仕組みを組み込んでおかないとならないのではないかなと思います。

今回の一連の森友文書、あるいは加計学園問題を見て、非常に重要だったことは、行政機関が分立していたことの意味だと思います。行政機関が相互に分立して競合していますと、通常は自分に都合のよい情報と、相手に都合の悪い情報を残そうとするインセンティブが働きます。つまり、Aという省は、A省に都合のいい情報だけを作成し、A省に都合の悪い情報は作成せず、また、B省に都合の悪い情報を作成するが、B省に都合の良い情報を作成しない、というインセンティブが働いています。

一方、B省の側とか、官邸とかの側は、これまた、自分に都合の良い情報のみ残し、自分に都合の悪い情報は残さず、相手方であるA省に都合の悪い情報だけをつくり、相手に都合のいい情報は残さないという、こういうインセンティブが働くというふうに考えています。

このように、組織が分立して競合しているということは、各行政機関は自分にとって都合のいい情報しか残さないのですが、結果として他の機関にとっての都合の悪い情報を残すインセンティブをもちうるということになります。お互いがお互いの都合の悪い情報を残せば、結果的には国民は突合できるようになって、はじめて真実が見えてくる。つまり、財務省に関する正しい情報は絶対に財務省はもっていない。あるいは首相官邸にとって都合の

悪い情報は、首相官邸以外に必ずあるというのが、組織分立のロジックです。つまり、省庁セクショナリズムや縦割は国民のためになる。

そういう意味では多数の機関に分散・分立して相互に異なった公文書を残し、その突合を国民が行うということが、一番重要なのではないかなと考えられます。おそらく、今までもこのような改ざんとか不作成は多分行われてきたと思いますが、今回、森友・加計問題が明らかになったのは、行政機関の分立のお陰です。財務省本省と近畿財務局が分立していました。あるいは内閣官房と文科省は別の組織であった。ここが大きいのではないでしょうか。あるいは会計検査院が国交省や財務省と別であった。愛媛県と今治市が国とは別の組織であった。組織が分立して、文書の作成のときにお互いに調整しなかった。かつ、それを両方とも開示させることが、国民にとって一番重要だったのではないかと思います。

そういう形で、要は自分にとって都合のいい文書を残し、自分にとって都合の悪い文書を隠蔽したり、不作成したりするインセンティブをもっている行政機関が、相互に分立し、かつ相互に争っている場合においては、結果的に国民のためになる情報が残されている可能性があります。簡単に言えば、正しい情報はその組織にはないのです。他の組織に正しい情報はあり得るというのが、多分官僚制の現実なのではないかと思います。日本政府についての正しい情報は、日本政府にはなく、アメリカ政府にあるのです。

こういう議論をしていくと、ウェーバー型の近代官僚制イメージから、合利的選択論的な官僚制イメージに突然変わっていって、わたしのなかの整合性はないんですけれども、それはさておきましょう。問題は今回、三木さんが紹介された官邸その他のガイドラインの話は、要は政権は権力分立の意味を学習して、複数の機関からの情報の突合性を国民にさせないで、あらかじめ、行政組織間ですりあわせて隠蔽してしまおうというものです。

本来はそういう調整行為をどのように行ったかという文書を作成することが必要です。だから、覚書をつくるはずです。覚書をどういうふうにつくったのかも、ほんとうは公文書管理です。公文書管理という業務の公文書管理がない状態に陥っています。公文書管理と称する公文書隠蔽を官邸は学習して行ってしまったという、たいへん残念な事態になっています。日本の行政

は、対処をすればするほど悪くなるので、救いがないですね。

　結果的には組織が分立し、お互いにセクショナリズムをもって相手が悪いとお互いに言わせることによって、はじめて国民の公益と両立するのです。これは非常にアメリカ建国父祖的・フェデラリスト的な発想でありますけれども、組織の悪をもって悪を制するということが必要なのではないでしょうか。それが今回の一連の事件の教訓なのではないかと思っています。

幸田　ガイドラインの改正ですね。調整しないと残させないということは、国民のための文書を残させないようにするガイドラインであるという、金井さんの解説だったかと思います。この点、二関さん、いかがでしょうか。

二関　ご指摘のとおりですね。機関ごとの情報のズレが、かえって真実をあぶり出すという、興味深い、そのとおりだなというご指摘だったと思います。一昨年暮れのガイドラインの評価としては、先ほど三木さんからもご指摘があったと思いますけれども、あるべき方向とは逆に、むしろ問題ある方向に動いている気がします。

　次に作成すべき文書の範囲について申し上げますと、条例案はその点を工夫しているとは思いますが、項目的にどこまでカバーできるかという問題点に加えて、ある項目について文書を現に作ったときに、どういった内容をどこまで書くかという問題があると思います。そういったことをあらかじめ一般的にルール化することは、不可能だろうと思います。これは先ほど三木さんが指摘していた質の確保という話と共通するのかもしれませんが、この点については、どうしても現場の職員に委ねなければならない部分はあるんだろうなと思います。

　たとえば、ある行政の担当者は、自分たちにとって不都合なものを含めて、きちんと将来のために記録にしようと思った。しかし、それをチェックした上司が、こんな内容を残してはだめだ、として内容を直させたとします。そういう直させた過程自体、本来であれば意思形成過程を示すものとして残すべきなのでしょうが、現実的には難しい。一切そういう経過は残らず、消した結果の文書だけがおそらく残るんだろうと思います。

　そういう場合、ではどうやって対応したらよいかを考えると、一つは、内部告発の仕組みをきちんと充実させて、そういった不正を黙っていられない

127

第3部　パネルディスカッション

人が、安心して外に対して情報を出せる仕組みを作っておくことが大事なのではないかと思います。日弁連の意見書でもそういったところに触れていますし、今回の条例案も47条で、そういう内部通報制度の整理・運用という点を指摘しています。

幸田　今の最後の発言は、上司が隠蔽を図りたがるような病理的場面を念頭においたものですが、その前の発言の、文書作成一般の話として「現場の職員に委ねざるを得ない」という点については、金井さん、いかがでしょうか。

金井　文書を作成するといっても、原案から何回も修正して最終版ができあがるのだと思います。そのときに、決裁などにより、最終版として確定した文書だけを残すのでは、意味がありません。むしろ、途中でどのように悩み、検討され、変えていったのかこそが、行政の意思決定過程そのものだからです。その意味で、すべての版が、それぞれに作成された文書といえます。

　紙の時代、手書き浄書の時代、あるいは、和文タイプの時代であれば、紙の文書のバージョンは少なく、紙の文書のうえに手書き朱書や付箋でいろいろの加除修正がされたでしょう。その意味では、手書きや付箋の加除修正を含めて、すべての紙の版が、作成された文書です。市制町村制の原案などは、このような形での何版かが存在して、残されています。

　電子作成の時代になると、簡単に電子上で加除修正できて、それをプリントアウトして検討し、さらに簡単に電子上で加除修正できます。プリントアウトした紙に手書きで加除修正したものが紙で残るというよりは、次々と電子上で上書き更新して、打ち出した紙は捨ててしまうでしょう。このような時代であれば、結局、電子データのバージョンが、それぞれ文書として作成されているわけで、各バージョンは別の文書として作成されているのですから、別の文書として扱うべきだと思います。電子作成文書ではバージョン管理はとても大事だと思うのです。作成保存した年月日時分付で文書は作成されるのでしょう。バージョン数が多すぎると面倒ですが、そう思うのならば、行政職員として、修正箇所をまとめて作成すればよいだけのことです。

（3）公文書の保存方法

幸田 次に、公文書の保存方法について、議論を進めたいと思います。適切な保存方法は何なのか。あと、メールの話も先ほど出ていたかと思いますが、それも含めて、最初に、早川さん、いかがでしょうか。

早川 「公文書」とひとくちに言っていますけれども、すでにお気づきのように、紙のものだけではないんですね。もちろん紙が多いという状況はあるわけですが、紙以外にもたとえば電磁的な記録、つまり、ハードディスク、フロッピーディスク、光ディスク（CD、DVD、ブルーレイ）、USB メモリ、フラッシュ SSD などに情報は記録されています。ちなみにフロッピーディスクを使ったことがある方？（会場から挙手）、5 インチのフロッピーディスクを使ったことがある方？（会場から挙手）、結構多いですね。大学生に聞くと、今時はフロッピーディスクを知らなかったりしますからね。このように、記録媒体って変化しているんですよ。その記録媒体ごとに、保存の仕方が変わります。紙の保存の仕方とフロッピーディスクの保存の仕方、CD-ROM の保存の仕方、全部違うわけですね。そこら辺を気にしないと、紙であれば傷む、フロッピーディスクであれば回らなくなる、読み込めなくなるというように、使えなくなります。そうすると、そういった電磁的な記録につきましては、たとえば定期的にデータの移し替えをしなければなりません。紙のものは置いておけば大丈夫かというと、温度湿度管理をちゃんとしないと、どんどんボロボロになったり、カビたりしてしまいます。フィルムも傷みやすいですね。何に記録されているかによって保存方法は変わる。それによって、かかるお金も変わる。自治体ごとに知恵を絞ってやっているのが、現状だと思います。

　　また、紙媒体の文書を保存するときの整理の方法としては、一般に、簿冊方式とバーチカルファイリング方式という二つの方式のいずれかが採用されています。簿冊方式とは、特定の事務事業に関する文書をバインダーや厚紙ファイルで綴じて保存するものです。事務事業の全体像を把握するうえでは便利ですが、複数の文書がまとめて綴じられているため、特定の文書を探しにくくなったり、文書を廃棄しにくくなったりします。バーチカルファイリ

第3部　パネルディスカッション

ング方式とは、クリアファイルなどのフォルダに文書を挟みこみ、引き出しに立てて保存するものです。フォルダに見出しをつけることにより、容易に検索できるようになりますし、フォルダごとに保存期間を設定するので文書を廃棄しやすくなります。

　文書を分類するときの方式としては、ツミアゲ方式とワリツケ方式があります。ツミアゲ方式とは、日々発生する文書を種類ごとにまとめ、小分類、中分類、大分類にグループ化していきます。ワリツケ方式とは、予め大分類・中分類・小分類を決めておいて、そこに日々発生する文書を割り付けていく方式です。

　これらの方式は、どれかが圧倒的に優れているというわけではありませんので、事務事業ごとに、整理とか分類の仕方というのは変えていく必要があるのかなと思っています。中には、「こっちが絶対いいです」といった言い方をするところもあるやとお聞きしますけれども、自治体ごとに身の丈にあった保存の仕方、整理の仕方、分類の仕方というのを模索していくべきだと思います。

幸田　この点、二関さん、いかがでしょうか。

二関　ファイルの整理の話をしますと、公文書管理法の5条2項には、「保存期間を同じくすることが適当であるものに限る」という文言があって、たとえば自衛隊の南スーダンの日報の関連の書類であるとか、森友学園の書類であるとか、結局この規定を根拠として、別々のファイルに保存したうえで、1年未満だといって廃棄することを可能にしたということがあります。そのため、日弁連の意見書では、この部分は削除すべきだと述べています。

　次に電子メールについて述べますと、行政文書ガイドライン、国のガイドラインは、電子メールについては、保存責任者を明確にする観点から、原則として作成者及び第一取得者が速やかに共有フォルダに移すとしています。しかし、日々大量に作成してやりとりされるメールについて、後から逐一共有フォルダに移す方法は、ただでさえ多忙な公務員にさらに負担をかけるだけではなくて、その選別のプロセスで恣意が働く可能性もありますので、これは問題がある。午前中、山口委員からも説明がありましたけれども、自動的に保存する仕組みを取り入れるべきではないか。そういう指摘をしていま

す。

幸田 この点、小池さん、いかがでしょうか。

小池 先ほど、早川さんから、文書の整理の仕方ということで、ファイリング方式と簿冊方式の説明がありました。私自身としては、ファイリング方式のほうになじみがあって、公文書も探しやすいし、廃棄もしやすいと思います。ただ、その仕事の内容によっては、簿冊方式のほうがわかりやすいこともあるんですね。簿冊では絶対ダメでファイリングの方が優れている、という、そういう関係ではないものと考えています。基本はファイリング方式にして、事業によっては簿冊で残すというのが、整理の仕方としてはすっきりするように思います。また、保存の形態についても、電子データは、ずっと取っておけるかなというふうに思いがちなんですけれども、早川さんから今お話を伺いまして、必ずしも万能ではないんだなということを痛感されられました。やっぱり紙が一番安心ですね。

幸田 金井さん、いかがでしょうか。

金井 電子データと紙という記録媒体によって、保存方法が変わるというのは、おっしゃるとおりだと思いますし、電子データは万能ではないというのもまったくそのとおりだと思うのです。けれども、もともと保存、あるいは廃棄という話が出てきたのは、やはり紙で体積がかさばるということが大きいのではないでしょうか。電子データに関しては、少なくともその問題はない。定期的にメンテナンスしていくことをやればいいわけで、電子データは基本的には全部保存するべきです。機械的に全部自動保存するのが一番シンプルで、頭を使わない方法だと思います。紙についても、紙になる元の文書は、多くの場合は最近はデータで作成しているので、その意味で紙になっているとしても、その元電子データが残っていれば、紙が消えてしまっても、文書が100%残っていなくても、8割であってもある程度わかっていれば、検証ができるわけです。そこら辺、あまり法律家的に厳密にやらなくても、かなり電子データは残るのではないかなと思っています。紙のものも、保存期間をいちいちほんとうにまじめに考えるぐらいならば、何も考えずにPDFにしたほうがよっぽど早いと思います。まじめに廃棄・保存の弁別を考えていないから、保存年限をつくって廃棄することができるわけです。ほんとうに

第3部　パネルディスカッション

適切な保存年限の基準や廃棄の是非を考え出したら、結論が出ないものです。だから、思考停止をして廃棄してしまうのです。しかし、思考停止の方向性が反対で、公文書管理と情報公開は、何も考えずに残すのが原則ではないかなと考えられます。役人はマイナスの方向に頭を使うべきではないのです。

幸田　三人の意見をお聞きになって、早川さん、いかがでしょうか。

早川　これまでの議論に出てきたように、公文書の保存について考える上では、①記録媒体の性質、②整理の方法、が問題となります。

　記録媒体の性質については、先ほど述べたように様々ですので、個別的に考えなければなりません。作成・取得されたときからデジタルなのか、紙なのかによっても考え方は異なります。たとえば、アメリカでは、行政機関の高官（Capstone officials）がやり取りしたメールはすべて公文書とされ、国立公文書館のサーバーに自動的に保存される仕組みを導入していますし、大統領などがホワイトハウスで残したメモは、個人的な走り書きでも、すべて公文書として保存されます。

　また、金井さんがおっしゃったように紙を PDF に変換した場合には、紙と PDF のどちらが原本なのか、PDF 化したら紙は捨ててよいのか、といった問題が生じてきます。また、PDF はハードディスク等で保存されるので、ハードディスクの寿命にしたがい、何年おきかでデータの移し替えをしなければなりません。そのためのコストも、バカにはならないでしょう。すると、文書の重要度に応じて、紙だけ、紙と PDF の併用、PDF だけといった使い分けが必要になるかもしれません。

　次に、整理の方法については、二関さんがおっしゃった公務員の業務量との関係を考慮しなければなりません。業務量との関係が問題になるという点では、金井さんがおっしゃった PDF への「自炊」についても同じだといえますね。

　このように、公文書の保存を巡っては検討しなければならない事項がたくさんありますが、日々発生している公文書は検討が終わるのを待ってはくれません。したがって、走りながら考えていくしかないのではないかと思います。

（4）公文書の保存期間

幸田 次に、公文書の保存期間についてですが、条例案では1年未満の保存年限は限定したものにして、それ以外は1年未満の保存年限は禁止というようにしています。この点について、二関さん、いかがでしょうか。

二関 情報として重複しているもの、同じ情報が別の文書に残っている場合のみ1年未満でよいとする発想と考えられ、適切と思います。国のガイドラインでは、1年未満にして良い文書として7類型をあげていますが、日弁連意見では、それは広すぎるとして、今回の条例案と同様の発想から限定するように述べています。ただ、国の公文書管理法の場合には、1年未満文書ですと、廃棄の手続が簡易になされる、行政文書ファイル管理簿に載らないといった効果の違いがあることから、1年未満文書を絞りこむことに意義があります。他方、条例案の場合、そのような効果の違いはないようです。それゆえ、一般論として短い保存期間の文書を減らすことに一般的な意義があることはわかりますが、それを超えてなぜ1年未満なのか、1年未満か否かで区別することにどれだけ意義があるのかよくわからないように思いました。

幸田 早川さん、いかがでしょうか。

早川 「保存期間1年未満」というのが大きな問題であることは、国の例から明らかです。その意味では、1年未満という類型を禁止するということには大きな意味があると思うのですが、もう一方で、「保存期間ってそもそも何なんだ？」というお話もありました。先ほど、金井さんがおっしゃったように、「何も考えずに残せばいい」。これはもちろんそうなんですが、もう一方では、すべての文書が電磁的記録になっているわけではないという状態なので、容量の問題、つまり、「書庫をどれだけ大きくつくれますか？」という問題とも絡んできます。また、仮にすべての文書が電磁的記録になる時代が来るとしても、その前提として、大容量かつ長期間にわたって利用できる記録媒体や記録方式の開発、検索のためのメタデータ付与の手間など、技術的・予算的・人的課題をクリアしなければなりません。そのため、現時点で言えば、必要悪として保存期間があって、捨てるかどうかという価値判断が必要になります。

第3部　パネルディスカッション

　　ただ、保存期間が満了した後に公文書が廃棄されるということであれば、この保存期間というのは、その文書に対する情報公開請求が可能な期間、つまり、説明責任を果たせる期間とイコールになるわけですね。森友学園問題のときには、国有地が1億3,400万円という8割5分引きの値段で森友学園に売却されたという公文書は残っています。「結果としていくらでした」はわかっています。でも、なぜそんな値段になったのかという部分が、「1年未満だったのでわかりません」ということに当初なっていたわけですね。

　　つまり、その場合は、1年未満という保存期間を設定することによって、早く文書を捨てて、結果として開示請求を免れるというような流れができることになるわけです。この1年未満というのがある限り、国民がわからない間に捨てられる文書がたくさん出てくるということになるので、今回の条例案がそこを絞り込んでいくという考え方をとったのは、意味があると思います。

幸田　小池さん、いかがでしょうか。

小池　条例案では、1年未満の設定はしないのを原則としました。その趣旨は、早川さんのおっしゃるとおり、保存年限を課するものとして、早期に廃棄してしまうことを防止するところにあります。

　　ただ、そうすると、とりあえず1年保存しておけばいい、というように本来1年以上保存すべき文書が1年保存とされることがあるかもしれません。条例案では、廃棄したときには、廃棄する前に審査会に諮問をして、その後に目録を公表して、市民からの意見を聴く機会も設けるとしています。廃棄の前に第三者の目が必ず入るようになっています。そのため、ある文書を1年保存とした場合、1年経過したらすぐ廃棄、にはならず、必ず第三者が廃棄していいか、チェックをしますので、本来1年で廃棄してはいけない文書を1年で廃棄してしまう事態は、避けられると思います。

幸田　この点、金井さん、いかがでしょうか。

金井　先ほどの話に関わるのですが、結局、保存年限が設定される意味は何なのかということが、まず根本にあると思うのです。単にスペースがないからというのであれば、電子的なものだけでも、少なくとも全部残しておくことになると思います。電子データでも定期的な移し替えの作業は必要だという

ことですが、文書の廃棄の仕分けを真面目に考えるよりは、悠に楽なのでは
ないでしょうか。審査会で手間をかけるぐらいならば、PDFにしてしまう
ほうがよっぽど合理的だというのが、わたしの個人的な感触です。

　そもそも、一つ重要なことは、最初に申しましたように、文書がないこと
によって、行政の不適切性が証明されず、行政の決定がまかりとおるという
環境自体が根本的な問題です。文書が存在しないということで、行政側が適
切性を説明できない限り、その決定は不当であるという推定が働ければ、行
政は保存期間が何年であろうと、とにかく後から追及されたら困るので、絶
対に文書を残さざるを得ないのです。どんなことをしても残すことにせざる
を得ないわけです。そこの比喩的な意味での挙証責任の転換が大事です。悪
いことの証拠を出せというのではなく、悪くないことを行政側が証明しない
限り、すべて不当であるという議論のルールがないと、保存期間の議論をい
くらやっても、意味がありません。結局、公文書がなくなって、なくなった
もの勝ちという仕組みであれば、どんなに保存期間を延ばしても、意味があ
りません。1年延ばしたとしても1年後には消えているわけですから、結局、
いたちごっこになるので、これは技術的な問題では多分解消されません。た
とえば森友問題で言えば、金額が妥当であるという証拠を出さなくても、値
引き販売をした行政が適切であるとなっています。つまり、国家賠償されな
いとか、会計検査上の国損を発生させていないという運用自体のほうが、問
題なのではないかなと思っています。

(5) 公文書の廃棄

幸田　次に、公文書の廃棄について進めていきたいと思います。国の場合は総
　理の判断で廃棄ができてしまうんですけれども、条例案では、選別基準、審
　査会の諮問、住民の意見聴取というものを定めております。まず、二関さん、
　いかがでしょうか。

二関　どういった文書を残すべきか。何でも残せと言えば、それまでなんで
　すけれども、一応現状の選別をしなければならない状況を前提に考えますと、
　どういった文書を残すかは、歴史的、社会的意義が果たしてどの文書にある

135

第3部　パネルディスカッション

のかを判断すべき場面だと思います。そこに総理が関わって、政治的な判断が介在しうる公文書管理法の仕組み自体、おかしいのではないかと思っています。

　そういう意味では、専門的、客観的な観点から判断することが期待できる審査会に諮問したり、あるいは住民の意見を広く聴くという仕組みを条例案は入れており、望ましいことと思います。

幸田　早川さん、いかがでしょうか。

早川　そうですね。先ほども申し上げましたが、公文書を廃棄するということは、その文書で説明責任を果たす義務がなくなる、果たすことができなくなるということですね。だとすると、説明責任を果たす人の判断で廃棄ができたらおかしいわけです。「説明したくないから廃棄しておこう」ということが可能になってしまいますから。今回の条例案につきましては、そういった行政の判断だけでなくて、審査会への諮問や、住民からの意見聴取を入れており、素晴らしいと思います。

　また、変な話ですけれども、文書を捨てたことに文句言うのは、後の人なんですね。5年後、10年後、あるいは100年後の人が、「何であのとき捨てたんだ！」と言うわけですけれども、そのときに、「行政の判断だけで捨てました」ではなくて、「専門家の意見を聴いて、住民の意見も聴いたけれど、特に意見がなかったから捨てました」ということであれば、お墨付きにもなりうるわけです。その意味では、行政側にとっても廃棄に関する一つの説明材料になるのかなと思います。

　実際、国内の例では、公文書の廃棄につきまして、今回の条例案のような形で審査会の意見を聴いたり、住民の意見を述べる機会を与えたりしている例として、熊本県、あと今日ご報告のあった相模原市などがあります。

　また、海外でも、たとえばカナダでは、国立図書館・公文書館（Library and Archives Canada：LAC）の館長が、各省庁の記録の保存、廃棄について、承認を行い、各省庁は、館長の同意なしにいかなる公文書も廃棄することはできません。公文書館的なところがチェックをして、捨てていいかどうかを決めるということになります。

　アメリカでは、各省庁共通の一般庶務文書については、アメリカの国立公

文書館が定めた基準を基に原課が廃棄の判断を行いますが、それに該当しないものについては、国立公文書館館長の決裁によって処分が決定されます。やはり、原課だけの判断だけでは捨てないというルールがあるんですね。また、アメリカにおいて公文書を廃棄処分する場合には、官報で国民に公示するとも聞いています。

幸田 ありがとうございます。今、早川さんから、諸外国の制度、それから日本の自治体の先進的な事例というのをお聞きすると、ますます今の日本の公文書管理法における廃棄の制度は、極めておかしいというふうに感じざるをえないところであります。この点、金井さん、いかがでしょうか。

金井 繰り返しですが、保存年限があれば廃棄の話があるでしょうが、電子情報については、保存年限を課する必要は本来ないのではないでしょう。ただ、現実に紙であるものについて、それを PDF 化する、電子化するか、あるいは電子化したとしても、その原本はどうするのかということは残りますから、現に存在してきた紙の文書は、一定の仕分けが必要だと思います。

　そのときに、やはり先ほど申しました権力の分立といいますか、機関の分立が必要です。情報をつくる主体と使う主体と捨てる主体を分けていなければならないと思います。統計でいえば、使う人とつくる人が同じであれば、使う人の願望や都合に合わせた統計になるわけで、統計をつくる人と使う人は分けなければならない。同様に、文書をつくった人と使う人と、それが将来においてどういう意味をもつかを判断して廃棄を決める人が分かれている必要がある。

　その意味で、内閣とか内閣総理大臣とかで公文書管理を統一するのが一番よくない仕組みであろうと思われるわけです。自治体の場合でいえば、市長が決めるのはよくないのです。できるだけつくる・使う行政と別の第三者機関が廃棄の是非を決定すべきであります。特にその場合、非常に重要なのは、行政法とか政治学とか、現在の専門家ではなくて、アーキビストとか、歴史家とか、現在の政治行政過程と無関係な専門家や団体がちゃんと入っていないとならない。

　いずれにせよ、政治家や執政政治家の支配のもとにある行政職員が自分で選別するというのは、一番よくない廃棄の方法でありまして、本来ならば、

第 3 部　パネルディスカッション

別の独立機関が決めるべきです。簡単に言えば、たとえば公文書館に全部移した後に公文書館が自分で決めるというのが、本来の筋です。現状は、ロジックが逆なのではないかなと思っています。

(6) 罰則規定

幸田　次に、罰則規定について、お聞きしたいと思います。森友問題で 14 件もの改ざんが行われたにもかかわらず、関係者の刑事訴追が見送られ、公文書管理法に文書の改ざんに対する罰則を導入すべきとの声は高くなりました。条例案では、罰則規定を設けていますが、日弁連意見書では、「罰則について新たな故意犯を導入するのであれば、慎重に検討すること。」としています。この点に関して、早川さん、いかがでしょうか。

早川　罰則規定については、大きく悩むところだと思います。公文書管理が今回のテーマですけれども、わたしがやっている行政法は、基本的に行政は正しいという前提でつくられている法制度になっています。行政が法を守らないはずがないという前提で動いているので、「罰則いらない」という議論と整合してはいるんですけれども、ただ、現実に行政を動かしているのは人ですので、性善説だけではやはり回らないわけですね。結果として、たとえば森友学園問題のときの文書改ざんでは、20 名に対して懲戒処分等がされましたが、消えた年金記録問題のときには、現職の方はいろいろ不利益を受けているのですが、問題発覚前に退職していた人は、基本的に不利益を受けていません。退職した人に懲戒処分をすることはできませんから。ということを考えると、刑事罰であれば、すでに退職した人についても、科することが可能になるわけですので、やっぱり必要なのかなという気がしております。

　また、現在の刑事法制は公文書管理という視点をもっていませんから、自分にとって都合の悪い公文書を保存期間満了前にわざと廃棄した公務員も、スピード違反で違反切符を切られて、腹立ち紛れに切符を破った人も刑法258 条の公用文書等毀棄罪です。これって同じ罪なのでしょうか？　今回、公文書の改ざんに現行刑事法が無力であることが明らかになったわけですから、様々なケースを想定しながら、罰則の導入を検討していくべきと考えま

す。もっとも、条例で罰則を設けることについては、法律の壁がありますので、条例上の工夫だけではなかなか難しいかもしれません。

幸田 金井さん、いかがでしょうか。

金井 先ほど、お話ししましたけれども、行政にどのようなインセンティブを与えるのかですが、罰則でマイナスのデメリットを与えるだけではなく、正しい文書をつくることはプラスになる、改ざんしないことがプラスになる、あるいは文書をつくらないことがマイナスになる、というインセンティブを仕組んでいかなければならないのです。

　そのときの一つの方法として、罰則、つまり、簡単に言えば文書を作成・管理・利用・廃棄する行政機関と、警察、検察という刑事司法の行政機関と、裁判所というその他の機関が、分立していることを使うのは、その仕組みの一つです。それは確かにあり得ない話ではないとは思うのですが、それよりも、やはり文書がないことが、行政の説得性・妥当性・適切性の否定を推定することへの関連が必要です。行政が適切に説明できなければ、不適切性を推定されるような、行政自らがマイナスになるような仕組みを埋め込んでおかないと、動かないのではないかなという気がしています。

　それからもう一つは、検察、警察とその他の行政機関の間に、適切な緊張関係、チェックアウトバランスがあればよいのですけれども、先ほど紹介されていましたけれども、そうとは限りません。刑事事件の証拠や記録自体は、最も不開示になっているのです。がさ入れされたら情報は永遠に出てこなくなります。すると、捜査が情報の隠蔽になる可能性があります。せっかく役所のなかに残されていたものを、警察や検察が全部押収してしまって、その後、出てこないかもしれません。むしろ、罰則を背景にした捜査に名を借りた情報のいわば隠蔽が有り得ます。その後、永遠に出てこないかもしれません。警察も検察も所詮は内閣の行政権の下にあるからです。あまり罰則には現状では期待できないでしょう。本来は、機関分立という点では、ロジカルには期待しうるのですけれども、現状の日本の刑事司法のもとでは、ちょっとなかなか難しいだろうなというふうに思われます。

幸田 二関さん、いかがでしょうか。

二関 日弁連の意見書作成にあたっても、罰則についていろいろ議論しました。

第3部　パネルディスカッション

罰則という強い制裁の対象にすると、罰則を科されることを恐れて、文書の作成そのものを控えるなど、逆に悪影響を与えるのではないかという点を結構懸念しました。もちろん、作らなければいけない文書は作るでしょうけれど、先ほども申し上げたとおり、どういう内容のものにするかということまでは、細かくルール化することはとても無理です。そうすると、無難な、問題ないことしか記載されていない文書しか、最初から作らなくなってしまうのではないかが懸念されました。

　昨年、関弁連で公文書管理法をテーマとしたシンポジウムをやったのですが、そのときに、公文書管理法の生みの親と言われている福田元総理からビデオメッセージをいただいたのですが、福田元総理もやはりそういう趣旨のことを述べていました。もっとも、罰則必要説を唱える立場の人も日弁連にいましたので、新たな刑罰反対と明確には言わず、折衷的に慎重に検討せよという意見にまとめたという、ある意味お役所的な日弁連意見になったということです。

幸田　日弁連は役所ではないと思いますが（笑）。小池さん、いかがですか。

小池　今回の条例案では、罰則規定の形を設けています。検討を始めたときから、罰則を設けないという案はありませんでした。懲戒処分だけだと、身内に甘くなってしまい、処分しない方向にも行きかねず、正しい文書を作るという即効性が薄いと考えました。もっとも罰則を設けたとしても、先ほど金井さんからのご指摘がありましたように、立件自体は難しいのかもしれません。しかし、公文書を変えてしまうということが、これだけ重い罪になる、ということを肝に銘じながら仕事をするということで、一旦作成した公文書を変えてはいけないという意識を植えつける意味合いもあると考えています。

(7) 公文書管理条例と情報公開条例の関係

幸田　それでは、ここまで、各項目の議論、進めてきましたけれども、最後に、公文書管理条例と情報公開条例の関係について、その考え方、整理の仕方について、お聞きしたいと思います。まず、条例案において、どのような考えで整理されたかについて、小池さん、お願いします。

小池 二つございます。一つ目は、公文書管理条例案では、公文書の定義です。一般的な定義にある、組織供用性の要件を外しました。公文書の定義は公文書管理条例と情報公開条例は同じである必要があります。そこで、情報公開条例の公文書の定義を公文書管理条例の定義と同じ定義にする、改正が必要であるとして、附則でその旨規定しました。

　二つ目は、公文書不存在の場合です。公文書管理条例案では、公文書の作成義務が定められました。情報公開条例にもとづく情報公開請求で、公文書が不存在であった場合、作成義務があるにもかかわらず作成していないという理由で不存在なのであれば、それは義務違反です。また、保存年限が満了する前に廃棄してしまって不存在という場合もありますがそれも義務違反です。そこで、情報公開条例について、不存在の場合には、公開請求に対して不存在なので公開しないとするか、新たに作成または取得して公開するか、いずれかの措置を執らなければならないという改正をするよう、附則で規定しました。

　なお、本来あるべき公文書が不存在であることは、情報公開請求があって発覚することもあれば、情報公開請求がなくても職員が気付く場合もあります。そこで、公文書管理条例案においても、第6条第6項において本来あるべき公文書が作成されていない場合には、速やかに作成する旨規定しました。また第9条第10項においては、保存期間満了前に廃棄した時には復元しなければならないと規定しました。

幸田 次に、二関さん、いかがでしょうか。

二関 情報公開請求訴訟をやる立場からしますと、文書不存在を理由にされると、「無いものは無い」ということになってしまいますので、原告としてなかなか争いにくいものですから、条例案のように不存在になる場面自体を少なくする仕組みが入るとありがたいと思います。ニセコ町の条例などで同様の条文がありますので、それを参考にしたのだろうと思います。ただ、ニセコ町も一緒だと思いますけれども、どちらを選択するか。作成する措置をとるか、あるいは不存在の決定をするか選べることになっているんですけれども、請求者としては端的にその情報を知りたいから請求するので、本来作成すべきものをつくっていないことが判明したら、そのような過去の不作為に

第3部　パネルディスカッション

ついての責任が残ることは当然のこととして、そのうえで、作る方を選択する条文にしてもよかったのかなという気はしました。

　あるいは、不存在の決定という余地を残したまま、決定自体を違法として争うという、そういうルートに乗せることが念頭に置かれているのかもしれません。しかし、その場合、仮に訴訟を起こすとすると、国家賠償請求訴訟等になって、違法性を二元的にとらえる、いわゆる職務行為基準説によるとする実務の趨勢からするとハードルが上がります。ですので、原告側から見て、作成すべき場合はそちらを選ばなければいけないという条文にする手もあったのかなと思いました。

　あと、情報公開制度と公文書管理制度、今日のテーマになっているとおり、いずれも民主主義に奉仕する側面がある仕組みですので、その点を反映した目的規定というのは、非常に重要になってくるだろうと思います。今回の条例案では、知る権利が明示されていますけれど、各地の公文書管理条例にもこれにならっていただきたいと思いますし、情報公開条例でも、知る権利を明記しないところはまだまだ多いと思いますので、揃えて明示するような改正をしてくれたらありがたいと思っています。

幸田　今、条例案の、ニセコ条例を参考にしてということで、文書不存在の場合には、新たに作成をするという規定があるということですけれども、わたしもあるところで、情報公開審査会の会長をやっているのですが、そこの条例は、こういったニセコ町の条例のような規定はないのですけれども、不存在というのは、わたしは基本的に許すべきではないというふうに思っています。それで、どういう理由でそういう判断をしたかという判断過程はあるはずだと言って、それを作成して、それを審査会に提出しなさいと言いました。その審査会に提出された弁明書を審査請求人に提供するという形にしました。つまり、そういう文書がなかったわけですけれども、作成をしてもらったという事例もあります。参考までにご紹介いたします。早川さん、いかがでしょうか。

早川　「ないからしょうがないでしょう」という言い訳は、やっぱりおかしいと思うのです。作成すべき文書を作成していないのであれば作成させる、取得すべき文書を取得していないのであれば取得させる、保存すべき文書を保

142

存していないのであれば作成させるということですから、至極真っ当な条例案であると思います。このような考え方は、ニセコ町など一部の自治体を除いて導入されていませんので、今回の条例案から全国に広がっていって欲しいですね。

　文書不存在との関係で参考になる例として、逗子市の情報公開条例をご紹介したいと思います。先ほど少しお話ししましたが、文書は保存期間がくると廃棄されちゃうんですね。廃棄されたものを開示請求しても不存在を理由とする不開示決定が出てしまいます。でも、逗子市の場合は、情報公開請求を受けた不開示情報が記録されている文書について、「廃棄しないで残す」というやり方をしているんです。一般には、不開示情報が記録されている文書が3年保存になっていれば、見ることができないまま3年後に廃棄されます。でも、逗子市はその文書を残すんです。条文は省略しますが、非公開としてから20年経過したものについては、その時点で情報公開請求がなくても公表することにしています。「20年間、文書を残し続けます」というやり方をするんですね。これは、「保存期間が来たから見せないまま捨てしまう」ということをできなくする形での情報公開の制度であり、文書の保存期間を延ばすこととつながっているので、情報公開と公文書管理がリンクしている例ということができると思います。

幸田　金井さん、いかがでしょうか。

金井　情報公開と公文書管理ですけれども、情報公開は基本的には行政に対する統制の問題で、公文書管理は、行政の内部管理の問題であると考えられてきました。行政資源、財源とか人間でも、管理と統制というのがセットでありまして、予算が行政管理とするならば、会計検査とか監査は統制にあたりますし、人事も通常の任用給与が行政管理であるならば、それを人事院や人事委員会という形で統制します。これが車の両輪です。情報知的資源も、やはり車の両輪で整備されるのは、当然だと思います。

　ただ、公文書・情報資源の非常に特殊なところは、先ほどの人事・財政と違いまして、一元的に管理すると、かえってよくないのが非常に重要なところです。管理を分散しなければならないという、そういう特徴をもっていると思います。

第3部　パネルディスカッション

　もう一つは、今までのところで出てきました保存と廃棄は、本当に公文書管理の問題なのかは、問い直したほうがいいのではないかと思います。これはむしろ統制の問題というのが本質だと思います。独立した第三者機関によって、いわば情報公開の一部として、廃棄と保存との仕分けはなされるべきです。公文書管理の問題ではないと思うわけであります。保存・廃棄を公文書管理としますと、結局、管理主体、内閣総理大臣であるとか、首長等実施機関のなかで行われてしまいます。そこに問題があると思います。

　それからもう一つは、情報公開が統制である以上、文書不存在に対する統制が利いていないのが、非常に大きな問題であろうと思います。文書を不作成した場合や廃棄した場合の統制を考えなければならない。ただ、その場合、事後的に作成させるのは、後から言い訳をねつ造するような感じで、これはやはり適切とは言えません。公文書が存在しないこと自体に対する負のインセンティブが大事です。行政の適合性・合法性が事後的に否定されるようにするか、国家賠償責任にするかはともかく、文書がないものにもとづく決定は、法的根拠がないとすべきです。要は合法性が否定され、住民訴訟の形で司法審査できるようにしなければ、文書不存在に関しては統制が効きません。現状では、情報公開審査会などが文書不存在という決定を出したら、行政に対する統制ができていないという国民の敗北宣言であることを考えていかなければならないと思っています。

幸田　ありがとうございます。たいへん一貫したお考えで、非常によくわかるところです。公文書管理の各項目についての議論を進めてきたところですが、ここまでの議論をお聞きになって、三木さん、コメントいただけませんでしょうか。

三木　先ほど、金井さんからお話がありましたが、森友学園の件は、実はわたしたちは財務省を相手に情報公開訴訟中で国賠も請求をしていますが、刑事告発している人たちもたくさんいます。ただ、刑事事件化すると文書全部をもっていかれて、不起訴になったら悲惨で、何も見えなくなる。起訴されればかろうじて見えるというぐらいなので、刑事罰と刑事事件化は悩ましい問題があります。そういう意味では、刑事罰をどう使うかというのは、よく考えたほうがいいかなということを少し思いました。

144

あと、公文書管理条例に関して言うと、少し身も蓋もない話になってしまうのですが、やっぱりこの間、不祥事の後始末に公文書管理条例をつくるという割と短絡的な傾向がないわけではなくて、東京都とか愛媛県はそのパターンですね。東京都は割と拙速につくったところがあって、公文書管理法で含まれている規定をポイント化したところ 52 ポイントでしたが、東京都は 16.5 ポイントしかなく、つまり、それだけ要素が薄かったということです。公文書管理法に比べても、要素が薄かったということがあります。

この 3 月にも、やはり公文書管理条例案を議会に提出する自治体がありますが、やはり不祥事に端を発して短期間でつくるとか、あるいは不祥事に端を発していないけれど、文書管理をやっているからそんなにじっくり条例をつくる必要もないということで、割と拙速に条例化に向かう自治体が、私の知る範囲でもあります。現状を見ると、すごく高いレベルの議論ができるというよりは、もうちょっと低いレベルのところで実は物事が流れている部分もないわけではないところがあります。どういう原則と義務を課すべきかということを明確に示すということも、今の流れからすると必要かなというふうに思っています。

それから、先ほど来、行政文書の定義が問題になっていますけれども、日本の場合、情報公開制度と公文書管理制度の対象が完全に一致している制度になっています。だから、管理がされないと請求の対象にもならないので、何が行政文書かに過剰にテンションがかかる構造にあります。

しかし海外を見ると必ずしもそうではなくて、管理の対象になっていなくても情報公開請求の対象になるというつくり方も、実はあります。アメリカがそうですし、お隣の韓国も同じようなつくりになっています。これまでの日本の議論を当たり前の前提とあまりしなくても、いろんな可能性を考えてもいいのかなということは個人的に考えています。

それから、公文書管理法制定以前は、何が行政文書かというグレーゾーンがあるということが、ある程度当たり前という前提で情報公開法は運用されていましたが、公文書管理法ができてからは、グレーゾーンは違法状態となるので、これを極度に嫌うという傾向はわたしの体感的にはかなり顕著です。そこで、白黒の線引きを熱心にし始めたというところがないわけではないか

第 3 部　パネルディスカッション

なというふうに思っています。

　結果的に組織共用性はどう利用したかで決まってくるはずのものなのに、どこで白黒を引くかという話に、やっぱり制度の運用自体が流れていると言わざるを得ないかなと思っています。

　これは、情報公開法制定時からさんざん議論していることで、20年以上、議論の中身が変わっていない問題です。組織共用性という規定をどうするかということだけではなくて、行政は本来、違法かどうかだけが問われるものではなくて、当・不当や公益性の判断も必要なので、違法ではないけれども、公益性の観点からすると適当ではないという、そういう判断が実はあるべき組織でもあるので、議論の幅としていろいろとアイデアを出してもいいのかなというふうに思っています。

　ですので、組織共用性の議論については、なくすかどうかという議論と、解釈・運用上どうなのかという議論と、あとはもうちょっと別のオプションを考えてみるというようなことも、ありかなというふうに思っています。

　それから、議論されていた文書作成義務の範囲についても、もともと行政文書の定義そのものは中身の質を担保しているわけではない要件で、質は作成義務である程度定めている構造です。この文書作成義務の問題も、つくっていないと違法かどうかということに、やはり極度の注目が集まる上、この構造が行政文書管理ガイドラインの文書の正確性確保に関する改正問題に結びついている発想の根底にあると思います。なので、これも白黒つけるとか、違法かどうかというところに極度に注目が集まりすぎると、形骸化を招くところがある。当・不当のような、公益性とか公共性を図るために文書がつくられるようにするためのインセンティブとか、方法論みたいなものも一緒に入れないと、義務の範囲だけで縛ると限界があるのかもしれないというふうに思うところです。文書の作成義務については、制度上、どういう位置付けとしてそれを置くかという議論を考えてみてもいいのではないかなというふうに思います。

　最後に、国でも、実は点検監査という仕組みがあって、年に1回やらなければいけないという仕組みになっていますが、これが十分に機能していないという問題があります。わたしたちは割と内部の資料を情報請求して集めて

146

整理し、データをつくって問題提起すると何年か経つと動き出すようなこと
もありますが、やはり仕組みがうまく動いていないところに、第三者機関を
もってきても難しいところがあるので、そういう意味では、国の今の状況っ
て、ある種自治体にとっては他山の石みたいなもので、こうやっているけれ
ど、ここがうまくいっていないとか、ここがうまく使えていないというケー
ススタディとして見ていっていただくといいのかなと思います。そういう可
能性を追求していくような柔軟さをもって議論してもいいのではないかなと
いうふうに思います。以上です。

幸田 われわれが今まで議論してきたことについて、違った視点からのご指摘
であり、また公文書管理の常識とも言える部分も疑ってみる必要があるとい
う意見で、別の解決法があるのではないかという示唆もいただいたかと思い
ます。公文書管理が本来の役割を果たすために、さらにいろいろ議論が必要
かなというふうに感じたところであります。

3 政策形成過程の透明性と健全性

幸田 それでは、公文書管理の制度的な仕組みというのをちょっと離れまして、
政策形成過程の透明性と健全性について、議論していきたいと思います。最
初に金井さんからご意見をお聞きしたいと思います。

金井 公文書にも、個別の行政処分とか取扱いのための根拠となる文書と、そ
れから政策や計画を決定するような政策情報としての文書と、両方必要だろ
うと思います。これまでの議論は前者のほうに偏っていたので、官僚制の話
に引きつけていたのですが、佐野さんがおっしゃる民主主義とか、政策過程
の問題として文書を考えるということも、もう一つの領域だろうと思ってい
ます。議会制民主主義のロジックでは、議会の代表にだけ公開して、住民に
は公開しないという考え方もあり得ます。秘密会という方法です。けれども、
通常の場合には、住民に情報を公開して、あるいは住民と共有した上で、意
思決定していくというのが前提でしょう。

　そうしますと、本来、行政側は、自分に都合のよいとか、悪いというもの
を仕分けることに関して一種の思考停止をして、よいものも悪いものも出す

147

というのが本来の原則になります。これは先ほどのインセンティブ論と全く逆で、インセンティブとか、損得とかを考えない世界です。思考停止するウェーバー的な世界も、官僚制にはあったはずで、怒りも興奮もなく、余計なこととは考えずに情報をすべて出すということになろうかと思います。もっとも、ウェーバー自身は、行政官僚制は秘密主義であることを指摘していますが。

　ともあれ、思考停止が重要なのは、自治体がもし意思をもって情報を提供すると、簡単に言えばPRになるおそれがあるわけです。その意味で、情報公開制度について、説明責任と表現したのは、やや心配なところがあります。説明責任はPRする責任を果たせばいいということになりかねませんので、間違えるとプロパガンダになっていきます。プロパガンダによる印象操作や洗脳を成功させるためには都合のよい情報を流す方向になるので、説明責任という発想には危険もあります。情報公開法で説明責任（義務）といってしまったところに、健全な、民主的な政策決定過程をいわば取り崩すトロイの木馬が埋め込まれていたのかなという気はしています。

幸田　この点について、早川さん、いかがでしょうか。

早川　そうですね。金井さんがおっしゃるように、国や自治体が住民に提供する情報は、都合の良い宣伝や説明が多いですね。国や自治体にとって都合の悪い情報を提供して、わざわざ叩かれたくはないでしょうから、当然といえば当然です。とはいえ、提供された情報だけだとわたしたちが信じていいのか、あるいは、提供された情報が正しいのかということを考えていく上では、やはりわたしたちは、行政側が流してこない情報こそ知りたいわけですよね。だとすると、そのために情報公開制度があり、その情報公開制度が実際に動いていくものにするためには、今日のテーマである公文書管理がなければいけないということに、やはりなるんだと思います。

　「政策形成の過程を透明なものにしましょう」という場合、そのためには情報提供だけでなくて、情報公開が必要ですし、また、行政の健全性というようなものをチェックするためには、情報の検証をわたしたちができなければいけないということになるわけですね。いずれにしましても、何らかの形でわたしたちが見ることができる情報というのが存在しなければいけない

ということになるわけですから、最初のほうの議論に戻りますが、「記憶」じゃ怖いんです。市長の頭のなかにあるものだけで言われては困るので、あくまで「記録」として固定化されたものが必要です。それに基づいて議論を進めていくことができるようにならなければいけない、ということだと思います。

　実際問題としては、「情報公開の請求ができます」とは言うものの、不開示情報があるのはご承知のとおりです。不開示情報があるから、「今」見ることができないというのは、これはある程度やむを得ないのですが、ただ、「今」見ることができなくても、「いつか」は見られるようになるはずです。さっきの逗子市みたいな話ですね。「いつかは確実に見られるんですよ」ということが確保されていれば、何十年という期間が必要になるかもしれませんけれども、最終的な透明性と健全性を確保することが可能になるのではないかなと考えています。

幸田　政策形成の透明性の具体的な中身というのを考えていく必要があるということですね。政策議論のできるだけ幅広い利害関係者、国民に提供していく、あるいはだれがどのように議論して、そういう結論になったのかといったことが明らかになるということは、非常に重要ではないかなというふうに思っております。二関さん、いかがでしょうか。

二関　昨今、「どういった議論をしてこのような結論に至ったのか」がよくわからない政策が非常に増えているように思われます。国会をはじめとして、何時間も審議しているんだから、もういいじゃないかという形で強行採決が行われるなど、議会において、実質的な議論が十分になされていない。ニュースなどを見ても、メディアがその点を十分に報じていないのではないかという思いがある。さらに言えば、国民の側も、多くの人は、実はそれほどそのことを気にしていないのではないかという気がします。社会が自浄作用を失っているのではないかという、そんな気がしています。

　もっとも、話をあまりに広げてもいけないので、本日のテーマに沿ったところに戻しますと、たとえば議会に法案等が持ち込まれる前に、審議会とか、懇談会など、学識経験者、専門家などが集まる場で議論されることがよくあります。この議論状況について、きちんと議事録が作成されて、かつ、公開

149

第3部　パネルディスカッション

されることが、政策形成過程の透明性を確保する上では重要と思います。

　そのような審議会とか懇談会などでは、もともと事務局があらかじめ敷いたレールどおりの結論に至っているだけではないかと思われることも多くあるように思います。そういった場合に、そもそもそういった会議体の構成員は、どうやって選ばれているのか、そういうプロセスも大体あまり知らされないままに、物事が進んでいるように思います。そういったところにも光を当てて、透明性を確保することも必要なのではないでしょうか。もっとも、このコメントは、国民や住民の代表である議会における議論を充実させることが本来であるという基本的方向性は維持したうえでのものです。

幸田　小池さん、いかがでしょうか。

小池　二関さんのご指摘はごもっともだと思います。審議会の議事録は、必ず作成するのですが、他方で議事録に残るからということで、発言の抑止につながりかねない心配がございます。しかし、議事録に残るから発言しないというのは、委員の役目をきちんと果たしていないのではないかと思いますし、議事録に残るから発言に責任をもつことができます。その結果、きちんとした意見を発言できる委員を選任することになりますので、行政の顔色を窺うような委員を選任することもなくなっていくと思います。

幸田　政策形成過程の健全性という点については、多元的な政策議論が重要である、あるいは政策議論における専門性の観点、政策論議における論拠の正当性、いわゆる EBPM（Evidence Based Policy Making）が言われていますが、たとえば、働き方関連法案では、その根拠となる調査が間違っていて、法案から裁量労働制拡大の部分が削除されたというようなことも起きています。二関さん、いかがでしょうか。

二関　公文書管理法が制定された際に先だって作成された政府の最終報告書、「時を貫く」という特徴的な言葉を含んだ名称の報告書があるのですが、その報告書のなかに、「公文書の管理を適正かつ効率的に行うことは、国が意思決定を適正かつ円滑に行うためにも、また、証拠的記録にもとづいた施策（Evidence Based Policy）が強く求められている今日、国の説明責任を適切に果たすために必要不可欠であり、公文書を作成等して、全段階を通じて統一的に管理していくことが大きな課題になっている」という記載があります。

150

EBP の指摘です。

　今、幸田さんからご指摘のあった EBPM というのとは若干違う概念なのかもしれませんけれども、適正な公文書管理というのは、こういう証拠にもとづいた意思決定、政策形成という、EBP のためのインフラ整備的な面があると思います。とはいえ、政府は最近、行政改革などで EBPM の推進というのを標榜している一方、実際には幸田さんからご指摘があったような裁量労働制の問題のときもそうでしたし、結局、Evidence Based な意思決定がそもそも議会とか、行政において尊重されていないように思います。

　ただ、そのような風潮は、たとえば小選挙区制によって与党の執行部が強くなりすぎて与党内で異論が出にくくなっていることなどが要因で、もはや公文書管理法制の守備範囲外の問題ではないかと思います。

幸田　政策形成の透明性と健全性ということに関して、公共政策の手続的価値という観点からは、透明性、健全性以外にも重要な観点があろうかと思いますが、どういう点が重要であると考えておられますでしょうか。金井さん、いかがでしょうか。

金井　統計データでもそうですけれども、情報の中身は正しくなければならないという意味では、真実性が必要だと言えます。ただ、ポスト・トゥルースの世界では、何がファクトなのか、あるいは何がフェイクなのか、ファクトチェックをどのようにするのかという話になるでしょう。しかし、ファクト／フェイクの識別それ自体がいわば権力過程、政治過程になってしまいがちです。結局は権力側が決めたことが「真実」だという話になり得るのです。そこでは、権力が「真実」を確定することで、説明責任＝宣伝＝印象操作を果たしたという話になって、いわば、民主制が独裁制に逆流していく可能性があります。しかし、権力者が「真実」を決めても、それ自体真実であるという保証にはなりません。

　かつて、現代民主主義では、マスコミが要は第四の権力と言われていて、いわば説明責任を負うと称する政治的権力者に対して、真実性を武器にチェックする存在があったわけであります。しかし、ネット時代になりますと、第四の権力が非常に弱体化しました。そうなったら、多くの人が情報について、権力をもつという分散・分権・多元的な社会が成立したのかという

第3部　パネルディスカッション

と、現実にはそうではありませんでした。権力をもつ為政者やインフルエンサーというような特定の人が大きな情報操作をしやすくなったという意味で、「真実」を権力者が操作するような、オーウェルの「1984年」的な世界になりつつあるのです。

そういう意味では、本来、権力者は真実の前には謙虚であって、誠実性も含めて必要だと思うのですが、権力があるときには権力者は、真実に従って権力を自制的に行使することはなかなか難しくて、権力によって「真実」を支配したがります。これを防ぐ対策は道徳論や精神論になりがちで、効果がないかもしれません。

ただ、先ほどの話でいえば、現在の政策は正しい情報にもとづいていないことがわかれば、少なくとも将来日本が滅びたときに、政策はやはり真実にもとづくべきだという教訓に、諸外国にとってはなるでしょう。大日本帝国が滅びたため、すでに戦前日本の意思決定については、そういうことがすでに実証されているわけです。間違った情報にもとづいて、政策決定するから当然に負けたわけです。それと同じように、たとえば、間違った裁量労働制のデータにもとづいて、間違った政策決定をしたのが、30年後ぐらいなら明らかになるかもしれないと思います。真正のデータにもとづく政策決定は、非常に重要なことだと思います。しかし、現実には、直近の問題としては、権力関係にバランスが回復されない限り、真実性も確保できません。「真実」への権力者による印象操作になるだけです。そのため、フェデラリスト的に、権力の分散・分立問題に帰着するのではないかと思っています。

幸田　早川さん、いかがでしょうか。

早川　そうですね。公文書管理の話から、大きな話になってきましたけれども、若干公文書管理のほうに引き寄せますと、やはり文書というのが証拠となって、それにもとづいて様々な政策が形成されていくというのが、本来の筋だろうというふうには思います。ただ、そこに権力というものが絡んできて、何か不思議なことが起こっているようです。先ほど出てきたEBPMは、Evidence Based Policy Makingというのが本来の順番ですが、どうもPolicyが先にあって、Evidenceが後にできているというPolicy Based Evidence Makingつまり「政策に合致する証拠作り」という不思議な事態が多分発生

152

しているんだろうと思われます。これが「忖度」という言葉の正体かもしれませんが、何かどうも本来の筋とは違った事態が発生しているようだという気がいたします。

それは現在のところ「気がする」という程度ですが、それを後々検証するためには、やはり「今」の文書がしっかりと残っていることが必要になると思います。将来的にわたしたちが検証しようと思っても、残っていないものは見られない。捨てられちゃうと見られないということになるわけですので、残すという選択を今の段階でしておかないと、「ない」と言われておしまいになるかもしれないということですね。

この点は、特に歴史学などがまさしくそうだと思うのですが、歴史学の方々は、「この文書を残してくれていれば、もっとこれがわかるのに」と、100年前、200年前、1,000年前の人を恨むわけです。「この人がもうちょっと日記に書いていてくれれば……」ということですが、ただ、よく考えると、日記って書いた人がそう思って書いているだけで、事実かどうかはまた別なんですよね。ただ、たとえば同じ時代についての日記が複数残っていれば、「これとこれがずれているから、事実じゃないのかもね」という検証をすることができるわけです。だとすると、今日最初のほうにもお話がありましたが、複数の記録、日記は権力ではありませんけれど、複数のところがいろいろな記録をもっていることの意味合い、それを後世の人たちが自由に見ることができて、検証することができる意味合いというのが、ものすごく重要なのかなという気がいたします。

公文書に話を戻しますと、政策形成の透明性とか、健全性を担保する手段が公文書管理ということでありますが、その管理される文書の真実性という観点からいきますと、そこはもう公務員の誠実性を信頼するしかないというところで、なかなか難しいなというのが正直なところです。

幸田　だいぶ時間も迫ってきているのですが、ここまでの議論を聞いていて、佐野さん、コメントいただけませんでしょうか。

佐野　では、わたしからは、次の四つの点についてコメントさせていただきたいと思います。

一つは、「そもそも論」になりますが、公文書管理の位置づけについてで

153

第3部　パネルディスカッション

す。教科書的にいうと、従来の民主主義論はもっぱら「議会における立法」に焦点をあててきました。つまり、代議制民主主義ということです。国会が「国権の最高機関」と呼ばれるのはそういう背景があるわけです。もちろん、ルソーのように代議制民主主義を認めないひともいましたし、歴史的にはもともと代議制と民主主義はまったく別物でした。ただ、いまでは、「議会における立法」こそが民主主義の要であるという認識が一般的になり、その結果、立法の「前」と「後」における民主主義、すなわち法案の作成準備過程や法律の実施過程における民主主義、という視点が弱まってしまいました。議会において十分に民主主義が実現していれば、立法の「前」と「後」に対しても民主的な統制がかけられる、と考えられていたわけです。ところが現実にはそうした民主的な統制は立法の「前」と「後」においては必ずしも十分に機能していないことが明らかになってきた、ということが、情報公開や公文書管理が注目されるようになった背景としてあると思います。言い換えると、「政党→選挙→議会」という代議制民主主義のプロセスだけでは不十分になってきた（あるいは不十分と考えられるようになってきた）ということです。ピエール・ロザンヴァロンというフランスの政治学者は「カウンター・デモクラシー」ということばを使って、従来の議会中心的な民主主義とは違う民主主義の在り方も大事にすべきであると主張しています。また、ジョン・キーンというオーストラリアの政治学者は、同様の趣旨にもとづいて「モニタリー・デモクラシー（monitory democracy）」といっています。まさしく監視やチェックの民主主義、ですね。そして興味深いことに、キーンによると、モニタリー・デモクラシーにおいては「選挙で選ばれたわけではない代表者（unelected representatives）」が重要になる、というのです。情報公開と公文書管理の制度が機能することにより、まさに「選挙で選ばれたわけではない代表者」がより活躍できるようになると考えることできるだろうと思います。

　二つ目は、あまり本質的なことではないのですが、EBPM に関してです。確かに、政府の最終報告書で「証拠的記録に基づいた施策（Evidence Based Policy）」と書かれているのですが、そもそも EBPM ということばはイギリスのブレア政権から出てきた特殊な専門用語です。狭義には EBM（evidence based medicine）から転用されたことばで、可能な限り量的データを用いて政策の効果を予測し、それにもとづいて政策選択を行う、ということがポイントです。日本では経済財政諮問会議が特に強く言い出したことで、そこでは「KPIで成果をはかってPDCAをまわす」というようなNPM的・ビジネス的な発想に近いものとして理解されています。ちなみに、政治学者の前田健太郎さんは、こうした成果主義的な発想がプロセスや手続の軽視につながり、その結果、文書改ざんの問題も起きたのではないかと指摘されています。ですので、わたしとしては、公文書管理の話をする際にEBPMを持ち出さないほうが誤解を招かないですむのでは、と考えています。アカウンタビリティの話が出ていましたが、「説明」の内容が成果の話に限定されていることにも問題があるのだろうと思います。

　ただ、もちろんEBPMを広義に理解すれば、成果主義的な指標だけでない、さまざまな情報を大事にする、ということになろうかと思います。たとえば、地球温暖化がほんとうに二酸化炭素によって生じているか否かについて、できるだけ多くの科学的エビデンスを用いて検証する、というようなことです。ただ、言うまでもなく、公文書管理のポイントは、科学的エビデンスそのものにあるわけではありません。むしろ、そもそも科学的エビデンスをどこまで集めるべきかについてどのような議論が行われたのか、また実際にどこまでどのように集めたのか、そして集めたエビデンスからどのような議論を経て、どのような結論に至ったのか、をきちんと記録しておくことにあります。そして、そうした記録を残しておくことにより、あとで検証することができるという点が公文書管理の要だろうと思います。ですので、EBPMにはあえて言及せずに、ひとまず、公文書管理は行政統制、あるいはガバナンス統制のひとつの手段として捉えたほうがわかりやすいのではないでしょうか。むしろ会計監査に近いもの、という理解です。

　ただし、ややこしいのですが、では公文書管理は単なる行政統制のためのツールにすぎないのかといえば必ずしもそういうわけでもないと思います。たとえば、公文書管理と情報公開が車の両輪としてうまく機能し、行政の緊張感が高まるばかりでなく、市民の知識やリテラシーが向上し、結果的に、よりよい政策提案が活発になされるようになる、ということも考えられないわ

第3部　パネルディスカッション

けではありません。ただしそのためには他の条件が満たされている必要があると思います。

　そこで三つ目のコメントなのですが、それはこの「他の条件」に関わることです。ただいま、公文書管理制度によって政策過程がどう変化するかということが議論されていましたが、当然のことながら、公文書管理制度自体も一つの政策（メタ政策）として捉えることができます。そのように捉えた場合、公文書管理制度がほんとうに期待された役割を果たすのか、ということはよく考えておく必要があると思います。一般的に政策を立案する際には必ずその文脈をおさえておく必要があります。まったく同じ政策や制度でも、条件が異なるとまったく違ったように機能することが少なくないからです。公文書管理制度も同様です。公文書管理についてはとりわけ情報公開制度との関連についてはよく指摘されますが、わたしの印象ではそれ以外の他の多くの条件や制度とも関連しています。そこまで視野におさめて制度設計をしないと期待どおりに機能しないのでは、という懸念をもっています。

　最後に、記録を残さないほうが自由闊達に議論できる、という論点についてです。さきほど話に出ていた審議会もそうですが、じつは裁判所の評議などについても同じことが指摘されています。聞くところによると、イギリスでは閣議の議事録は30年間非公開で、また、政権交代があった場合も新しく政権を担当した政党は前の政権の閣議の議事録は見ることができないそうです。また、ドイツの連邦議会の委員会の審議は非公開でおこなわれることが基本です。あるいは、ミニ・パブリックスと呼ばれるような市民参加型の試みが最近増えていますが、これも非公開で行われることがあります。つまり、非常に荒っぽく言うと、行政とは異なり政治や司法の領域では公文書管理や情報公開に馴染まないケースがありうる、ということです。そしてその理由は、政治においても司法においても、議論する際には記録を残さないほうがいいことがある（あるいは記録を残すにしてもしばらく非公開のほうがいいことがある）、ということにあります。

　しかし、ほんとうにそれでいいのか、ということが一つの論点としてありえます。情報公開や公文書管理の発想を政治や司法にひろげていく、ということです。他方でしかし、行政に、政治や司法における「議論」に近いプロ

156

セスがないのか、また、そうしたプロセスをどうやって「殺して」しまわないようにするか、ということも気になります。行政は、もちろん政治や司法とは異なり「議論すること」がその役割ではありません。ただ実際にはもちろん行政内部でも多くの議論をしているわけで、それをどれだけオープンにできるか、というのは確かに難しさをともなっていると感じます。公務員の方々も人間なので、議事録が公開されると、「こんなことを言ったことがあとでわかると関係者に嫌われるかな」とか「叱られるかな」というふうに気にしてしまって、フランクな議論が難しくなってしまうかもしれません。会議の場で話したことが記録に残っても、あとで批判されたり、怒られたりしないという安心感がないと、なかなか話しづらいと思います。記録に残されるから話すのをやめておこうじゃなくて、記録に残るけれど正直にオープンに議論しても大丈夫という安心感みたいなものをつくれるといいのでは、と思っています。もちろんなかなか難しいことなのですが、この種の難しさは、個々の公務員の誠実性だけでは解決できないし、また、制度による「押し付け」だけでも解決できないように感じます。首長とそれを支える民意による「理解」や「支え」があってはじめて、公務員のみなさんも、公開が前提であっても安心して本音で議論できるようになるのではないでしょうか。

幸田 公文書管理は、いま佐野さんからお話がありましたように、科学的エビデンスそのものにあるわけではなくて、文書をきちんと残すこと自体が重要であるということは、まさに公文書管理のある意味、核心だと思います。そういう意味で、EBPM と結びつけないほうがいいというのは、先ほど最初にわたしがそれに触れて議論を展開したわけですが、なるほどと思った次第です。

あと、今、佐野さんがおっしゃいました最後に、行政にも、政治とか司法における議論と同様に、あまりオープンにはならないような議論に近いプロセスもあるのではないかという話がありました。安心して議論できるような環境というのが必要だという点については、どういう環境が必要かとなると、わたしはなかなか難しい気もするわけですね。

今日、いろいろと公文書管理について議論してきていますけれども、私は、行政における政策形成の根拠となる議論というのは、国民の前にすべて明ら

第3部　パネルディスカッション

かにして、そのうえで政策議論を進めていくべきであるというように思うところでございます。

4　公文書管理条例の制定が進まないのはなぜか

幸田　公文書管理条例の制定がなかなか進まないのですが、その理由について早川さんから説明をいただきました（第1部第3章3を参照）。

　公文書管理条例の制定が進まない理由は、必要性を感じていないということと、職員の手が回らないという2点ということです。この点について、二関さん、いかがでしょうか。

二関　関弁連で昨年行った公文書管理条例をテーマとするシンポジウムの準備過程で、関弁連管内の自治体489と条例制定済の自治体20（20を条例制定済自治体としたのは、あくまでも関弁連としての整理ですが）を対象とする大型アンケートを実施しました。回答率は70％を超える結構高い数字でした。条例未制定自治体に条例を制定しない理由を尋ねたところ、約75％が、「文書管理規程に基づいて取り扱っているので条例を制定する必要がない」というものでした。早川さんのご報告と同様必要性がない、ということです。

　ただし、同シンポジウムの過程で何人もの自治体の人と話をする機会を得ましたが、法律により条例化が求められていることへの理解もあまり進んでいないのではないかという印象ももっています。公文書管理法34条は、努力義務ですし、たしかに明文では「条例」とは言っていないのですが、自治体に対し、同法の趣旨にのっとった必要な施策の策定と実施を求めています。同法が歴史公文書等に対する利用請求権を付与している趣旨を踏まえれば、住民に利用請求権という条例にもとづいた権利を付与するのが妥当なわけです。また、基本的にすべての自治体で情報公開条例は制定済ですが、「時の経過」に照らして、時間が経過した歴史的文書については開示範囲が広がるのが筋で、現用文書に対して認められた開示請求権が歴史公文書になったら権利性が失われるという理屈は成り立たないように思います。そうしますと、利用請求権（という権利）を住民に与えるべきですが、そのような権利の制限は地方自治法14条2項により条例という法形式による必要がありま

す。また、公文書には民間などから取得した文書も含まれますので、長期保存のために文書を複製したり、住民に対して公文書の写しを提供したりする行為は、形式的には複製権や著作者人格権（公表権）侵害になりえます。それを著作権侵害でないとする適用除外規定を著作権法自体が置いているのですが、そこでは、はっきりと「条例」という法形式の場合のみ適用除外になるとされています。それゆえ、内規では足りず条例にする必要があるのですが、そのことを知らない職員は多かった印象です。

幸田 このような状況のなかで、公文書管理条例の制定のきっかけをどう作っていくのかについて、モデル条例がどのような役割を果たせるかも含め、金井さん、いかがでしょうか。

金井 モデル条例には、第一に、自治体がなすべきことを示す、あるいは高みを示すということと、それから第二に、具体的な立案作業のコストを下げるという、二つの役割があるのではないかと思っています。その意味で、自治体に条例制定することのインセンティブを与えるという仕組みで、非常に重要だろうと思います。ただ、前者のほうは高みを目指すので、できるだけ良いものを作ります。後者のほうは、ハードルがあまり高すぎると、今度はそのような条例は制定できなくなってしまうので、できれば身近な案を示す必要があります。だから、すばらしい案とそこそこ案、二つモデルとして出さないとならないと、前々から考えています。

　アメリカなどでは、専門団体がモデル条例を出すのは、非常に一般的なことでありますが、日本の場合には条例準則という形で国がつくってしまうことが多いのです。日本の場合、国の役所がつくる条例準則は自治体から高く評価されるのかもしれません。しかし、専門団体がつくるようになるかといえば、なかなかそうはいかないところがたいへんだと思うのです。しかし今回、日弁連ではないとしても、弁護士の有志がモデル条例をつくったのは、大きな意味があると思っています。

幸田 早川さん、いかがでしょうか。

早川 そうですね。このモデル条例が示されたことの意味は大きいと思います。ただ、もう一方で、このモデル条例の取扱いには注意が必要かなと思っています。あくまでも「モデル」なので、自分のところと合うかどうかというの

を、各自治体が考えなければなりません。

　公文書管理は新しい事務ではなく、すでになされてきている事務です。この点で、新しい事務を生み出した情報公開条例とは大きく異なります。新しい事務に関する条例であれば、すでになされてきた事務とバッティングすることはありませんので、モデル条例の通りに条例を定めても問題は生じにくいでしょう。これに対して、自治体における公文書管理事務は、公文書管理規則や規程によってすでになされてきている事務です。また、自治体によって、保有している文書の量、一年間で発生する文書の量、電子媒体が中心か紙媒体が中心か、文書管理システムを導入しているか否か、ファイリング方式か簿冊方式か、公文書館があるのかないのか、といった様々な点で公文書管理に関する取組みは異なります。そのため、これまでの文書管理事務との継続性を図らなければ、せっかく公文書管理条例を制定しても守れません。

　洋服に例えると、「条例案」という、モデルさん向けのステキな服ができたんです。ものすごくかっこいい、先端的な洋服が。ただ、「これにわたしの体型が合うかな？」と考えた上で着ないと、合わない可能性が高いですよね。今回出てきた条例案は、あくまでもモデルですから、それをある程度いじって自分の体型に合わせていく必要があります。もちろん場合によっては、服に合わせるために、自分が太ったり痩せたりする必要もあるかもしれませんけれども。そういったところも含めて、手を加えながら、自分なりに合わせていくことができるモデルが一つ出たという点で、今回の条例案には大きな意味があると思っております。

幸田　二関さん、いかがでしょうか。

二関　昨年の関弁連シンポの準備の段階でも、モデル条例案を、最初つくるかどうかという議論したのですが、早川さんからも今ご指摘があったように、いろいろバリエーションがあるので難しい。無理だろうということで諦めた経緯があります。そういう意味では今回、結構チャレンジングなことをやったなと思っていました。とはいえ、すでに指摘があったとおり、自治体が実際に条例化に着手するとき、先行して制定されている法律や条例などを参考にするわけですから、その意味で、理想といっていいかはわかりませんが、現状考えられるそれなりに良いものを示したという意味では、非常に意義が

あると思います。

　早川さんからご指摘があったとおり、体型にあわせたカスタマイズがどうしても必要だと思いますので、欲を言えば、この条例案にもそのための条文解説があるとよりよいと思いました。

幸田　小池さん、いかがでしょうか。条文解説もつくってほしいという意見がありました。

小池　解説があった方がわかりやすいですね。作成したいと思います。今回のモデル条例は、いわば理想を全部盛り込んだような形で作っています。もっとも、それぞれの自治体によって事情が異なると思いますので、この条例案は一つのモデルとしてとらえていただいて、この条例案をたたき台にして各自治体で条項を検討していただければ幸いです。

幸田　ありがとうございます。

5　公文書館のあり方

幸田　自治体特有の問題として、公文書館がないので、公文書管理条例の制定が難しいということも言われたりしますが、この点については、早川さん、いかがでしょうか。

早川　公文書管理法は、国立公文書館という単独施設が存在している状況で制定されていますので、公文書管理法を真似して公文書管理条例を制定しようとすると、公文書館という施設がないことは阻害要因になるでしょう。しかしながら、先ほどもお話ししたように、公文書管理法は「公文書管理法の趣旨にのっとる」ことを自治体に要求しているのであって、「公文書管理法と同じ」公文書管理を自治体に求めているわけではありません。公文書館に関係する公文書管理法の趣旨は、「歴史資料として重要な公文書等を保存し、利用できるようにすること」ですので、公文書館という単独施設にこだわる必要はないはずです。

　現に、公文書館などの全国団体である全国歴史資料保存利用機関連絡協議会の調査・研究委員会では、「公文書館ではなく公文書館機能」を備えることによって、公文書管理法の趣旨にのっとることが可能であるとしており、

161

第3部　パネルディスカッション

最低限、歴史公文書等を保存する場所、検索のための目録、利用請求窓口、閲覧場所があれば大丈夫です。総合博物館に公文書館機能を備えさせた三重県、図書館に公文書館機能を備えさせた奈良県、情報公開制度を使って歴史公文書等を公開している愛知県豊田市、県と市町村が共同で公文書館を設置した福岡県など、様々な取り組みがなされています。

幸田　二関さん、いかがでしょうか。

二関　早川さんご指摘のような工夫ができるという点がまずあります。これまでいくつかの公文書館を実際に訪問しましたが、図書館、学校の旧校舎、庁舎の一部、旧議場など、費用をかけずに工夫をしているところは多々ありました。そのような工夫に加えて、公文書館の有無と条例の有無との間に因果関係なり相関関係があるのかという観点があろうかと思います。先ほども触れた昨年関弁連で行ったアンケートで、公文書館ないし公文書館的機能を有する施設の有無を尋ねたのですが、公文書管理条例制定済の自治体（当時の対象数で）20のうち、約半数である9自治体は、公文書館をもっていないという回答でした。逆に条例未制定の自治体のなかに公文書館があると回答した自治体が41ありました。このアンケート結果から、公文書館がないこと、作れないことが条例を作れないことの言い訳にはならない、と言っても良いかと思います。

幸田　金井さん、いかがでしょうか。

金井　個々の自治体で公文書館をもつ必要はなく、都道府県単位で共同倉庫を造ってもいいのではないでしょうか。また、そもそも、電子化して保存スペースを削減すれば、公文書館というハコモノである必要もないでしょう。

幸田　確かに、自治体の場合、公文書館を新たに作るのは財政的にも難しいということもあろうかと思いますので、工夫することによって解決することが大事と思います。この点について、早川さん、いかがでしょうか。

早川　図書とは違い、公文書は基本的に一点モノです。そのため、一度失われると二度と戻りません。そこで、第一に考えなければならないのは、失わないための取組みです。この点では、図書館や博物館を活用することが有用です。しかし、公文書館の資料は、個人情報が記録されているものなど、一定期間利用制限が必要な文書が多い点で図書館資料と異なります。また、利用

請求を受けて個別的に利用させるのが基本形態であるという点で博物館資料とは異なります。資料のもつ性質の違いを踏まえた取組みが必要でしょう。

　我が国初の公文書館である山口県文書館は、元々図書館の一部門だったものが、取り扱う資料の性質が異なることを理由として、独立したものです。取り扱う資料の性質が異なるため、本来は別々に設置されるのが望ましいと思いますが、図書館や博物館を活用せざるを得ないのが現状でしょう。

幸田　小池さん、いかがでしょうか。

小池　「公文書館」という非現用文書を扱うだけの施設を作ろうと考えると行き詰まると思います。今ある施設、たとえば郷土博物館などは、その自治体の歴史を扱う施設ですので、公文書館と方向性は同じです。博物館に公文書館としての機能をもたせることもできると思います。また、廃校になった学校の校舎のリノベーションで公文書館を作るとか、やろうと思えば公文書館の機能をもたせる施設を作ることはそんなに難しいことではないと思います。また、公文書館の機能を有する施設をもたずに、とりあえず非現用文書は自治体の倉庫に置いておく、ということであっても、そのことが公文書管理条例の制定の妨げになるとは思えません。公文書管理条例で定められているのは、現用文書の管理と非現用文書の管理・公開です。公文書館がなくても、それができる状態になっている必要があります。

6　自治体の政策形成と公文書管理

幸田　公文書管理は、政策形成の透明性と健全性を確保するうえでたいへん重要であるわけですが、自治体において、政策を行政と住民が一緒になってつくり上げていくことをどう実現するかという観点から、最後に、ご意見を伺いたいと思います。まず、二関さん、いかがでしょうか。

二関　自治体において政策を行政と住民が一緒になってつくり上げていくためには、行政と住民との間に信頼関係が必要です。自治体として住民からの信頼を得るためには、本日も話に出ていますが、自治体にとって都合がよい情報だけを表に出しているのでは、結局のところ駄目だろうと思います。住民もそのような目でしか見なくなりますから。

第3部　パネルディスカッション

　その意味で、自治体にとっての都合の良し悪しにかかわらず、条例の規定にのっとって、作成すべき文書を作成し、保存し、利用請求に応じる制度、すなわち、条例にもとづいた文書管理の仕組みを取り入れること、そういった客観的な仕組みにしたがって行政を運営していることを、行政側が住民に制度としてアピールすることが重要ではないかと思います。

幸田　小池さん、いかがでしょうか。

小池　情報を住民に開示することで、自治体も自治体だけではわからなかった視点からの意見も得られると思います。現代は多様化の時代ですので、自治体はいろいろな意見を取り入れて、政策に生かしていくことができるといいのではないかと思います。

幸田　早川さん、いかがでしょうか。

早川　自治体が政策を形成するためには、政策形成を必要とする事実が存在しなければなりません。その事実は、噂話レベルではなく、多くの住民から見て「確からしい」と思えるものでなければならないでしょう。その「確からしさ」を基礎付けるのが公文書です。

　公文書を読み、「確からしさ」を納得すれば住民は政策形成を後押しするでしょう。もっとも、一つの公文書から読み解くことができる「確からしさ」には限界があります。そのため、複数の公文書が存在し、それぞれの記載内容の違いを住民が確認し、検討できるようにしておくことが必要でしょう。

幸田　金井さん、いかがでしょうか。

金井　都合のよい情報だけを欲しがるという、日本の為政者及び民衆の誠実性の低さが、こうした現状を生んでいるのでしょう。一見すると都合の悪そうな情報を含めて、真実に対して誠実であることが、長期的には望ましいという、オープンな態度は難しいのでしょう。都合のよい情報のみを知り、自分の町や国が「素晴らしい」と思って悦に入りたいという気持ちもあるでしょう。（日本）人は、都合の悪い情報に接すると気持ちが不機嫌になるものです。それよりは、気持ちよく「誇り」をもつためには、フィルター・バブルによって、都合のよい情報に囲まれていたいものです。だから、嘘でいいから勇ましいプロパガンダ情報宣伝が大事だ、という発想になるのかもしれま

164

せん。

　日本に限らず、アメリカ、中国、ロシア、韓国、北朝鮮、トルコ、東ヨーロッパ、ブラジル、シリア、フランス、イギリスなど、世界中にもこうした人々は増えているのかもしれません。しかし、都合や耳触りのよさという結論ありきではなく、都合がよかろうと悪かろうと、どのような結論になっても受け入れるという、開放的かつ楽天的な深い意味での誇りと自信のある態度が、政策形成の透明性と健全性を生むのでしょう。健全かつ誠実な情報が政策・政治過程の健全性・誠実性を担保しますが、政策・政治過程の健全性・誠実性のないところでは、情報は健全でも誠実でも真実でも有り得ません。相互作用で再生産します。

　不健全で不誠実な「真実」のうえに咲く「透明性」は、行政も責任も不可視化（見えぬ化）してしまいます。その意味では、日本の行政は「透明性」が高いときもあります。行政や官僚を隠すベールを透明化・透視化したのではなく、官僚制自体のなかで権力者が「透明」人間になってしまうかもしれないからです。

おわりに

幸田　パネルディスカッションは、「公文書管理のあるべき姿」というテーマで、副題が、「民主主義の根幹を支える基盤」となっています。公文書管理というと、以前は、地味なテーマと捉えられていた面もあったかと思いますが、不幸なことに国におけるいくつもの不祥事が発生し、幸いなことに極めて重要な問題であるということ自体は広く国民に認識されたと思います。
この重要な公文書管理に関して、今日は、さまざまな論点について議論ができたのではないかと思います。将来に向けて、民主主義の基盤である公文書管理が適切に、そして、国も自治体も同様であると思いますが、政策形成の透明性と健全性が高まる方向に進んでいくことを期待して、パネルディスカッションを閉じたいと思います。

第4部
公文書管理条例案逐条解説

第1章　総則（第1条−第4条）

第2章　公文書の管理（第5条−第13条）

第3章　法人公文書の管理（第14条−第16条）

第4章　特定歴史公文書等の保存、利用等（第17条−第25条）

第5章　審査請求（第26条−第34条）

第6章　公文書管理審査会（第35条−第38条）

第7章　雑則（第39条−第48条）

第8章　罰則（第49条−第51条）

　　附則

　公文書管理条例案及び逐条解説は、公文書管理条例研究班（公益財団法人日弁連法務研究財団研究第105号研究、本条例案の主査は小池知子）の作成物である。条例案及び逐条解説の作成に当たっては、早川和宏教授（東洋大学法学部）から数多くのご指摘、ご指導をいただいた。感謝申し上げたい。

　なお、条例案は、日本弁護士連合会及び公益財団法人日弁連法務研究財団の見解を示すものではない。

第1章　総則

第1条　（目的）

第1条　この条例は、○○市（町村）行政の活動や歴史的事実の記録である公文書が、市（町村）民共有の知的資源として、市（町村）民が主体的に利用し得るものであるべきことに鑑み、公文書の管理に関する基本的事項を定めることにより、公文書の適正な管理並びに歴史公文書等の適切な保存及び利用等を図り、もって市（町村）行政の意思形成の適正化を図るとともに、市（町村）行政に関する市（町村）民の知る権利を保障し、市（町村）及び地方独立行政法人等の諸活動を現在及び将来の市（町村）民に説明する責務が全うされるようにすることを目的とする。

趣旨

　本条は、○○市（町村）公文書管理条例（以下「本条例」という。）の制定目的を明らかにしたものである。

　本条例は、公文書が行政の活動や歴史的事実の記録であることに鑑み、公文書の管理並びに歴史公文書等の保存及び利用等の手続を定めることで、行政の意思形成の適正化を図るとともに市（町村）民の知る権利を保障し、説明責任を全うすることを目的とするものである。

　本市（町村）では、本市（町村）情報公開条例（平成○○年○○市（町村）条例第○号、以下「情報公開条例」という。）において市（町村）民に対し情報公開請求権を具体的な請求権として保障しているが、かかる請求権を行使するには、公文書が適正に管理され保存されていることが前提となる。そのため、本条例では公文書の管理に関する基本的な事項を定めたものである。

　情報公開条例における公開対象となる公文書は、行政事務上使用している段階の現用文書のみである。本条例は、行政事務上の使用が終了した非現用文書を廃棄するものと特定歴史公文書等として保存するものとに仕分けし、特定歴史公文書等の利用請求権を具体的な請求権として保障したものである。

第1章　総則

解釈

1　「・・・公文書が、市（町村）民共有の知的資源として、市（町村）民が主体的に利用し得るものである」とは、本市（町村）の公文書は本市（町村）民共有の財産であること、それゆえ本市（町村）民が情報公開請求等の手続を経るなどして利用したい時に利用できるものであることを表現したものである。

2　「・・・、もって市（町村）行政の意思形成の適正化を図る」とは、本市（町村）では、市（町村）民が情報公開請求等などで得られた公文書等の情報により、市（町村）の諸活動を的確に理解し、批判し、政策形成に参画することで市（町村）行政の意思形成の適正化を図ることができるという趣旨である。

3　「市（町村）行政に関する市（町村）民の知る権利を保障し」とは、以下の通りである。

　（1）　現用文書の公開については、●●市（町村）情報公開条例（平成●●年●●市（町村）条例第●●号）において情報公開請求権が保障されている。かかる情報公開請求権は、憲法第21条で保障されている「表現の自由」に包含される「知る権利」から導き出される。公開される公文書が適切に管理されて初めて、情報公開請求権の行使により知る権利が充足される。

　（2）　特定歴史公文書等の利用請求権は、本条例により保障されるが、かかる利用請求権も憲法第21条に由来する「知る権利」から導き出される。利用される特定歴史公文書等が適切に保存・管理されて初めて、利用請求権の行使により知る権利が充足される。

　（3）　「市（町村）行政に関する市（町村）民の知る権利を保障し」とは、上記の通り、情報公開条例で定められている「知る権利」を保障するために現用文書である公文書の管理が必要であり、歴史的事実への「知る権利」を保障するために歴史公文書等の適切な保存及び利用等を図ることが必要になることを表現したものである。

4　「市（町村）及びと地方独立行政法人等の諸活動を現在及び将来の市（町村）民に説明する責務が全うされるようにする」とは、公文書の公開請求及び特定歴史公文書等の利用請求がなされることで、市（町村）及び地方独立行政法人等の諸活動を市（町村）民に説明する責任義務があることを表現したものである。

169

第4部　公文書管理条例案逐条解説

第2条　（定義）

第2条　この条例において「実施機関」とは、市（町村）長、教育委員会、選挙管理委員会、人事委員会、監査委員、農業委員会、固定資産評価審査委員会、公営企業管理者、消防長及び議会をいう。

2　この条例において「地方独立行政法人等」とは、本市（町村）が設立した地方独立行政法人（地方独立行政法人法（平成15年法律第118号）第2条第1項に規定する地方独立行政法人、〇〇市（町村）住宅供給公社、土地開発公社及び指定管理者（地方自治法（昭和22年法律第67号。以下「法」という。）第244条の2第3項に規定する指定管理者）をいう。）をいう。

3　この条例において「公文書」とは、実施機関又は地方独立行政法人等（以下「本市（町村）の機関等」という。）の職員（地方独立行政法人等の役員を含む。以下この項において同じ。）が職務上作成し、又は取得した文書（図画及び電磁的記録（電子的方式、磁気的方式その他人の知覚によっては認識することができない方式で作られた記録であって、電子計算機による情報処理の用に供されるものをいう。以下同じ。）を含む。第24条を除き、以下同じ。）であって、本市（町村）の機関等が保有しているもののうち、次に掲げるものを除いたものをいう。

　(1)　新聞、雑誌、書籍その他不特定多数の者に販売することを目的として発行されるもの

　(2)　特定歴史公文書等

　(3)　〇〇市（町村）立図書館条例（昭和●●年〇〇市（町村）条例第●号）第●条に規定する図書館、〇〇市（町村）立博物館条例（平成●年〇〇市（町村）条例第●号）第●条に規定する博物館その他の市（町村）又は市（町村）が設立した施設又は地方独立行政法人の施設において、一般の利用に供することを目的として管理されているもの

4　前項における「公文書」には、本市（町村）の機関等の職員が起案の下書きをしている段階のメモを含むものとする。

5　第3項における「作成」又は「取得」には、電子メールの送受信及びソーシャルネットワークを使用しての情報の発受信を含むものとする。

6　この条例において「法人公文書」とは、公文書のうち地方独立行政法人等

第1章　総則

（指定管理者を除く。）が保有しているもの及び指定管理者が保有している本市（町村）が設置する公の施設（地方自治法（昭和22年法律第67号。以下「法」という。）第244条第1項に規定する公の施設をいう。）の管理に関する文書をいう。

7　この条例において「公文書ファイル等」とは、相互に密接な関連を有する公文書を一の集合物にまとめたもの（以下「公文書ファイル」という。）及び単独で管理している公文書をいう。

8　この条例において「公文書ファイル管理簿」とは、公文書ファイル等の管理を適切に行うために、公文書ファイル等の分類、名称、保存期間、保存期間の満了する日、保存期間が満了したときの措置及び保存場所その他の必要な事項を記載した帳簿をいう。

9　この条例において「文書管理システム」とは、文書の発生から移管又は廃棄までの文書の流れ全体を管理するコンピュータ上のシステムをいう。

10　この条例において「公文書館」とは、歴史公文書等を保存し、これらを広く市（町村）民の利用に供することを目的とした施設をいう。

11　この条例において「歴史公文書等」とは、市（町村）行政の重要事項に関わり、将来にわたって市（町村）の活動又は歴史を検証する上で重要な資料となるものをいう。

12　この条例において「特定歴史公文書等」とは、次に掲げるもので、公文書館において保存されているものをいう。

（1）　第9条第6項及び第7項の規定により公文書館への移管の措置が執行されたもの

（2）　市政の重要事項に関わり、将来にわたって市（町村）の活動又は歴史を検証する上で重要な資料として法人その他の団体（本市（町村）及び地方独立行政法人等を除く。以下「法人等」という。）又は個人から寄贈され、又は寄託されたもの

13　この条例において「公文書等」とは、次に掲げるものをいう。

（1）　公文書

（2）　特定歴史公文書等

171

第４部　公文書管理条例案逐条解説

趣旨

本条は、本条例で用いる用語の意味を明らかにするものである。

解釈

1　第１項：実施機関

「実施機関」とは、本条例に基づき公文書の管理を実施する主体をいう。情報公開条例の定義規程に定める「実施機関」と同じである。

2　第２項：地方独立行政法人等

実施機関だけでなく、本市（町村）が設立した「地方独立行政法人等」も、本条例に基づき公文書の管理を実施する主体である。地方独立行政法人等とは、本市（町村）が設立した地方独立行政法人、○○市（町村）住宅供給公社、土地開発公社及び指定管理者を含むものとしている。

3　第３項：公文書

(1)　本項では、公文書の要件を、①実施機関又は地方独立行政法人等の職員（地方独立行政法人等の役員を含む。）が職務上作成し、又は取得した文書であること、②本市（町村）の機関が保有しているものの２つとしている。

　ア　実施機関又は地方独立行政法人等の職員が職務上作成し、又は取得した文書

　　(ア)　「実施機関又は地方独立行政法人等の職員が職務上作成し、又は取得した」とは、実施機関又は地方独立行政法人等の職員がその遂行すべきものとして割り当てられる仕事を遂行する立場で作成し、又は取得したことをいう。職員が仕事とまったく離れて私的に作成したメモは該当しない。

　　(イ)　「職務」には、地方自治法第180条の２又は第180条の７の規定により他の実施機関から委任を受け、又は他の実施機関の補助執行として処理している事務に関するものを含む。

　　(ウ)　「文書」とは、文字又はこれに代わるべき符号を用いて、永続的に存続することができる状態で意思を表示したものをいう。紙媒体のほか、マイクロフィルムに撮影されたテキストも含まれる。

　　(エ)　「文書」には「図画及び電磁的記録」が含まれる。

　　(オ)　「図画」とは、象形的符号を用いて、永続的に存続することができる状態で意思を表示したものをいう。地図、図面、設計図などがある。

　　(カ)　「電磁的記録」とは、同項で、電子的方式、磁気的方式その他人の知覚

172

によっては認識することができない方式で作られた記録であって、電子計算機による情報処理の用に供されるもの、と定義されている。磁気ディスク、光ディスク上の記録、録画テープ等の記録などがある。

イ　本市（町村）の機関が保有しているもの

「保有」とは、本市（町村）の機関等が公文書を事実上支配している状態（公文書の取扱いについて判断する権限を有している状態）にあることをいう。当該文書の保管を外部の事業者（倉庫業者等）に委託している場合においても、本市（町村）の機関等が、当該文書を事実上支配していれば、保有といえる。他方、文書を他から借用している場合や預かっている場合は、本市（町村）の機関等が当該文書を事実上支配しているとはいえないので、「保有」とはいえない。

(2)　組織共用性について

本項では、公文書の定義に「当該実施機関の職員が組織的に用いるもの」という組織共用性の要件を入れていない。

組織共用性を公文書の要件とする場合、メモ段階にある文書は公文書に該当しない。しかし、メモに重要な意思決定が記載されている場合に、メモ段階にあるから公文書に該当しないとするのは相当でない。また、職務で作成した文書が職務スペースではなく、個人に割り当てられた机の引き出し等職員個人の領域に存在している場合に、組織共用性を欠くから公文書に該当しないとするのは相当でない。

このように、本来公文書として扱うべき文書を「組織共用性」の要件を隠れ蓑として、公文書ではない、とすることを防ぐため、当該要件を外したものである。

本条例では、職務上作成したメモ段階にある文書や、職務上作成した文書で個人の鞄等私的スペースで保管されている文書であっても、本市（町村）が事実上支配している状態にあれば公文書となる。

(3)　公文書の定義から除かれるものは、以下の通りである。

ア　「新聞、雑誌、書籍その他不特定多数の者に販売することを目的として発行されるもの」（第1号）

これらは、一般への販売を予定しており、住民が容易に入手可能なため、公文書として管理する必要性に欠けるからである。

イ　「特定歴史公文書等」（第2号）

これらは、本条例第17条以下で、公文書館の長が管理し、一定の非開示情

第4部　公文書管理条例案逐条解説

報を記載したものを除き、何人にも利用請求権が認められているため、公文書
から除外したものである。

ウ　「○○市（町村）立図書館条例（昭和●●年○○市（町村）条例第●号）第●条
に規定する図書館、○○市（町村）立博物館条例（平成●年○○市（町村）条例
第●号）第●条に規定する博物館その他の市（町村）又は市（町村）が設立した施設
又は地方独立行政法人等の施設において、一般の利用に供することを目的とし
て管理されているもの」（第3号）

これらは、一定の非開示情報を記載したものを除き、一般の利用に供するこ
とを目的として管理されており、一般の利用が可能であるため、公文書から除
外したものである。

4　第4項

前項の「公文書」の定義には組織共用性の要件が含まれていないことから、市（町
村）の機関等の職員が起案の下書きをしている段階のメモは公文書に該当すること
になる。本項は注意的にその旨を規定したものである。

5　第5項

情報化の進展により、情報の発受信を書面だけではなく、電子メールで行うことは
もはや通常のこととなっている。また、ツイッターやフェイスブックといったSNS
を利用した情報の発受信も行われている。本項は、第3項における「作成」又は「取
得」には、電子メールの送受信及びソーシャルネットワークを使用して行う情報の発
受信を含むものとしたことで、電子メールやSNSで発受信した情報に係る電磁的記
録が公文書となることを確認的に規定したものである。

6　第6項：法人公文書

本項は法人公文書の定義を定めたものである。

7　第7項：「公文書ファイル等」

「公文書ファイル等」とは「公文書ファイル」と「単独で管理している公文書」を
いう。したがって、簿冊で管理されている複数の公文書にあっては、その簿冊が一つ
の公文書ファイル等に該当する。

8　第8項：「公文書ファイル管理簿」

公文書の量が膨大になることから、公文書ファイル等を単位として「公文書ファイ
ル管理簿」にして管理するとしたものである。

9　第9項：「文書管理システム」

コンピュータの発達により、コンピュータを使用して公文書の作成等を行うことが

174

常である。そこで、コンピュータ上においても文書を管理する必要がある。そのシステムを「文書管理システム」としたものである。

10　第10項：「公文書館」

　歴史公文書等を保存し、これらを広く市（町村）民の利用に供することを目的とした施設であれば、施設の名称が「公文書館」ではなくても、本条例における「公文書館」とされるものである。そのため、例えば新たに「公文書館」を設置することのほか、既存の博物館や歴史資料館等の公の施設の一部を利用して「公文書館」を設置することも考えられる。

　既存の博物館の建物の中に公文書館を設置するのであれば、当該建物に博物館と公文書館を別々の所管として設置する。博物館として使用していた部分のうち一部分が公文書館となるので、公文書館となった部分は博物館としての使用はしないことになる。

11　第11項：「歴史公文書等」

　歴史公文書等とは、市（町村）行政の重要事項に関わり、将来にわたって市（町村）の活動又は歴史を検証する上で重要な資料となるものをいうが、実施機関は歴史公文書等選別基準（第9条第1項）を制定し、公文書ファイル等について保存期間が満了した時の措置として廃棄するか歴史公文書等として公文書館に移管するかを決める。

12　第12項：「特定歴史公文書等」

　特定歴史公文書等とは、次に掲げるもので、公文書館において保存されているものをいう。

　(1)　第9条第6項及び第7項の規定により公文書館への移管の措置が執行されたもの（第1号）

　　　公文書館への移管の措置の執行は以下の通りの手順でなされる。

　　ア　公文書（実施機関が市（町村）長の場合）

　　　(ア)　市（町村）長は、公文書ファイル等について、保存期間が満了したときの措置として、歴史公文書等選別基準（第9条第1項）に該当するものにあっては公文書館への移管の措置を執るべきことを定める（同条第4項）。

　　　(イ)　市（町村）長は、歴史公文書等選別基準に該当する公文書ファイル等について移管の措置を定めたときは、公文書の保存期間満了後、速やかに公文書館へ移管する（同条第6項前段）。

　　イ　公文書（実施機関が市（町村）長以外の場合）

　　　(ア)　市（町村）長以外の実施機関は、公文書ファイル等について、保存期間

175

第4部　公文書管理条例案逐条解説

が満了したときの措置として、歴史公文書等選別基準（第9条第1項）に該当するものにあっては公文書館への移管の措置を執るべきことを定める（同条第5項）。

(イ)　市（町村）長以外の実施機関は、歴史公文書等選別基準に該当する公文書について移管の措置を定めたときは、公文書ファイル等の保存期間満了後、速やかに公文書館へ移管する（同条第7項）。

ウ　法人公文書

(ア)　地方独立行政法人等は、法人公文書ファイル等について歴史公文書等に該当するか否かを決定する（第15条第1項）。

(イ)　地方独立行政法人等は、歴史公文書等に該当すると決定した法人公文書ファイル等のうち、保存期間が満了したものを市（町村）長に引き継ぐ（同条第2項前段）。

(ウ)　市（町村）長は、引き継がれた法人公文書ファイル等を保存する（同条第2項後段）。

(エ)　市（町村）長は、保存している法人公文書ファイル等を公文書館に移管する（第9条第6項後段）。

上記の手順で公文書館に移管されたものが、「第9条第6項及び第7項の規定により公文書館への移管の措置が執行されたもの」である。

(2)　市政の重要事項に関わり、将来にわたって市（町村）の活動又は歴史を検証する上で重要な資料として法人その他の団体（本市（町村）及び地方独立行政法人等を除く。以下「法人等」という。）又は個人から寄贈され、又は寄託されたもの（第2号）

特定歴史公文書等とは、もともと公文書であったものに限られず、法人その他の団体又は個人から寄贈され、または寄託されたものも含まれる。

13　第13項：「公文書等」

本項は「公文書等」には、公文書及び特定歴史公文書等が含まれることを規定したものである。

第1章　総則

第3条（他の法令との関係）

> 第3条　公文書等の管理については、法令又は他の条例（以下「法令等」という。）の規定により、特別の定めがある場合を除くほか、この条例の定めるところによる。

趣旨

　本条は、公文書等の管理について、法令又は他の条例の規定により特別の定めがある場合以外は、本条例によって行うことを規定したものである。

解釈

　本条は、本条例が、本市（町村）における公文書管理の一般的な規律であることを規定したものである。

第4条（公文書管理の原則）

> 第4条　実施機関及び地方独立行政法人等は、この条例の目的を十分認識し、公文書の作成、整理、保存、移管等を適切に行わなければならない。

趣旨

本条は、公文書管理の原則を規定したものである。

解釈

　「この条例の目的」は第1条に規定されているとおり、公文書の適正な管理並びに歴史公文書等の適切な保存及び利用等をすることで、市（町村）行政の意思形成の適正化を図るとともに、市（町村）行政に関する市（町村）民の知る権利を保障し、市（町村）及び地方独立行政法人等の諸活動を現在及び将来の市（町村）民に説明する責務が全うされるようにすることにある。

　公文書の作成、整理、保存、移管等を適切に行って初めて上記目的を達成すること

177

第4部 公文書管理条例案逐条解説

ができる。そこで本条は、実施機関及び地方独立行政法人等がこの条例の目的を十分
認識したうえで、公文書の作成、整理、保存、移管等を適切に行うことを義務づけた
ものである。

第2章　公文書の管理

第5条（実施機関の責務）

> 第5条　実施機関は、文書管理システムの導入に努めるものとする。
> 2　実施機関は、実施機関の職員が文書作成のために使用する電子計算機内の電
> 　磁的記録を保存するサーバを備え付けるものとする。
> 3　実施機関は、電子メールを自動保存するためのサーバ（以下「メール保存
> 　サーバ」という。）を備え付けるものとする。
> 4　実施機関は、前2項に規定する電磁的記録を保存するサーバ及びメール保存
> 　サーバ内の文書について少なくとも2週間に1回複製し、別の記憶装置に記
> 　憶させなければならない。この場合の電子メールの原本は、実施機関の文書管
> 　理担当課が管理するものとする。
> 5　実施機関は、前項に規定する別の記憶装置を、第2項及び第3項が定める
> 　サーバとは異なる、天災その他の不測の事態の発生により破壊されない場所で
> 　保管しなければならない。

趣旨

本条は、実施機関の責務について規定したものである。

解釈

1　第1項

　コンピュータの発達により、コンピュータを使用して公文書の作成等を行うことが
常となっている。そうすると、コンピュータ上の公文書等の管理をシステム化するこ
とが望ましい。

178

第2章　公文書の管理

本項は実施機関に文書管理システムの導入について努力義務を課したものである。努力義務としたのは、導入には費用が発生するためである。

2　第2項

実施機関において公文書の作成等を行うのであれば、その量が多くなることから、実施機関にその容量に耐えうるだけのサーバを備え付けることを義務づけたものである。

3　第3項

外部と職務上の接触を図る場合に、電子メールでやり取りをすることは、現在では当然のことである。第2条第3項の定義によれば、電子メールも公文書となり、保存期間満了まで保管する必要が生じる。そこで、実施機関に、電子メールを自動保存するためのサーバを備え付けることを義務づけたものである。

4　第4項

（1）　前段

何等かのアクシデントにより文書作成や電子メールの送受信を行っていた当該電子計算機が故障し、電子データが消えてしまうことがあり得る。そうすると、公文書が保存期間前に廃棄されたのと同じ状態が生じてしまう。

かかる事態を防ぐために、本項では第2項及び前項に規定する電磁的記録を保存するサーバ及びメール保存サーバ内の文書について少なくとも2週間に1回複製し、別の記憶装置に記憶させなければならないとしたものである。

（2）　後段

電子メール以外の電磁的記録は、サーバ内で記憶されているため、各課単位で原本を管理することで問題はない。

しかし、電子メールは、職員個人宛てに送信されるものも多く、原本は、各課での管理ではなく統一的に管理する方が、誤って廃棄する等の事故を防ぐことができる。そのため、電子メールの原本は実施機関の文書管理担当課が管理するものとした。

5　第5項

事故等に備えて複製したデータを別の記憶装置に記憶させても、元のサーバとその記憶装置が同じ場所に設置してあると、天災等が発生した場合、両方とも破壊され、公文書が廃棄されてしまう可能性がある。

そこで本項では、実施機関に対し、前項に規定する別の記憶装置を、第2項及び第3項が定めるサーバとは異なる、天災その他不測の事態の発生により破壊されない場

第4部　公文書管理条例案逐条解説

所で保管することを義務づけたものである。

第6条（文書の作成）

第6条　実施機関の職員は、当該実施機関における意思決定に至る過程並びに
当該実施機関の事務及び事業の実績を合理的に跡付け、又は検証することができ
るよう、文書を作成しなければならない。
2　実施機関の職員は、次に掲げる事項については必ず文書を作成しなければな
らない。
　（1）　条例若しくは規則その他の規程の制定又は改廃及びその経緯
　（2）　前号に定めるもののほか、実施機関（実施機関が合議体である場合には、
　　　実施機関を代表する者）が構成員となる会議（これらに準ずるものを含む。）
　　　の決定又は了解及びその経緯
　（3）　実施機関の職員が実施機関に対して行った説明、これに対する当該実施
　　　機関の見解、意見、質問その他の応答及び当該応答に対する職員の見解、意
　　　見、質問その他の対応
　（4）　国若しくは他の地方公共団体との申合せ又は国若しくは他の地方公共団
　　　体に対して示す見解、意見その他の対応及びその経緯
　（5）　個人又は法人の権利義務の得喪及びその経緯
　（6）　職員の人事に関する事項
3　実施機関は、文書が適切に作成されるようにするため、公文書の作成に関す
る指針（以下この条において「作成指針」という。）を定めるものとする。
4　実施機関は、作成指針を制定し、又は変更する場合には、あらかじめ〇〇市
（町村）公文書管理審査会（以下「審査会」という。）に諮問しなければならな
い。
5　審査会は、実施機関が作成した公文書が、意思決定に至る過程並びに当該実
施機関の事務及び事業の実績を合理的に跡付け、又は検証することができる内
容となっているかについて定期的に点検し、実施機関に意見を述べることがで
きる。
6　第2項各号及び第3項において定めた作成指針に基づき文書を作成していな

180

第 2 章　公文書の管理

いことが判明した場合には、当該文書を作成すべき実施機関の職員は速やかに
文書を作成するものとする。

7　実施機関は、第 5 項に基づき審査会から意見が出された場合には、その旨を
公表するとともに、意思決定に至る過程並びに当該実施機関の事務及び事業の
実績を合理的に跡付け、又は検証することができる内容の文書を作成するもの
とする。

8　前項の場合、実施機関は、元の公文書に修正を加える方法ではなく、新たに
文書を作成するものとする。この場合において、実施機関は、元の公文書を廃
棄してはならない。

趣旨

　文書主義の原則とは、行政事務の遂行に当たって、記録として文書を作成すること
をいう。

　実施機関が行う活動の正確性の確保や責任の明確化等の観点から文書主義は重要で
あり、必要不可欠である。本条は、文書主義の原則を全うするため、公文書の作成に
ついて規定したものである。

解釈

1　第 1 項

　行政の意思形成の適正化を図るには、その時点での政策判断が妥当であったかどう
かについて常に振り返り、誤りがあれば修正するなどして今後の行政の活動に反映さ
せていく必要がある。そこで本項は実施機関の職員に対し、当該実施機関における意
思決定に至る過程並びに当該実施機関の事務及び事業の実績を合理的に跡付け、又は
検証することができるよう、文書の作成を義務付けたものである。

　なお、公文書等の管理に関する法律（平成 21 年 7 月 1 日法律第 66 号）第 4 条では、
処理に係る事案が軽微であるものは作成すべき行政文書から除かれているが、本項
は、そのような限定はしていない。

　「処理に係る事案が軽微」であるか否かを判断するにあたり、実施機関の恣意が入
り、本来は軽微ではないのに「軽微である」として、公文書作成義務を免れることを
防ぐためである。

181

第4部　公文書管理条例案逐条解説

2　第2項

前項において、実施機関の職員に対し文書作成を義務付けたが、本項各号列挙事項は特に重要なので、列挙することで文書を作成し忘れることのないようにしたものである。

(1)　条例若しくは規則の制定又は改廃及びその経緯（第1号）

条例、規則は本市（町村）の政策を定めるほか、住民の権利義務にかかわるため特に重要である。そのため、どのような経緯で当該条例若しくは規則が制定・改廃されたのかについて文書を作成する必要がある。

(2)　前号に定めるもののほか、実施機関（実施機関が合議体である場合には、実施機関を代表する者）が構成員となる会議（これらに準ずるものを含む。）の決定又は了解及びその経緯（第2号）

「実施機関（実施機関が合議体である場合には、実施機関を代表する者）」とは、実施機関自体も長であることがあるため、実施機関を代表する者を指す。

例えば、教育委員など、実施機関が合議体であるけれども構成員である委員が高度の専門性を有している場合で、教育長ではなく教育委員が構成員となる会議は、「実施機関が構成員となる会議」には含まれない。しかし、「（これらに準ずるものを含む。）」に含まれると解される。

実施機関（実施機関が合議体である場合には、実施機関を代表する者）が構成員となる会議は、本市（町村）の政策について検討されるものである。当該政策がどのような経緯で決定されたのかについて文書を作成する必要がある。

(3)　実施機関の職員が実施機関に対して行った説明、これに対する当該実施機関の見解、意見、質問その他の応答及び当該応答に対する職員の見解、意見、質問その他の対応（第3号）

実施機関の職員と実施機関との間でなされた見解、意見、質問その他の応答・対応は、施策にかかわる重要なことが含まれていることから、文書を作成する必要がある。

(4)　国若しくは他の地方公共団体との申合せ又は国若しくは他の地方公共団体に対して示す見解、意見その他の対応及びその経緯（第4号）

本市（町村）の政策を決めるにあたり、国や他の地方公共団体と申し合わせをしたり、意見交換をしたりすることがある。これらについても文書を作成する必要がある。

(5)　個人又は法人の権利義務の得喪及びその経緯（第5号）

182

第2章　公文書の管理

　　個人や法人の権利義務の得喪については、個人や法人に重大な影響を及ぼすもの
　であるから、経緯を含めて文書を作成する必要がある。
　(6)　職員の人事に関する事項（第6号）
　　職員の人事記録などが該当する。

3　第3項

　　文書の作成は実施機関の全職員が行う。個々の職員が思い思いに文書を作成し、職
　員によって文書の作成範囲が異なると、当該実施機関における意思決定に至る過程並
　びに当該実施機関の事務及び事業の実績を合理的に跡付け、又は検証することができ
　なくなってしまう。そこで、統一的な指針を作成し、誰でも一定基準の文書を作成で
　きるようにするものである。

4　第4項

　　作成指針は、文書により当該実施機関における意思決定に至る過程並びに当該実施
　機関の事務及び事業の実績を合理的に跡付け、又は検証することができるようにする
　ために定めるものである。もっとも実施機関が考える指針が必ずしも文書による跡付
　け・検証に資するとは限らない。そこで作成指針を制定、変更する場合にはあらかじ
　め審査会に諮問し、審査会の意見を聞くこととしたものである。

5　第5項

　　文書を作成しても、その内容が実施機関の意思決定に至る過程等の跡付け・検証を
　するに足りないものであれば、その文書は役に立たないものとなる。そこで、作成し
　た文書の内容を定期的に確認することを定めたものである。
　　もっとも、実施機関の内部での確認であれば、確認作業が甘くなる可能性があるこ
　とから、第三者機関である審査会が点検をして意見を述べることができるとしたもの
　である。

6　第6項

　　本項は、文書が指針に従って作成されていないことが判明した場合には、速やかに
　文書を作成することを定めたものである。これは前項により審査会から指摘を受けた
　場合はもちろんであるが、実施機関自ら文書作成をしていないことに気が付いた場合
　も含む。この場合、本来作成すべきであった文書を事後に作成することになる。

7　第7項

　　第5項に基づき審査会から、実施機関が適切な文書を作成していなかったとして文
　書の作成について意見が出された場合、公文書は住民の知る権利を保障し住民に対し
　説明責任を全うするためのものなので、適切に文書を作成していなかったことを住民

第4部　公文書管理条例案逐条解説

に公表するとともに、事後に本来作成すべきであった文書を作成することを定めたものである。

8　第8項

本項は、公文書が作成されたものの、内容が実施機関の意思決定に至る過程等の跡付け検証をするに足りないものであった場合、元の公文書を修正して適切な文書とするのではなく、新たに適切な文書を作成するとしたものである。

元々存在した公文書とは異なる文書を事後に作成することから、どういう経緯で当該文書を作成するに至ったのか、経緯を残しておく必要がある。そのため、元の公文書を廃棄しないこととしたものである。

第7条（公文書の整理等）

第7条　実施機関の職員が公文書（法人公文書を除く。以下この条において同じ。）を作成し、又は取得したときは、当該実施機関は、事務及び事業の性質、内容等に応じ、系統的に分類し、名称を付するとともに、保存期間及び保存期間の満了する日を設定しなければならない。

2　実施機関は、前項の規定による公文書の分類に関する基準を定めるとともに、これを一般の閲覧に供しなければならない。

3　実施機関の職員が前条第2項各号に規定する公文書を作成した場合には、当該実施機関は、当該公文書とともに、当該実施機関の職員が当該公文書を作成するに至る過程において使用した資料を併せて保存するものとする。

趣旨

本条は、公文書の整理等について規定したものである。

解釈

1　第1項

実施機関の職員が公文書（法人公文書を除く）を作成、取得した場合、当該公文書の存在場所を明らかにし検索しやすくするために、系統的に分類し、名称を付けることとしたものである。保存期間については、当該公文書の重要度により、保存年限が

184

第2章 公文書の管理

変わってくることになる。

2 第2項

公文書は情報公開の対象となるため、住民にとって文書の検索をしやすくする必要がある。また、職員が日々の業務を遂行するにあたっても、公文書の所在場所が一目瞭然である方が、仕事の効率が上がる。そこで、実施機関に公文書の分類に関する基準を定めることを義務づけるとともに、分類について一般の閲覧に供するものとしたものである。

3 第3項

前条第2項各号に規定する公文書は、特に重要であることに鑑み、当該実施機関の職員が当該公文書を作成するに至る過程において使用した資料も併せて保存することにより、経緯をより明らかにするものである。

第8条（編集及び保存）

第8条　実施機関は、前条第2項の規定により定める基準に従い、公文書（法人公文書を除く。以下この条において同じ。）を公文書ファイルに編集しなければならない。

2　実施機関の職員は、公文書を作成するために必要な文書及び作成途中の公文書を当該事務及び事業を処理する権限を有する者が閲覧することができる適切な媒体に保存するものとする。

3　実施機関の職員は、職務上ソーシャルネットワークシステムを利用して情報を発信したときは、発信した情報を適切な媒体に保存するものとする。

4　公文書の保存期間は、法令等に定めがあるもののほか、別表に定める期間とする。

5　保存期間の起算日は、公文書の作成又は取得日の翌会計年度の初日とする。

6　実施機関は、次に掲げるものを除き、公文書の保存期間を1年未満に設定してはならない。

(1)　別途、正本・原本が管理されている公文書の写し

(2)　出版物や公表物を編集した文書（第7条第3項により公文書と併せて保存した資料は除く。）

185

第 4 部　公文書管理条例案逐条解説

(3)　実施機関の業務に関係のない文書

7　実施機関は、次の各号に掲げる公文書については、第 4 項の規定により設定
した保存期間及び保存期間の満了する日を、当該各号に定める期間を経過する日
までの間、延長するものとする。この場合において、一の区分に該当する公文書
が他の区分にも該当するときは、それぞれの期間が経過する日のいずれか遅い日
までの間、保存しなければならない。

(1)　現に監査、検査等の対象になっているもの　当該監査、検査等終了後 10
　　年が経過するまでの間

(2)　現に係属している訴訟における手続上の行為をするために必要とされるも
　　の　当該訴訟終結後 30 年が経過するまでの間

(3)　現に係属している審査請求における手続上の行為をするために必要とされ
　　るもの　当該審査請求に対する裁決の日の翌日から起算して 5 年間

(4)　○○市（町村）情報公開条例（平成●●年○○市（町村）条例第●号。以
　　下「情報公開条例」という。）第●条の規定による公開請求又は○○市（町村）
　　個人情報保護条例（平成●●年○○市（町村）条例第●号）第●条第●項の規
　　定による開示の請求、同条例第●条第●項の規定による訂正の請求若しくは同
　　条例第●条第●項の規定による利用停止の請求があったもの　当該請求に対す
　　る諾否の決定の日の翌日から起算して 5 年間

(5)　前各号に掲げるもののほか、実施機関が職務の遂行上必要とするもの　実
　　施機関が必要と認める期間

8　実施機関は、前項第 5 号の規定により保存期間及び保存期間の満了する日を
延長しようとするときは、あらかじめ審査会に諮問しなければならない。

9　実施機関は、第 7 項各号の規定により保存期間及び保存期間の満了する日を
延長するときは、延長の理由を公表することとする。

趣旨

本条は、公文書の編集及び保存を規定したものである。

解釈

1　第 1 項

「公文書ファイル」は、相互に密接な関連を有する公文書を一の集合物にまとめた

もの（第2条第7項）である。大量にある公文書を適切に分類することにより、必要な文書を検索しやすくなり、事務の効率が上がる。そこで、本項は公文書（法人公文書を除く）を公文書ファイルに編集しなければならないとしたものである。

2 第2項

(1) 本項は、実施機関の職員に対し、①公文書を作成するために必要な文書、②作成途中の文書を、当該事務及び事業を処理する権限を有する者が閲覧することができる適切な媒体に保存することを義務づけたものである。

「公文書を作成するために必要な文書」の中には公文書もあれば公文書ではない文書もあり得る。「作成途中の文書」は、本条例第2条第3項及び第4項により、公文書である。

本項は、「公文書を作成するために必要な文書」のうち公文書及び「作成途中の文書」について、保存することを義務づけたものである。

(2) 「公文書を作成するために必要な文書」について、当該文書が公文書でない場合であっても、公文書の前提となる文書であることから、当該文書は担当職員個人のものではなく、当該組織全体のものである。そのため、個人で所持するのではなく、組織で共有することを定めたものである。もっとも守秘義務等の問題があることから、当該事務及び事業を処理する権限を有する者だけが閲覧できるようにしたものである。

(3) 「適切な媒体」とは、紙の文書であれば、ファイリングフォルダ乃至簿冊内に綴じ、例えば「作成中」という分類を作ることが考えられる。電磁的記録であれば、共有フォルダに例えば「作成中」という分類を作り、閲覧権限を有するものだけが閲覧できるようにすることが考えられる。

3 第3項

職務上ソーシャルネットワークシステムを利用して情報を発信したときは、その発信は本条例第2条第3項に規定する公文書の定義中「作成」に該当する（本条例第2条第5項）。そのため、例えばツイッターやフェイスブックにより情報を発信した場合、その発信した情報は公文書になる。本項はそのような発信した情報を発信したままにするのではなく、公文書となる以上、適切な媒体に保存することを定めたものである。

「適切な媒体に保存」とは、例えば発信した情報の画面を紙に印刷したものをファイリングフォルダ乃至簿冊に保存することが考えられる。

第4部　公文書管理条例案逐条解説

4　第4項

本項は、保存期間を本条例別表に定める期間とすることを定めたものである。保存期間を規則等に委任するのではなく条例制定事項としているのは、容易に変更することを防ぐためである。

5　第5項

本項は、保存期間の起算日を、公文書の作成又は取得日の翌会計年度の初日とすることを定めたものである。

6　第6項

第10条第1項ただし書により、公文書の保存期間を1年未満とした場合、公文書ファイル管理簿に公文書の項目が記載されず随時廃棄されることになる。そうすると、本来ある程度の保存期間を設定しなければならない重要な公文書であっても、実施機関が恣意的に保存期間を1年未満として、随時廃棄される可能性がある。

本項は、そのようなことを防ぐため、公文書の保存期間を1年以上とすることを原則としたものである。しかし、次の理由により本項各号に規定した文書については、例外的に1年未満の保存期間を認めるものとしたものである。

(1)　別途、正本・原本が管理されている公文書の写し（第1号）

　　別途正本・原本が管理されている公文書の写しは、正本・原本が管理されているため保存期間を1年未満として随時廃棄をすることは問題がない。

(2)　出版物や公表物を編集した文書（第2号）

　　出版物や公表物を編集した文書は、別に出版物や公表物が存在するので、保存期間を1年未満として随時廃棄をすることは問題がない。

　　ただし、第7条第3号により公文書と併せて保存した資料の中に出版物や公表物を編集した文書が含まれていた場合は、当該資料の保存期間は1年未満にはならず、当該公文書の保存期間と同じ保存期間となる。

(3)　実施機関の業務に関係のない文書（第3号）

　　実施機関の業務に関係のない文書は保存する必要性に欠けるため、保存期間を1年未満として随時廃棄をすることは問題がない。

7　第7項

公文書の保存期間は、別表記載の期間が原則であるが、本項各号に規定する場合は、保存期間が満了しても、当該公文書が必要となる。そこで例外的に保存期間を延長するものである。

第2章　公文書の管理

8　第8項

　前項第5号は、前項第1号から第4号に該当しない場合に実施機関が職務の遂行上必要とするものにつき、実施機関が必要と認める期間、保存期間の延長をするものである。保存期間は別表に規定されており、その変更は条例改正によるものであるところ、それによらずに保存期間を変更することになるため、あらかじめ審査会に諮問をして意見を聞くとしたものである。

9　第9項

　第7項第5号の規定により保存期間を延長することは、例外的な扱いとなるため、延長の理由を公表することとしたものである。

第9条（移管又は廃棄）

第9条　実施機関は、その保有する公文書ファイル等について、市（町村）行政の重要事項に関わり、将来にわたって市の活動又は歴史を検証する上で重要な資料となるものを選別するための基準（以下「歴史公文書等選別基準」という。）を定めなければならない。

2　市（町村）民に義務を課し、又はその権利を制限する国又は地方公共団体の施策に関わる資料は、現に訴訟等が提起されていなくても歴史公文書として、歴史公文書等選別基準に定めるものとする。

3　実施機関は、第1項の基準を制定し、又は変更しようとするときは、あらかじめ審査会に諮問しなければならない。実施機関は、審査会に諮問をした後、当該基準案を公表し、市（町村）民の意見を聴く機会を設けなければならない。

4　市（町村）長は、公文書ファイル等について、保存期間（延長された場合にあっては、延長後の保存期間。以下同じ。）の満了前のできる限り早い時期に、保存期間が満了したときの措置として、歴史公文書等選別基準に該当するものにあっては公文書館への移管の措置を、それ以外のものにあっては廃棄の措置を執るべきことを定めなければならない。

5　市（町村）長以外の実施機関は、必要に応じて市（町村）長と協議を行い、その保有する公文書ファイル等について、保存期間の満了前のできる限り早い

第４部　公文書管理条例案逐条解説

時期に、保存期間が満了したときの措置として、歴史公文書等選別基準に該当するものにあっては公文書館への移管の措置を、それ以外のものにあっては廃棄の措置を執るべきことを定めなければならない。

6　市（町村）長は、第４項の規定により、歴史公文書等選別基準に該当する公文書ファイル等について移管の措置を定めたときは、当該公文書ファイル等の保存期間満了後速やかに公文書館へ移管しなければならない。第15条第２項の規定により、地方独立行政法人等から引き継がれ保存している公文書ファイル等についても同様とする。

7　市（町村）長以外の実施機関は、第５項の規定により、歴史公文書等選別基準に該当する公文書ファイル等について移管の措置を定めたときは、当該公文書ファイル等の保存期間満了後速やかに公文書館へ移管しなければならない。

8　実施機関は、第４項又は第５項の規定により、保存期間が満了した公文書ファイル等を廃棄しようとするときは、審査会に諮問しなければならない。実施機関は、審査会に諮問をした後、廃棄しようとする公文書ファイル等の目録を公表し、市（町村）民の意見を聴く機会を設けなければならない。

9　実施機関は前項の手続を執らなければ、公文書ファイル等を廃棄してはならない。

10　実施機関は、保存期間が満了する前に公文書ファイル等を廃棄したときは、廃棄した公文書ファイル等の目録を公表するとともに廃棄した公文書ファイル等をただちに復元しなければならない。

11　実施機関は、前項に基づき公文書ファイル等を復元したときは、速やかに復元した年月日と復元した公文書ファイル等の目録を公表しなければならない。

趣旨

本条は、歴史公文書等選別基準を制定すること、それに基づき公文書ファイル等の移管すること又は廃棄することについて規定したものである。

解釈

1　第１項

公文書ファイル等の中には、「市（町村）行政の重要事項に関わり、将来にわたっ

190

第2章 公文書の管理

て市の活動又は歴史を検証する上で重要な資料となるもの」が含まれている。かかる公文書ファイル等は、保存期間が満了しても、廃棄せずに保存しておくことが、本市（町村）行政の適切な運営に資する。そこで、保存期間が満了した公文書ファイル等を廃棄するものと廃棄せずに保存しておくものに峻別する必要がある。本項は、実施機関に対し、かかる峻別の基準を「歴史公文書等選別基準」という名称で定めることを義務付けたものである。

2　第2項

　国又は地方公共団体の施策により市（町村）民に義務を課し、又はその権利を制限された場合、義務が課され、又はその権利が制限された市（町村）民から現に訴訟等が提起されていなくても将来権利侵害との主張がなされる可能性がある。また、市（町村）が、過去に市（町村）民に対し、どのような義務を課し、又はその権利を制限する国又は地方公共団体の施策がなされたかについて正しく把握することは、将来の市（町村）の政策を検討するにあたっても有意義である。そこで、本項は、「市（町村）民に義務を課し、又はその権利を制限する国又は地方公共団体の施策に関わる資料」は、廃棄せずに歴史公文書等として保存しておくことを定めたものである。

3　第3項

　公文書ファイル等のうち「市（町村）行政の重要事項に関わり、将来にわたって市の活動又は歴史を検証する上で重要な資料」は何かということについて、実施機関の考えが必ずしも的確であるとは限らない。そこで、本項は、実施機関が歴史公文書等選別基準を制定、変更しようとするときには、あらかじめ審査会に諮問して意見を聞くこととした。

　そして、公文書ファイル等は市（町村）民の財産であり、歴史公文書等は本市（町村）の歴史をたどる意味もあり、市（町村）民がその地域を熟知していることから、基準策定には、市（町村）民の意見も広く取り入れることが必要かつ有益である。そこで、基準案を公表し、市（町村）民の意見を聴く機会を設けてから基準を確定させることとしたものである。

　「市（町村）民の意見を聴く」方法としてはパブリックコメントなどが考えられる。

4　第4項

　公文書ファイル等の保存期間が満了した場合、当該公文書ファイル等は廃棄するか歴史公文書等として保存するかのいずれかとなる。本項は、実施機関に対し、保存期間が満了する前に、歴史公文書等選別基準を踏まえ、当該公文書ファイル等を廃棄するのか歴史公文書等として保存するのかについて定めることを義務づけたものである。

191

第4部　公文書管理条例案逐条解説

5　第5項

本項は、実施機関が市（町村）長以外の場合に、実施機関が、保存期間が満了する前に、歴史公文書等選別基準を踏まえ、当該公文書ファイル等を廃棄するのか歴史公文書等として保存するのかを定めるにあたっては、市（町村）長と協議することを定めたものである。

6　第6項

本項は、市（町村）長に対し、市（町村）長が、第4項の規定により、歴史公文書等選別基準に従い、歴史公文書等として保存すると定めた公文書ファイル等について、当該公文書ファイル等の保存期間満了後速やかに公文書館に移管すべきことを義務付けたものである。

また、地方独立行政法人等は、同法人が保有する公文書ファイル等について、歴史公文書等選別基準に従い、歴史公文書等として保存すると定めたのであれば、第15条第2項の規定にしたがい、市（町村）長に引き継ぎ、市（町村）長は当該公文書ファイル等を保存することになる。本項は、市（町村）長に対し、当該公文書ファイル等についても、速やかに公文書館に移管することを定めたものである。

7　第7項

本項は、市（町村）長以外の実施機関に対し、市（町村）長以外の実施機関が、第5項の規定により、歴史公文書等選別基準に従い、歴史公文書等として保存すると定めた公文書ファイル等について、当該公文書ファイル等の保存期間満了後速やかに公文書館に移管すべきことを義務付けたものである。

8　第8項

実施機関が第4項又は第5項の規定により、公文書ファイル等を廃棄する措置を定めた場合、廃棄する公文書ファイル等の中に歴史公文書等として保存すべきものが混ざっている可能性がある。例えば、実施機関が歴史公文書等選別基準に則って峻別を行わなかった場合もあれば、歴史公文書等選別基準に規定されていないものであるが、歴史公文書等として保存すべきであった場合などが考えられる。

そこで、本項は、実施機関に対し、公文書ファイル等を廃棄する前に、審査会に諮問をするものとした上で、公文書は市（町村）民の財産であることに鑑み、廃棄前には市（町村）民にも意見を聴くものとしたものである。

市（町村）民の意見を聴く方法は、廃棄しようとする公文書ファイル等の目録を公表し一定期間を定めパブリックコメントを求める方法などが考えられる。

192

第2章　公文書の管理

9　第9項

公文書ファイル等を一旦廃棄してしまうと復元は困難である。そこで、本項は、廃棄する場合には前項の規定に従い、審査会に諮問し、市（町村）民の意見を聴いた後でなければ廃棄できないとしたものである。

10　第10項

本項は、保存期間が満了する前に公文書ファイル等を廃棄した場合、廃棄したことを公表し、復元することを定めたものである。

「保存期間が満了する前に公文書ファイル等を廃棄したとき」には、故意過失を問わず保存期間前に廃棄した場合が考えられる。

11　第11項

公文書は市（町村）民の財産である以上、本来の廃棄時期ではない時期に廃棄することはあってはならないことである。そこで、本項は、実施機関に対し、復元した年月日と目録を公表し、廃棄に至った経緯と残っている公文書ファイル等が復元されたものであることを明らかにしておくことを定めたものである。

第10条（公文書ファイル管理簿の作成及び公表）

第10条　実施機関は、公文書ファイル等の適正な管理を行うため、規則その他の規程で定めるところにより、公文書ファイル等の分類、名称、保存期間、保存期間の満了する日、保存期間が満了したときの措置及び保存場所その他の必要な事項（市（町村）情報公開条例（〇〇年第〇号。以下「情報公開条例」という。）第●条に規定する不開示情報に該当するものを除く。）を公文書ファイル管理簿に記載しなければならない。ただし、第8条第4項で定める期間未満の保存期間が設定された公文書ファイル等については、この限りでない。
2　実施機関は、公文書ファイル管理簿について、規則その他の規定で定めるところにより、インターネットの利用その他の方法により、一般の閲覧に供するものとする。

趣旨

本条は、公文書ファイル管理簿の作成及び公表について規定したものである。

第4部　公文書管理条例案逐条解説

解釈

1　第1項

　どのような公文書が保存されているかについて、一目瞭然にしておくことが、市（町村）の行政を進めるうえでも効率的であるし、市民が情報公開請求をするにあたっても有益である。

　そこで、本条は、実施機関に対し、公文書ファイル管理簿の作成を義務付けた。

　もっとも、保存期間が短い公文書ファイル等については、その必要性が希薄であることから、作成を義務付けていない。

2　第2項

　公文書は市民の知的資源であることから、市民に公文書ファイル等を広く知らせることが説明責任の観点からも必要である。そこで、公文書ファイル管理簿について一般の閲覧に供することを義務づけたものである。

第11条（文書管理者の設置）

第11条　実施機関は、公文書ファイル管理簿の調製を行う事務を処理する者として文書管理者を置かなければならない。

2　文書管理者は、前項に定める公文書ファイル管理簿の調製のほか、次に掲げる事務を処理するものとする。

(1)　文書の取得、配布及び処理の促進に関すること。

(2)　文書の審査に関すること。

(3)　文書の整理、保管、利用及び廃棄に関すること。

(4)　文書の引継ぎに関すること。

(5)　文書管理に関する事務の指導及び改善に関すること。

(6)　ファイル基準表の作成及び管理に関すること。

(7)　前各号に掲げるもののほか、文書管理に関し必要なこと。

趣旨

本条は、文書管理者の設置及びその職務について規定したものである。

第 2 章　公文書の管理

解釈

1　第 1 項

　公文書ファイル管理簿の調製は、個々の職員が行うのではなく、文書管理者が統一的に調整を行うことが効率的である。そこで、本条は、公文書ファイル管理簿の調製を行う事務を処理する者として文書管理者を置くことを定めたものである。

2　第 2 項

　文書管理者の職務について規定したものである。

第 12 条（管理状況の報告等）

> 第 12 条　市（町村）長以外の実施機関は、公文書の管理の状況について、毎年度、市（町村）長に報告しなければならない。
> 2 市（町村）長は、毎年度、実施機関における公文書の管理の状況を取りまとめ、その概要を公表しなければならない。

趣旨

　本条は、公文書の管理状況の報告について定めたものである。

解釈

1　第 1 項

　市（町村）長以外の実施機関は、公文書の管理の状況について、毎年度、市（町村）長に報告しなければならないことを規定したものである。

2　第 2 項

　前項の規定により、市（町村）長以外の実施機関による管理状況が毎年度、市（町村）長に報告されるので、市（町村）長は、毎年度、実施機関における公文書の管理の状況を取りまとめ、その概要を公表しなければならないことを規定したものである。

195

第4部　公文書管理条例案逐条解説

第13条（公文書管理規則の制定）

第13条　実施機関は、公文書の管理が第5条から前条までの規定に基づき適正に行われることを確保するため、公文書の管理に関する定め（以下「公文書管理規則」という。）を設けなければならない。

2　前項の規則には、公文書に関する次に掲げる事項を規定しなければならない。

(1)　作成に関する事項

(2)　整理に関する事項

(3)　保存に関する事項

(4)　公文書ファイル管理簿に関する事項

(5)　移管又は廃棄に関する事項

(6)　前各号に掲げるもののほか、公文書の管理が適正に行われることを確保するために必要な事項

3　実施機関は、公文書管理規則を制定し、又は変更しようとするときは、あらかじめ審査会に諮問しなければならない。

4　実施機関は、第1項の規則を設けたときは、遅滞なく、これを公表しなければならない。これを改正したときも、同様とする。

趣旨

本条は、公文書管理規則の制定について規定したものである。

解釈

1　第1項

本条例は公文書管理について規定するものであるが、すべての事項について条例で規定することはできない。そこで、重要な事項については条例で定めるが、それ以外の事項については規則で定めることを規定したものである。

2　第2項

本項は、規則に規定すべき事項について定めたものである。

3　第3項

公文書管理規則は、本条例の趣旨に基づき制定するものである。規則を制定するに当たり、実施機関が自由に制定してしまうと、本条例の趣旨と齟齬するような内容と

第3章　法人公文書の管理

なる可能性もある。そこで、審査会に諮問することによって、実施機関の独善を防ぐこととしたものである。

4　第4項

　規則の制定には議会の議決が不要である。規則といえども公文書管理に関する事柄が規定されることから、市（町村）民に広く知らせる必要がある。そのような機会を設けるため、規則の制定、改正時に公表することとしたものである。

第3章　法人公文書の管理

第14条（法人公文書の管理）

> 第14条　第6条から第8条までの規定及び第10条から第12条までの規定は、地方独立行政法人等について準用する。
> 2　地方独立行政法人等は、法人公文書の作成、分類、保存及び廃棄に関する基準その他の法人公文書の適正な管理に必要な事項について定めを設けるとともに、これを一般の閲覧に供しなければならない。

趣旨

　本条は、法人公文書の管理について規定したものである。

解釈

1　第1項

　「第6条から第8条までの規定」とは、公文書の作成（第6条）、公文書の整理等（第7条）、公文書の編集及び保存（第8条）である。

　「第10条から第12条までの規定」とは、公文書ファイル管理簿の作成及び公表（第10条）、文書管理者の設置（第11条）、管理状況の報告等（第12条）である。

2　第2項関係

　地方独立行政法人等についても、法人公文書を適切に管理する必要があるため、地方独立行政法人等の実情に合わせて管理等に関する定めを設け、一般の閲覧に供する

197

第4部　公文書管理条例案逐条解説

ことを義務づけたものである。

第15条（法人公文書の移管等）

第15条　地方独立行政法人等は、法人公文書について、保存期間の満了前に、第9条第1項の規定により市（町村）長が定める基準を勘案して当該地方独立行政法人等が定める基準により、歴史公文書等に該当するか否かを決定しなければならない。

2　地方独立行政法人等は、前項の規定により歴史公文書等に該当すると決定した法人公文書のうち、当該法人公文書の保存期間が満了したものを市（町村）長に引き継がなければならない。この場合において、市（町村）長は、当該引き継がれた法人公文書を保存しなければならない。

趣旨

本条は、地方独立行政法人等の公文書の移管等について規定したものである。

解釈

1　第1項

　地方独立行政法人等の管理する法人公文書の中にも、市（町村）行政の重要事項に関わり、将来にわたって市（町村）の活動又は歴史を検証する上で重要な資料となるものが含まれているはずである。そこで、本項は、地方独立行政法人等は、法人公文書について当該地方独立行政法人等の定めた基準により歴史公文書等に該当するか否かを決定しなければならないとしたものである。

2　第2項

　地方独立行政法人等が、歴史公文書等に該当するとした法人公文書については、歴史公文書等として一般に利用されるべきである。そこで、本項は、当該法人公文書を市（町村）の長に引き継ぐとしたものである。

　引き継ぎをしなかった法人公文書については、当該地方独立行政法人等において廃棄することとなる。

　市（町村）の長は、引き継がれた法人公文書を、他の歴史公文書等と同様に保存し

第3章 法人公文書の管理

なければならない。

第16条（出資等法人の文書の管理）

第16条　本市（町村）の機関及び本市（町村）が設立団体である地方独立行政
法人は、本市（町村）又は本市（町村）が設立団体である地方独立行政法人（以
下「本市（町村）等」という。）が資本金、基本金その他これらに準ずるものを
出資し、又は職員の派遣等を行っている法人（地方独立行政法人等を除く。）で
あって、市（町村）長が定めるもの（以下「出資等法人」という。）の保有する
文書が適正に管理されるよう、当該出資等法人に対し必要な指導等の実施に努め
なければならない。
2　出資等法人のうち、本市（町村）等が行う事務又は事業と特に密接な関係に
ある法人であって、市（町村）長が定めるものは、この条例の趣旨にのっとり、
その保有する文書を適正に管理するため必要な措置を講ずるよう努めなければな
らない。

趣旨

本条は、出資等法人の文書の管理について規定したものである。

解釈

1　第1項

「出資等法人」とは、本市（町村）等が資本金、基本金その他これらに準ずるもの
を出資し、又は職員の派遣等を行っている法人であって、市（町村）長が定めるもの
をいう。

出資等法人は、本市（町村）とは別の法人格を有するものではあるが、本市（町村）
の行政と深くかかわっていることから、その保有する文書は適切に管理される必要が
ある。

そこで本項は、本市（町村）の機関及び本市（町村）が設立団体である地方独立行
政法人に対し、文書管理について出資等法人に必要な指導等の実施に努めなければな
らないとしたものである。

199

第4部　公文書管理条例案逐条解説

2　第2項

　出資等法人の中で本市（町村）等が行う事務又は事業と特に密接な関係にある法人であって、市（町村）長が定めるものは、特に文書管理を適正にする必要がある。実施機関や地方独立行政法人による適切な文書管理がなされていても、出資等法人の文書管理が適切になされていないならば、実施機関や地方独立行政法人の情報が出資等法人から流出する等の事故が発生する可能性がある。そこで、本項は、当該出資等法人に対し、その保有する文書を適正に管理するため必要な措置を講ずるよう努めなければならないとしたものである。

第4章　特定歴史公文書等の保存、利用等

第17条（特定歴史公文書等の保存等）

第17条　公文書館の長は、特定歴史公文書等について、第41条の規定により廃棄されるに至る場合を除き、公文書館において永久に保存しなければならない。

2　公文書館の長は、特定歴史公文書等について、その内容、保存状態、時の経過、利用の状況等に応じ、適切な保存及び利用を確保するために必要な場所において、識別を容易にするための措置を講じた上で保存しなければならない。

3　特定歴史公文書等の傷みが激しく原本を永久保存するに堪えられない場合は、適切な記録媒体による複製物を作成し、原本とともに保存するものとする。

4　公文書館の長は、特定歴史公文書等に個人情報（生存する個人に関する情報であって、当該情報に含まれる氏名、生年月日その他の記述等により特定の個人を識別することができるもの（他の情報と照合することができ、それにより特定の個人を識別することができることとなるものを含む。）をいう。）が記録されている場合には、当該個人情報の漏えいの防止のために必要な措置を講ずる等適正な管理を行わなければならない。

5　公文書館の長は、規則で定めるところにより、特定歴史公文書等の適切な保存及び利用に資するために必要な事項を記載した目録を作成し、インターネット

200

第4章　特定歴史公文書等の保存、利用等

の利用その他の方法により、一般の閲覧に供するものとする。

6　公文書館の長は、前項に定める目録を、特定歴史公文書等の移管後1か月以内に作成するよう努めなければならない。

趣旨

本条は、公文書館の長に特定歴史公文書等を永久に保存させることを定めるとともに、特定歴史公文書等の原本の保存及び目録の作成について規定したものである。

解釈

1　第1項関係

本項は、特定歴史公文書等の保存は現用文書と異なるものとすべきとの観点から、公文書館の長に、特定歴史公文書等を公文書館において永久保存させることを定めたものである。

「第41条の規定により廃棄されるに至る場合」とは、

(1)　特定歴史公文書等として保存している文書が市（町村）行政の重要事項に関わり、将来にわたって市（町村）の活動又は歴史を検証する上で重要な資料でなくなったとき

(2)　原本が朽ち果て判読不明になったとき

である。

2　第2項

特定歴史公文書等は、第41条の規定により廃棄される場合以外は永久保存することになるので、良好な保存状態を保つ必要がある。そのため、本項は、公文書館の長に対し、特定歴史公文書等について、その内容、保存状態、時の経過、利用の状況等に応じ、適切な保存及び利用を確保するために必要な場所において、識別を容易にするための措置を講じた上で保存しなければならないとする義務を課したものである。

3　第3項

前項において、公文書館の長に対し特定歴史公文書等を適切に保存する義務を課すとしたが、公文書館の長が義務を適切に履行したとしても、時の経過とともに特定歴史公文書等が劣化してしまうことがあり得る。そこで本項は、特定歴史公文書等の傷みが激しく原本を永久保存するに堪えられなくなった場合には、まずは、適切な記録媒体により複製物を作成し、原本とともに保存することとしたものである。

201

第4部　公文書管理条例案逐条解説

　なお、「特定歴史公文書等の傷みが激しく原本を永久保存するに堪えられない場合」とは、社会通念上の判断による。

4　第4項

　特定歴史公文書等は公開が原則であり、閲覧・写しの交付（第24条）、展示等（第39条）により広く住民の目に触れることが予定されている。したがって、特定歴史公文書等に個人情報が記載されている場合、当該原本をそのまま公開してしまうと、個人情報も公開されてしまうことになりかねない。そこで本項は、公文書館の長に、個人情報の漏洩防止のために必要な措置を講ずる等の適正な管理を義務づけたものである。

5　第5項

　特定歴史公文書等を広く住民に利用させるには、住民に特定歴史公文書等としてどのような文書が保存されているのかについて知らせる必要がある。そこで本項は、公文書館の長に対し、目録の作成と、目録を一般の閲覧に供する旨義務づけたものである。

　また、目録の記載事項については、規則を定める旨規定したものである。

6　第6項

　前項に規定する目録は、できるだけ早期に作成することが住民の利用に資する。そこで本項は、公文書館の長に対し、目録を特定歴史公文書等の移管後1か月以内に作成するように努力義務を課したものである。

第18条（特定歴史公文書等の利用の請求）

　第18条　何人も、この条例の定めるところにより、公文書館の長に対して特定歴史公文書等の利用の請求（以下「利用請求」という。）をすることができる。

2　利用請求をしようとするものは、公文書館の長に対して、次の事項を記載した書面（以下「利用請求書」という。）を提出しなければならない。ただし、利用請求に係る特定歴史公文書等が、公表を目的として作成し、又は取得されている等、明らかに利用することができる情報のみが記録されている場合であって、公文書館の長が利用請求書の提出を要しないと認めたときは、利用請求書の提出以外の規則で定める簡便な方法により利用することができる。

202

第4章　特定歴史公文書等の保存、利用等

- (1)　氏名又は名称及び代表者の氏名
- (2)　住所又は所在地
- (3)　利用請求に係る特定歴史公文書等の名称
- (4)　前3号に掲げるもののほか、規則で定める事項

3　公文書館の長は、利用請求書に形式上の不備があると認めるときは、利用請求をしたもの（以下「利用請求者」という。）に対し、相当の期間を定めて、その補正を求めることができる。この場合において、公文書館の長は、利用請求者に対し、補正の参考となる情報を提供するよう努めなければならない。

趣旨

本条は、特定歴史公文書等の利用の請求について規定したものである。

解釈

1　第1項

特定歴史公文書等は、市（町村）民共有の知的資源であるが、本市（町村）の歴史に深くかかわる記述があるものなので、広く何人に対しても公開されるべきである。

そこで本項は、すべての者に特定歴史公文書等の利用請求権を付与したものである。

特定歴史公文書等の利用請求をしようとする者は、公文書館の長に対し、請求をすることになる。

2　第2項

(1)　本文

本項本文は、特定歴史公文書等の利用の請求方法を定めたものである。

利用請求は、利用請求者の権利の行使として特定歴史公文書等の利用決定等の行政処分を求める申請手続であり、利用請求者の権利行使として行われる重要な請求である。場合によっては、審査請求又は取消訴訟がなされることも考えられる。そこで、権利関係を明らかにするため、書面での申請を求めるものである。口頭による利用請求は認められない。

利用請求書は日本語で記載する。そして、定められた様式ではなくても必要事項が記載されている場合は申請を受け付けるべきである。

例えば視覚障害者など利用請求書を作成することが困難な者が請求者である場

203

第4部　公文書管理条例案逐条解説

合には、職員が請求の趣旨を口頭で十分聞き取り、職員が本人に代わって利用請
求書を作成し、請求者に確認する方法をとるなど、必要な配慮をする。

（2）　ただし書き

特定歴史公文書等の利用請求をする場合は、本文に規定したとおり、利用請求
書を提出するのが原則である。しかし、利用請求に係る特定歴史公文書等が、公
表を目的として作成し、又は取得されている等、明らかに利用することができる
情報のみが記録されている場合は、わざわざ利用請求書を提出し決定処分を得る
までもなく利用を認めるべきである。そこで、そのような場合で、公文書館の長
が利用請求書の提出を要しないと認めたときは、利用請求書の提出以外の規則で
定める簡便な方法により利用することができるとした。

3　第3項

利用請求書の記載事項に記入漏れや、記載内容が不明確といった形式上の不備があ
る場合に利用拒否決定とするのであれば、利用することを希望する者は改めて利用請
求をすることになり手続が煩雑になる。記載事項に記入漏れや、記載内容が不明確な
場合には、利用請求者が記載するために必要な情報を有していないこともある。

本項は、利用請求書に形式上の不備がある場合には、公文書館の長に相当な期間を
定めて請求者に補正を求めることを義務づけるとともに、利用請求者に、補正の参考
となる情報を提供するよう努めなければならないとした。

第19条（特定歴史公文書等の利用請求の取扱い）

第19条　公文書館の長は、利用請求があった場合には、次に掲げる場合を除き、
これを利用させなければならない。

（1）　当該特定歴史公文書等に次に掲げる情報が記録されている場合

　ア　情報公開条例第●条第●号に掲げる情報

　イ　情報公開条例第●条第●号に掲げる情報

　ウ　情報公開条例第●条第●号に掲げる情報

　エ　情報公開条例第●条第●号に掲げる情報

（2）　当該特定歴史公文書等の原本を利用に供することにより当該原本の破損若
しくはその汚損を生ずるおそれがある場合又は公文書館において展示、修復作

204

第4章　特定歴史公文書等の保存、利用等

業等のために当該原本を現に使用している場合

（3）　当該特定歴史公文書等がその全部又は一部を一定の期間公にしないことを条件に法人等又は個人から寄贈され、又は寄託されたものであって、当該期間が経過していない場合

2　公文書館の長は、利用請求に係る特定歴史公文書等が前項第1号に該当するか否かについて判断するに当たっては、当該特定歴史公文書等が公文書として作成又は取得されてからの時の経過を考慮し、できる限り公開するものとする。

3　公文書館の長は、第1項第1号に掲げる場合であっても、同号に係る情報が記録されている部分を容易に区分して除くことができるときは、利用請求者に対し、当該部分を除いた部分を利用させなければならない。ただし、当該部分を除いた部分に有意の情報が記録されていないと認められるときは、この限りでない。

趣旨

本条は、特定歴史公文書等の利用請求の取扱いについて規定したものである。

解釈

1　第1項

本項は、特定歴史公文書等の利用請求があった場合には、原則として利用させることを定めたものである。

例外として利用させないことができる場合は、次の通りである。

（1）　当該特定歴史公文書等に次に掲げる情報が記録されている場合（第1号）

　ア　情報公開条例第●条第●号に掲げる情報（個人情報）

　イ　情報公開条例第●条第●号に掲げる情報（法人情報）

　ウ　情報公開条例第●条第●号に掲げる情報（公共安全情報）

　エ　情報公開条例第●条第●号に掲げる情報（法令による開示禁止）

　　ア、イ、ウ、エは、情報公開条例における非開示情報に該当する事項のうち、利用制限の必要性が特に高い条項を挙げている。

　　（これら以外にも、行政執行情報のうち、特に機密性の高い情報が記録されている場合には、条例上例外事項として規定することが考えられる。）

（2）　当該特定歴史公文書等の原本を利用に供することにより当該原本の破損若しくはその汚損を生ずるおそれがある場合又は公文書館において展示、修復作業等

205

のために当該原本を現に使用している場合（第2号）

「当該特定歴史公文書等の原本を利用に供することにより当該原本の破損若しくはその汚損を生ずるおそれがある場合」は、原本が破損・汚損することを防ぐため利用制限せざるを得ない。もっともこの場合には原本を複写したものを利用させることを検討すべきである。

「公文書館において展示、修復作業等のために当該原本を現に使用している場合」は、原本を使用しているため、利用制限せざるを得ないことによる。

(3) 当該特定歴史公文書等がその全部又は一部を一定の期間公にしないことを条件に法人等又は個人から寄贈され、又は寄託されたものであって、当該期間が経過していない場合（第3号）

一定の期間公にしないことを条件として寄贈・寄託された場合には、かかる条件を覆してまで利用請求を認めるのは不適当であるからである。

2 第2項

前項第1号により特定歴史公文書等の利用を制限する場合とは、情報公開条例上の非開示情報が記録されている場合であるが、それは権利保護の観点による。もっとも、時の経過により権利保護の必要性が薄れていくのが一般的である。

そこで、本項は、特定歴史公文書等が原則として何人も利用できるものであることに鑑み、当該特定歴史公文書等が公文書として作成又は取得されてからの時の経過を考慮し、できる限り利用させることとしたものである。

3 第3項

(1) 本文

本項は特定歴史公文書等が第1項第1号に該当する場合の部分利用について規定したものである。

部分利用は、利用請求をされた特定歴史公文書等において、利用情制限報が記録されている部分とそれ以外の部分とを容易に分離することができるときに、義務づけられる。

「容易に区分して除くことができる」とは、利用部分と利用制限部分を区別することが容易であり、当該特定歴史公文書等を物理的に破損することなく分離できることをいう。部分利用の対象となった文書が大量で、利用可能部分と利用制限部分を分離するのに時間や労力を要することは容易性の考慮要素にはならない。

(2) ただし書き

利用制限情報が記録されている部分に有意の情報が記録されていないと認めら

第4章　特定歴史公文書等の保存、利用等

れる場合には、利用制限情報が記録されている部分とそれ以外の部分とを分離して部分利用とする意味がないため、部分利用義務は発生しない。

　「当該部分を除いた部分に有意の情報が記録されていないと認められるとき」とは、利用制限部分を除いた部分によっては利用請求者が知りたいと思う内容がわからないことをいう。例えば、利用できる部分が無意味な文字、数字等の羅列になる場合である。

第20条（特定歴史公文書等の利用請求に対する決定及び通知）

第20条　公文書館の長は、利用請求に係る特定歴史公文書等の全部又は一部を利用させるときは、その旨の決定をし、利用請求者に対し、その旨並びに利用させる日時及び場所を書面により通知しなければならない。

2　公文書館の長は、利用請求に係る特定歴史公文書等の全部を利用させないとき（利用請求に係る特定歴史公文書等を保有していないときを含む。）は、利用させない旨の決定をし、利用請求者に対し、その旨を書面により通知しなければならない。

3　公文書館の長は、前項の利用させない旨の決定（前条第3項の規定により、利用請求に係る特定歴史公文書等の一部を利用させないときを含む。）をした場合は、その理由を併せて通知しなければならない。この場合において、市（町村）長は、必要に応じて、利用させない部分についてその条項、理由を記載した資料（ヴォーン・インデックス）を作成することができる。

趣旨

　本条は、特定歴史公文書等の利用請求に対して実施機関が利用決定等を行う通知方法等について定めたものである。

解釈

1　第1項

　本項は、公文書館の長がした決定を請求者に書面により通知する旨を定めたもので

207

第4部　公文書管理条例案逐条解説

ある。

　公文書館の長の決定は、不服申立ての対象となることもあるため、処分の内容を間違いなく請求者に伝える必要がある。そこで、通知は書面にて行う必要があるとされている。

　もっとも、特定歴史公文書等の全部利用を認める場合、請求者の請求が全部満たされており不服申立てをする余地がなく、しかも請求書の提出があった日にその旨を決定するのであれば、その場で利用することが請求者にとっても便宜である。そこでそのような場合は、公文書館の長は書面で通知書を作成するまでもなく、口頭で利用を認める通知をすることも運用上許されるものと解される。

2　第2項

(1)　本項は利用制限決定をする場合に請求者に書面により通知する旨を定めたものである。利用制限決定に対しては、利用請求者は不服申立てをすることができる。そのため、処分の内容を間違いなく請求者に伝える必要があるため、通知は書面にて行うこととしたものである。

(2)　「利用請求に係る特定歴史公文書等の全部を利用させないとき」とは、次の通りである。

　ア　利用制限情報（第19条第1項1号）が記録されているため利用させないとき

　イ　利用請求に係る特定歴史公文書等を保有していないとき

　ウ　利用請求が権利の濫用と認められるとき

　　利用請求が権利の濫用と認められる場合は、受理をせずに請求書を返戻するのではなく、請求者に不服申立ての機会を与えるため、請求を受理した上で、権利濫用を理由として利用制限決定をする。

3　第3項

　全部利用制限決定及び部分利用決定は、申請に対する拒否処分となる。●●市（町村）行政手続条例（平成●●年●●市（町村）条例第●号）第●条において、申請により求められた許認可等を拒否する処分をする場合には、その名宛人に対し、同時に、当該処分の理由を示さなければならない旨規定されているが、本項でも理由を提示して通知をすることを注意的に定めたものである。

　利用制限の理由は、利用制限に係る根拠条文を示すだけではなく、なぜ当該根拠となる規定を適用するに至ったのかについて具体的に記載することが必要である。

208

第4章　特定歴史公文書等の保存、利用等

第21条（特定歴史公文書等の利用決定等の期限）

第21条　前条第1項及び第2項の規定による決定（以下「利用決定等」という。）は、利用請求のあった日の翌日から起算して14日以内に行わなければならない。ただし、第18条第3項の規定により補正を求めた場合にあっては、当該補正に要した日数は、その期間に参入しない。

2　公文書館の長は、事務処理上の困難その他の正当な理由があるときは、前項に規定する期間を利用請求があった日の翌日から起算して60日以内に限り延長することができる。この場合において、公文書館の長は、利用請求者に対し、遅滞なく、延長後の期間及び延長の理由を書面により通知しなければならない。

3　前2項の規定にかかわらず、利用請求に係る特定歴史公文書等が著しく大量である等、利用請求があった日の翌日から起算して60日以内にその全てについて利用決定等を行うことにより事務の遂行に著しい支障が生ずるおそれがある場合には、公文書館の長は、利用請求に係る特定歴史公文書等のうち相当の部分につき当該期間内に利用決定等を行い、残りの特定歴史公文書等については相当の期間内に利用決定等を行うものとする。この場合において、公文書館の長は、第1項に規定する期間内に、利用請求者に対し、次に掲げる事項を書面により通知しなければならない。

　（1）　本項を適用する旨及びその理由

　（2）　残りの特定歴史公文書等について利用決定等をする期限

4　公文書館の長は、前項の規定により、60日以内に利用決定等を行わない場合には、あらかじめ〇〇市（町村）審査会に諮問しなければならない。

趣旨

　本条は、特定歴史公文書等の利用請求に対して公文書館の長が利用決定等を行う期限の原則を定めたものである。

解釈

1　第1項

　本項は、特定歴史公文書等の利用請求に対して公文書館の長が利用決定等を行う期限を定めたものである。

209

第4部 公文書管理条例案逐条解説

特定歴史公文書等の利用をするかどうかの決定はできるだけ速やかに行われることが望ましいことから、決定期間を「利用請求のあった日の翌日から起算して14日以内」と定めることにより、公文書館の長に対し、迅速な手続を義務づけたものである。

「利用請求のあった日」とは公文書館の長が利用請求書を受け付けた日をいう。

決定期間の満了日が土曜・日曜・祝日・年末年始・市（町村）が定める休日に当たるときは、その翌日をもって満了日とする。

利用請求書の記載に不備があり補正を求めた場合、補正されて正しく記載された利用請求書を受け取った日から起算する（本項ただし書）。

公文書館の長が、本項に定める期間内に利用決定等を行わず、しかも本条第2項による延長の通知もしなかった場合には、請求者は、行政不服審査法に基づく不作為についての審査請求及び行政事件訴訟法に基づく不作為の違法確認の訴えの提起をすることができることとなる。

2　第2項

(1)　本項は、事務処理上の困難その他の正当な理由により、定められた期間内に利用決定等をすることができない場合の期限の特例を定めたものである。

(2)　「事務処理上の困難その他の正当な理由」とは公文書館の長が利用請求に対して誠実に事務処理をしても、利用請求のあった日の翌日から14日以内に利用決定等を行うことができないと認められるものでなければならない。具体的には次のような場合をいう。

　ア　利用請求に係る特定歴史公文書等に第三者に関する情報が記録されているため、当該第三者に対する意見聴取等の必要があるなど、利用決定等をするのに相当な日数を要する場合

　イ　利用請求の対象となる特定歴史公文書等の量が多いため、その内容を確認し、利用決定等をするのに相当の日数を要する場合

　ウ　地震や風水害など天災が発生した場合等予測し得ない業務が増大したため、期間内に利用決定等を行うことができない場合

　エ　年末年始等執務を行わない期間をはさみ、事務処理をする日数が不足する場合

(3)　公文書館の長は、利用請求者に対し、遅滞なく、延長後の期間及び延長の理由を書面により通知しなければならない。

210

第4章　特定歴史公文書等の保存、利用等

3　第3項

(1)　前段

本項は、利用決定等の期間を前条第2項に定める期間を超えて延長できる場合を規定するものである。

ア　「利用請求に係る特定歴史公文書等が著しく大量」か否かは、一件の利用請求にかかる特定歴史公文書の量とその審査等に要する業務量によることとなるが、公文書館の事務体制、他の利用請求事案の処理に要する事務量、その他事務の繁忙、勤務日等の状況をも考慮した上で判断される。

イ　「事務の遂行に著しい支障」とは、公文書館の職員が遂行すべき通常の事務に容認できない遅滞等の支障を来すことをいう。

ウ　利用請求に係る特定歴史公文書等のうちの「相当の部分」につき当該期間内に利用決定等をするとされているが、「相当の部分」とは、公文書館の長が通常60日以内に利用決定等をすることができる分量を意味する。著しく大量の特定歴史公文書等の利用請求であっても、他の利用請求者との平等を図る観点から、60日以内に処理できる量については、当該期間内に利用決定等を行うべきである。

エ　「残りの特定歴史公文書等については相当の期間内に利用決定等を行うものとする」とは、当該利用請求に係る特定歴史公文書等の全てについて処理できない事情に鑑み、残りの部分についての処理は、「相当の期間」内に行う必要があるからである。その際、公文書館の長は、ある程度のまとまりの部分ごとに、審査の終了したものから順に利用決定等を行うことが望ましい。

なお、「相当の期間」とは、当該残りの部分について公文書館の長が処理するに当たって必要とされる合理的な期間をいう。

(2)　後段

本項の期限の特例を適用する場合には、利用請求者に通知をする旨定めたものである。

ア　本項が適用されるケースは例外的な場合であり、比較的早期に本項の適用の必要性の見当がつくと考えられることから、本条第1項に規定する原則的な処理期間内に、必要な通知を行わなければならないこととしている。

なお、この書面においては、60日以内に利用決定等をする「相当の部分」を示すことは要しない。

イ　通知には、次に掲げる事項を記載する。

211

第4部　公文書管理条例案逐条解説

　　(ｱ)　本項を適用する旨及びその理由（第1号）

　　　「本項を適用する理由」とは、本項を適用することが必要となった事情
　　を一般の人が理解しうる程度に示すことを意味する。

　　(ｲ)　残りの特定歴史公文書等について利用決定等をする期限（第2号）

　　　「残りの特定歴史公文書等について利用決定等をする期限」とは、最終的
　　に当該利用請求に係る特定歴史公文書等の全ての部分についての利用決定
　　等を終えることが可能と見込まれる期限をいう。

　　　仮に通知した期限までに利用決定等がなされなかった場合には、利用請
　　求者は、不作為についての審査請求や不作為の違法確認訴訟により争う余
　　地があるが、不作為に当たるかどうかは、個別の案件に応じた判断が必要
　　であり、通知した期限を守れなかったことを理由として直ちに違法とする
　　趣旨ではない。

4　第4項

　前項では、利用請求に係る特定歴史公文書等の全てについて利用決定等を行うこと
により事務の遂行に著しい支障が生ずるおそれがある場合には、相当の期間内に利用
決定等を行うとしたが、特定歴史公文書等の利用決定等は本条第1項により、利用請
求のあった日の翌日から記載して14日以内に行うのが原則である。

　そこで本項は、前項の規定により60日以内に利用決定等を行わない場合には、あ
らかじめ審査会への諮問を義務づけ、漫然と利用決定等を延長することを防ぐものと
したものである。

第22条（本人情報の取扱い）

第22条　公文書館の長は、第19条第1項第1号アの規定にかかわらず、同号
アに掲げる情報により識別される特定の個人（以下この条において「本人」と
いう。）から、当該情報が記録されている特定歴史公文書等について利用請求が
あった場合において、規則で定めるところにより本人であることを示す書類の提
示又は提出があったときは、本人の生命、健康、生活又は財産を害するおそれが
ある情報が記録されている場合を除き、当該特定歴史公文書等につき当該規定に
掲げる情報が記録されている部分についても、利用させなければならない。

第4章 特定歴史公文書等の保存、利用等

趣旨

　本条は、本人情報が記録されている特定歴史公文書等の利用請求のあった場合について規定したものである。

解釈

　本人情報は情報公開条例●条●項に規定する個人情報に該当する。そうすると特定歴史公文書等に本人情報が記録されているのであれば、本条例第19条第1項第1号アにより、利用制限されるべきものである。

　しかし、同号により、利用制限を定めた趣旨は、個人の権利保護（特にプライバシーの権利）であるところ、当該本人が利用請求をしているのだから、権利保護の必要性の程度は低くなる。

　ただし、利用によって本人の生命、健康、生活又は財産を害するおそれがある情報が記録されている場合は、本人が利用することによりかえって本人の利益が害されてしまう。そこで、そのような場合を除き本人情報であれば利用請求を認める旨を規定したものである。

第23条（第三者保護に関する手続）

第23条　利用請求に係る特定歴史公文書等に市（町村）、地方独立行政法人等及び利用請求者以外のもの（以下「第三者」という。）に関する情報が記録されている場合には、公文書館の長は、利用決定等をするに当たって、当該情報に係る第三者に対し、利用請求に係る特定歴史公文書等の名称その他規則で定める事項を通知して、意見書を提出する機会を与えることができる。

2　公文書館の長は、第三者に関する情報が記録されている特定歴史公文書等の利用をさせようとする場合であって、当該情報が情報公開条例第●条第●号●又は第●号●に規定する情報に該当すると認めるときは、利用させる旨の決定に先立ち、当該第三者に対し、利用請求に係る特定歴史公文書等の名称その他規則で定める事項を書面により通知して、意見書を提出する機会を与えなければならない。ただし、当該第三者の所在が判明しない場合は、この限りでない。

213

第4部 公文書管理条例案逐条解説

3　公文書館の長は、前2項の規定により意見書を提出する機会を与えられた第三者が当該特定歴史公文書等を利用させることに反対の意思を表示した意見書（以下「反対意見書」という。）を提出した場合において、当該特定歴史公文書等を利用させる旨の決定をするときは、その決定の日と利用させる日との間に少なくとも2週間を置かなければならない。この場合において、公文書館の長は、その決定後直ちに、当該反対意見書を提出した第三者に対し、利用させる旨の決定をした旨及びその理由並びに利用させる日を書面により通知しなければならない。

趣旨

本条は、利用請求に係る特定歴史公文書等に第三者に関する情報が記録されている場合、公文書館の長が利用決定等にあたり、当該第三者に対し意見書を提出する機会を与えること及び当該第三者が利用に反対の意思を表示したときの処理手続を規定したものである。

解釈

1　第1項：任意的意見聴取

(1)　本項は、第三者に関する情報が記録されている特定歴史公文書等について利用請求がされたときについて、当該第三者の権利利益を保護するための手続保障を定め、また、利用決定等を的確に行うため、その第三者の意見を聴くことができることとしたものである。

(2)　利用請求に係る特定歴史公文書等に第三者に関する情報が記録されている場合、当該第三者から意見を聴くことにより、利用制限情報に該当するかどうかを適切に判断することができる可能性が高くなる。そこで、当該第三者から意見を聴取することで、利用制限情報性を持つかどうかを判定の確実性を担保しようとしたものである。

なお、本項は、第三者に対して利用についての同意権を与えたものではない。したがって、公文書館の長は、当該第三者の意見に法的に拘束されるものではない。

(3)　第三者に対しては、利用請求に係る特定歴史公文書等の名称その他規則で定める事項を通知して意見を聴く。

第4章　特定歴史公文書等の保存、利用等

2　第2項：義務的意見聴取

(1)　本項本文は、本来は利用制限情報であるにもかかわらず当該情報が情報公開
条例第●条第●号から第●号までのただし書に規定する情報であることから利用
される場合に、当該特定歴史公文書等に記録されている情報に係る第三者の権利
利益を侵害するおそれがあるため、適正手続の保障の観点から、当該第三者に意
見書の提出の機会を与えることを義務付けるものである。

なお、本項は、前項と同様、第三者に対して利用についての同意権を与えたも
のではない。

(2)　本項本文が適用されるのは、次の場合である。

ア　個人情報ではあるが、人の生命、身体、健康、生活又は財産を保護するた
め、公にすることが必要であると認められる情報（情報公開条例第●条第1号た
だし書）

イ　法人等の情報であるが、人の生命、身体、健康、生活又は財産を保護するた
め、公にすることが必要であると認められる情報（情報公開条例第●条第2号た
だし書）

ウ　公にしないとの条件で個人又は法人等から任意に提供された情報ではある
が、人の生命、身体、健康、生活又は財産を保護するため、公にすることが必
要であると認められる情報（情報公開条例第●条第3号ただし書）

(3)　本項は必要的意見聴取の規定であることから、当該第三者に対しては、必ず
書面により通知をしなければならない。

(4)　本項ただし書は、第三者の所在が判明しない場合は、意見聴取義務が免除さ
れる旨定めたものである。第三者の所在が判明しない場合は、当該第三者と連絡
を取ることができないからである。ただし、第三者の所在確認については合理的
な努力を行うことが必要である。

3　第3項

本項は、第1項及び前項の規定により機会を与えられた第三者が当該特定歴史公文
書等の利用に反対の意思を表示した意見書を提出した場合、利用に反対する第三者
が、利用が実施される前に、行政不服審査法又は行政事件訴訟法により利用させる旨
の決定の取消し及び執行停止を求めることができるようにするため、利用を実施する
日までに一定の期間をおくこととしたものである。

また、第三者への通知を利用させる旨の決定後「直ちに」行うこととしたのは、第
三者が争訟の提起のために必要な準備作業に要する時間を確保するためである。

215

第4部　公文書管理条例案逐条解説

第24条（特定歴史公文書等の利用の方法）

第24条　公文書館の長が特定歴史公文書等を利用させる場合には、文書又は図画については閲覧（請求者が持ち込んだ電子機器での撮影を含む。）又は写しの交付の方法により、電磁的記録については紙その他これに類するものに出力されたものの閲覧若しくは写しの交付又はその種別、情報化の進展状況等を勘案して規則で定める方法により行う。ただし、閲覧の方法により特定歴史公文書等を利用させる場合にあっては、当該特定歴史公文書等の保存に支障を生ずるおそれがあると認めるときその他正当な理由があるときに限り、その写しを閲覧させる方法により行う。

趣旨

本条は、公文書の公開の実施の方法を定めたものである。

解釈

1　本文

本条本文は、公文書館が特定歴史公文書等の利用決定又は部分利用決定をしたときの利用の実施方法を定めたものである。

特定歴史公文書等が文書又は図画である場合は、その原本を閲覧させ、又はその写しを交付することにより行う。請求者が持ち込んだ電子機器での撮影も認めることとする。

特定歴史公文書等が電磁的記録である場合は、その種別、情報化の進展状況等を勘案して規則で定める方法により行う。ただし、専用機器により再生したものの閲覧又は視聴については、電磁的記録の全部を利用する場合に限るものとする。

2　ただし書き

本条ただし書きは、本文の「閲覧」の利用方法の例外として、以下の場合には「写し」によることができる場合を定めたものである。

(1)　当該特定歴史公文書等の保存に支障を生ずるおそれがあると認めるとき

　　特定歴史公文書等の利用をすることにより当該特定歴史公文書等を汚損し、又は破損するおそれがあると認められるときが想定される。かかる場合に原本を閲覧させ、当該特定歴史公文書等が汚損・破損されてしまうと業務に支障を及ぼす

216

第4章　特定歴史公文書等の保存、利用等

ため、未然にそれを防止する必要があるからである。

(2)　その他正当な理由があるとき

　原本に個人情報等の利用制限情報が記載されており、マスキング等の措置によっても原本の利用により当該利用制限情報が開示されることとなってしまうような場合が考えられる。

第25条（特定歴史公文書等の閲覧の手数料等）

> 第25条　この条例の規定に基づく特定歴史公文書等の閲覧に係る手数料は、〇〇市（町村）手数料条例（平成●●年〇〇市（町村）条例第●号）の規定にかかわらず、無料とする。
> 2　この条例の規定に基づき特定歴史公文書等の写しを交付する場合の当該写しの交付に要する費用は、利用請求者の負担とする。費用負担に関する事項は規則で定める。

趣旨

本条は、特定歴史公文書等の利用に関する費用の負担について定めたものである。

解釈

1　第1項

　特定歴史公文書等はそもそも住民の財産として利用されることが原則であることから、請求に係る特定歴史公文書等の検索、審査に要する費用及び閲覧に供するための費用は、徴収しない。

2　第2項

　特定歴史公文書等の写しの交付に要する費用は、受益者負担の観点から、写しの交付を受けるものが負担する。

　「写しの交付に要する費用」とは、情報を電子複写機等によって複写することに要する費用をいう。

　費用負担に関する事項として、単価や支払方法等を規則で決めることとなる。

217

第4部　公文書管理条例案逐条解説

第5章　審査請求

第26条（審理員による審理手続に関する規定の適用除外）

> 第26条　特定歴史公文書等の利用決定等又は利用請求に係る不作為に係る審査請求については、行政不服審査法（平成26年法律第68号）第9条第1項本文の規定は、適用しない。

趣旨

　本条は、特定歴史公文書等の利用決定等に係る審査請求について審理員手続を除外することを定めたものである。

解釈

　行政不服審査法の平成26年改正前から、情報公開条例や個人情報保護条例に基づく決定に対する不服申立てについて、本市（町村）は、条例で設置された情報公開・個人情報保護審査会が実質的な審理をしてきた。この分野に審理手続（審理員が実質審理を行い、行政不服審査会等の合議体が審理員意見書をレビューするという仕組み）を適用するならば、これまでの審査会による審理の実効性が後退すると考えられる。

　そこで、行政不服審査法第9条第1項ただし書において、条例で定める処分については、条例においてこのような実効的な審理手続を別途規定している場合が存在することを想定して、条例で特別の定めをして、審理員手続を除外することが認められている。

　本条例は公文書管理条例であるが、情報公開条例や個人情報保護条例で設置されている情報公開・個人情報保護審査会と同様の審査会である公文書管理審査会が設置されており、公正な審理を行うことが担保されている。

　そこで、本条例に基づく利用決定等に係る審査請求について、審理員手続を除外するのである。

218

第5章　審査請求

第27条（審査会への諮問）

> 第27条　利用決定等について、行政不服審査法の規定に基づく審査請求があった
> ときは、市（町村）長は、次の各号のいずれかに該当する場合を除き、審査会に
> 諮問し、その答申を尊重して、当該審査請求についての裁決を行うものとする。
> 　(1)　審査請求が不適法であり、却下するとき。
> 　(2)　裁決で、審査請求に係る利用請求に対する処分を取り消し、又は変更し、
> 　　　当該審査請求に係る特定歴史公文書等の全部を利用させることとするとき。
> 　　　ただし、当該審査請求に係る特定歴史公文書等の利用について反対意見書が
> 　　　提出されているときを除く。
> 2　前項の規定による諮問は、行政不服審査法第9条第3項により読み替えて適
> 用する同法第29条第2項の弁明書の写しを添えてしなければならない。

趣旨

　利用決定等に対する審査請求について、一定の例外を除き、恣意的な判断を排除す
る観点から、外部の有識者で構成する○○市（町村）公文書管理審査会への諮問を義
務付けるものである。

解釈

1　第1項

（1）　本項は、審査請求があったときには、原則として審査会に諮問し、その答申
　　を尊重して裁決をすることを定めたものである。
　　　「行政不服審査法の規定に基づく審査請求があったときは」とは、
　　ア　特定歴史公文書等の利用の請求に対する本条例第20条第1項に基づく一部
　　　利用決定又は同条第2項に基づく利用させない旨の決定
　　イ　不作為（特定歴史公文書等の利用請求に対し何らの処分をもしないこと）
　　　に係る審査請求をいう。なお、利用（一部利用）決定に対し、当該特定歴史
　　公文書等の利用に反対する者が審査請求をした場合も上記に含まれる。
（2）　ただし、次に該当する場合には、市（町村）長は審査会に諮問せずに裁決を
　　行う。

219

第4部　公文書管理条例案逐条解説

ア　審査請求が不適法であり、却下するとき。（第1号）

審査請求書の必要記載事項の不備について審査庁が補正命令をしたが審査請求人が補正に応じない、審査請求期間を経過した後の審査請求であって、かつ、正当事由を具備しない等で審査請求が不適法であるときは、審査会に諮問するまでもなく、客観的に判断することができるので、諮問不要としたものである。

イ　裁決で、審査請求に係る利用請求に対する処分を取り消し、又は変更し、当該審査請求に係る特定歴史公文書等の全部を利用させることとするとき。ただし、当該審査請求に係る特定歴史公文書等の利用について反対意見書が提出されているときを除く。（第2号）

審査請求人の請求を全部認容して、当該審査請求に係る特定歴史公文書等の全部を利用することとする場合には、恣意的な判断を排除するために審査会の制度を用いる必要がないので、諮問不要としたものである。

ただし、第三者から当該歴史公文書等の利用について反対の意思を表示した書面が提出されているとき、その第三者の権利利益について審査会で考量判断をさせ、その答申を経て裁決することが適当であることから、審査会への諮問を要することとしている。

2　第2項

審査会への諮問に際し、審査請求人が提出した審査請求書に加え、弁明書を添付して、諮問すべきことを規定したものである。

第28条（諮問をした旨の通知）

第28条　市（町村）長は、前条の規定により諮問をしたときは、次に掲げるものに対し、諮問をした旨を通知しなければならない。

(1)　審査請求人及び参加人（行政不服審査法第13条第4項に規定する参加人をいう。以下同じ。）

(2)　利用請求者（利用請求者が審査請求人又は参加人である場合を除く。）

(3)　当該審査請求に係る利用決定等について反対意見書を提出した第三者（当該第三者が審査請求人又は参加人である場合を除く。）

第5章　審査請求

趣旨

　本条は、市（町村）長が審査会に諮問をしたときに、通知をする相手について規定をしたものである。

解釈

　次に掲げるものに諮問の通知をしなければならないのは、手続保障が理由である。
1　審査請求人及び参加人（行政不服審査法第13条第4項に規定する参加人をいう。以下同じ。）（第1号）
　　審査請求人及び参加人に諮問をしたことを通知するのは、手続保障の点からは当然のことである。
2　利用請求者（利用請求者が審査請求人又は参加人である場合を除く。）（第2号）
　　審査請求は、利用請求者以外の者からもなされる可能性がある。例えば、当該審査請求に係る利用決定等について反対意見書を提出した第三者などである。その場合、利用請求者には審査請求の審理の際に意見を述べる機会が保障されるべきである。
3　当該審査請求に係る利用決定等について反対意見書を提出した第三者（当該第三者が審査請求人又は参加人である場合を除く。）（第3号）
　　当該審査請求に係る利用決定等について反対意見書を提出した第三者には審査請求の審理の際に意見を述べる機会が保障されるべきである。

第29条（第三者からの審査請求を棄却する
　　　　　場合等における手続）

第29条　第23条第3項の規定は、次の各号のいずれかに該当する裁決をする場合について準用する。
(1)　特定歴史公文書等を利用させる旨の決定に対する第三者からの審査請求を却下し、又は棄却する裁決
(2)　審査請求に係る利用決定等を変更し、当該利用決定等に係る特定歴史公文書等を利用させる旨の裁決（第三者である参加人が当該特定歴史公文書等の利

221

第4部　公文書管理条例案逐条解説

> 用に反対の意思を表示している場合に限る。）

趣旨

　本条は、第三者からの審査請求を棄却する場合等における手続を規定したものである。

解釈

1　「第23条第3項の規定」とは、利用請求のあった特定歴史公文書等に第三者に関する情報が記録されている場合に、当該第三者に意見書を提出する機会を与え、当該第三者が当該特定歴史公文書等の利用に反対の意思を表示した意見書を提出した場合において、利用決定をするときは、利用決定の日と利用を実施する日との間に少なくとも2週間を置かなければならない、この場合において、公文書館の長は、利用決定後直ちに、当該意見書を提出した第三者に対し、利用決定をした旨及びその理由並びに利用を実施する日を書面により通知しなければならない、とする規定である。

　審査請求を却下し、又は棄却する裁決がなされ、直ちに利用が実施されると、利用決定に対する取消訴訟を提起する機会を失うことになる。したがって、裁決と利用の実施をする日との間に一定の期間を置く必要がある。

　同様に、特定歴史公文書等の利用制限決定が請求者によって争われ、当該決定を変更し、又は取り消し、特定歴史公文書等を利用させる旨の裁決がなされた場合においても、第三者に、利用の実施前に、利用させる旨の裁決を争う機会を保障する必要がある。

　そのため、本条の規定が設けられた。

2　第23条第3項の規定が準用されるのは、以下の裁決をする場合である。

　（1）　利用決定に対する第三者からの審査請求を却下し、又は棄却する裁決（第1号）

　（2）　審査請求に係る利用決定等を変更し、当該利用決定等に係る特定歴史公文書等を利用させる旨の裁決（第三者である参加人が当該特定歴史公文書等の利用に反対の意思を表示している場合に限る。）（第2号）

第5章　審査請求

第30条（審査会の調査権限等）

第30条　審査会は、必要があると認めるときは、公文書館の長に対し、利用決定等に係る特定歴史公文書等の提示を求めることができる。この場合においては、何人も、審査会に対し、その提示された特定歴史公文書等の公開を求めることができない。

2　公文書館の長は、審査会から前項の規定による求めがあったときは、これを拒んではならない。

3　審査会は、必要があると認めるときは、公文書館の長に対し、利用決定等に係る特定歴史公文書等に記録されている情報の内容を審査会の指定する方法により分類し、又は整理した資料を作成し、審査会に提出するよう求めることができる。

4　第1項及び前項に定めるもののほか、審査会は、審査請求に係る事件に関し、審査請求人、参加人又は公文書館の長（以下「審査請求人等」という。）に意見書又は資料の提出を求めること、適当と認める者にその知っている事実を陳述させることその他必要な調査をすることができる。

趣旨

本条は、審査会の調査権限について規定したものである。

解釈

1　第1項

本項は、審査会が公文書館の長に対し、利用決定等に係る特定歴史公文書等の提示を求めることができること（「いわゆるインカメラ審理」）について規定したものである。

審査会において、当該特定歴史公文書等の利用を認めない例外規定（第19条第1項）に該当するか否かを検討するには、当該特定歴史公文書等に利用制限情報が記載されているかを確認し、利用制限とした判断の適法性を判断するほか、部分利用の場合にはその決定が適切になされているかどうかを判断する必要がある。そのため、インカメラ審理が認められたものである。

ただし、当該特定歴史公文書等が公開されてしまうと、利用を認めたと同じ結果となるため、後段において、何人も、審査会に対し、その提示された特定歴史公文書等

223

第4部　公文書管理条例案逐条解説

の公開を求めることができないとしたものである。

2　第2項

　利用請求の例外に該当するか否かを審理するには、インカメラ審理が必要不可欠であることから、本項は、公文書館の長は、審査会から前項の規定による求めがあったときは、これを拒んではならないとしたものである。

3　第3項

　審査請求の審理において、利用決定等に係る特定歴史公文書等に記録されている情報が大量であったり、多岐にわたったりする場合に、審査会で審理しやすくするために、審査会の指定する方法により分類し、又は整理した資料を作成し、審査会に提出するよう求めることができるとしたものである。

4　第4項

　審査会において審理するにあたり、関係者から意見を陳述させる等の調査権を審査会に付与したものである。

第31条（意見の陳述等）

第31条　審査会は、審査請求人等から申出があったときは、当該審査請求人等に、口頭で意見を述べる機会を与え、又は意見書若しくは資料の提出を認めることができる。
2　前項の場合においては、審査請求人又は参加人は、審査会の許可を得て、補佐人とともに出頭することができる。

趣旨

　本条は、審査会における意見の陳述等について規定したものである。

解釈

1　第1項

　本項は、審査請求人等から申出があったときに、審査会が審査請求人等に、口頭で意見を述べる機会を与え、又は意見書若しくは資料の提出を認めることができるとしたものである。

224

第5章　審査請求

「審査請求人等」とは、前項第4項において審査請求人、参加人又は公文書館の長とされている。

2　第2項

本項は、審査請求人又は参加人の利益を保護するため、補佐人を付けることを認めるものである。

「補佐人」とは、例えば申立人が外国人である場合の通訳、専門知識をもって申立人を援助する者、申立人が法人である場合の事務を担当する者などをいう。

第 32 条（提出資料の閲覧等）

第32条　審査請求人及び参加人は、審査会に対し、第30条第4項若しくは前条第1項の規定により公文書館の長が審査会に提出した意見書又は第30条第3項若しくは第4項若しくは前条第1項の規定により公文書館の長が審査会に提出した資料の閲覧又は写しの交付を求めることができる。この場合において、審査会は、第三者の利益を害するおそれがあると認めるときその他正当な理由があるときでなければ、その閲覧又は写しの交付を拒むことができない。

2　審査会は、前項の規定による閲覧又は写しの交付について、その日時及び場所を指定することができる。

3　第1項の規定による意見書又は資料の閲覧に係る手数料は、〇〇市（町村）手数料条例の規定にかかわらず、無料とする。

4　第1項の規定による意見書又は資料の写しの交付に要する費用は、これらの写しの交付を求めるものの負担とする。

趣旨

本条は、審査会に提出された資料の閲覧について規定したものである。

解釈

1　第1項

（1）　本項は、審査請求人及び参加人に反論の機会を与えるため、審査会に対し、公文書館の長が審査会に提出した資料の閲覧又は写しの交付を求めることができ

225

第4部　公文書管理条例案逐条解説

ることを定めたものである。

　審査会は、審査請求人及び参加人の利益を保障するため、第三者の利益を害するおそれがあると認めるときその他正当な理由があるとき以外は、その閲覧又は写しの交付を拒むことができない。

(2)　閲覧又は写しの交付を求めることができる資料は次の通りである。

　ア　「第30条第4項若しくは前条第1項の規定により公文書館の長が審査会に提出した意見書」

　　　「第30条第4項・・・の規定により公文書館の長が審査会に提出した意見書」とは、審査会の求めに応じ公文書館の長が提出した意見書をいう。

　　　「前条第1項の規定により公文書館の長が審査会に提出した意見書」とは、公文書館の長からの申出により審査会に提出した意見書をいう。

　イ　「第30条第4項若しくは前条第1項の規定により公文書館の長が審査会に提出した資料」

　　　「第30条第4項・・・の規定により公文書館の長が審査会に提出した資料」とは、審査会の求めに応じ公文書館の長が提出した資料をいう。

　　　「前条第1項の規定により公文書館の長が審査会に提出した資料」とは、公文書館の長からの申出により審査会に提出した資料をいう。

2　第2項

　本項は審査会に準備の機会を与えるため、公文書館の長に前項の規定による閲覧又は写しの交付について、その日時及び場所を指定することができるとしたものである。

3　第3項

　当該意見書又は資料は、審査請求人及び参加人が自らの利益を守るために必要となるものであるから、閲覧に係る手数料は無料とするとしたものである。

4　第4項

　意見書又は資料の写しの交付に要する費用は、受益者負担との観点から、これらの写しの交付を求めるものの負担とするとしたものである。謄写実費及び郵送で交付する場合における郵送代が考えられる。

第5章　審査請求

第33条（調査審議手続の非公開）

第 33 条　第 27 条の規定による諮問に基づき審査会の行う調査審議の手続は、公開しない。

趣旨

本条は、審査会の行う調査審議手続を非公開とする旨を定めたものである。

解釈

　審査会の行う調査審議手続を公開としてしまうと、問題とされている特定歴史公文書等の内容が判明し、利用請求を認めたと同様の効果が発生してしまう。そのため、非公開としたものである。

第34条（答申書の送付等）

第 34 条　審査会は、諮問に対する答申をしたときは、答申書の写しを審査請求人及び参加人に送付するとともに、答申の内容を公表するものとする。

趣旨

本条は、答申書の送付等について規定したものである。

解釈

　本条は、審査会が諮問に対する答申をしたときは、答申書の写しを審査請求人及び参加人に送付するとともに、答申の内容を公表するとしたものである。
　答申の内容を公表するとしたのは、市（町村）民に対する説明責任を果たすとともに、利用請求に対してなされた決定等に不服がある場合の不服審査の制度の透明性を高め、かかる制度に対する市（町村）民の信頼を高めるためである。

227

第4部　公文書管理条例案逐条解説

第6章　公文書管理審査会

第35条（審査会の設置）

第35条　公文書の管理に係る施策の適正かつ円滑な実施を図るため、市（町村）長の附属機関として、審査会を置く。

2　審査会は、第6条第4項、第8条第8項、第9条第3項、同条第7項、第13条第3項及び第27条第1項の規定により実施機関から諮問を受けた事項並びに第21条第4項、第41条第2項及び同条第4項の規定により公文書館の長から諮問を受けた事項について調査審議する。

3　審査会は、第6条第5項に規定する事項のほか、本条例を施行するために必要な施策に関する重要な事項について、実施機関、地方独立行政法人等又は公文書館の長に意見を述べることができる。

趣旨

本条は、審査会の設置について規定したものである。

解釈

1　第1項

審査会は、市町村長の附属機関との位置づけである。

2　第2項

審査会が調査審議する事項とは、次の通りである。

(1)　実施機関から諮問を受けた事項

　ア　第6条第4項　作成指針を制定し、又は変更する場合

　イ　第8条第8項　実施機関が職務の遂行上必要であるため公文書の保存期間を延長する場合

　ウ　第9条第3項　歴史公文書等選別基準を制定又は変更しようとするとき

　エ　第9条第7項　保存期間が満了した公文書を廃棄しようとするとき

　オ　第13条第3項　公文書管理規則を制定し又は変更しようとするとき

228

第6章　公文書管理審査会

　カ　第27条第1項　利用決定等について、行政不服審査法の規定に基づく審査
　　　請求があったとき

(2)　公文書館の長から諮問を受けた事項

　ア　第21条第4項　特定歴史公文書等の利用請求に対し、利用請求に係る特定
　　　歴史公文書等が著しく大量である等、利用請求があった日の翌日から起算して
　　　60日以内にその全てについて利用決定等を行うことにより事務の遂行に著し
　　　い支障が生ずるおそれがあり、60日以内に利用決定等を行わない場合

　イ　第41条第2項　特定歴史公文書等の原本が朽ち果て判読不明となったため
　　　原本を廃棄しようとするとき

　ウ　第41条第4項　特定歴史公文書等を廃棄するにあたり、同条第3項の規定
　　　により廃棄の前に公表しようとするとき

3　第3項

　本項は、審査会が市（町村）長又は公文書館の長に意見を述べることができる場合
を規定したものである。

　審査会が実施機関、地方独立行政法人等又は公文書館の長に意見を述べることがで
きるのは、以下の場合である。

(1)　第6条第5項に規定する事項　実施機関が作成した公文書が、意思決定に至
　　る過程並びに当該実施機関の事務及び事業の実績を合理的に跡付け、又は検証す
　　ることができる内容となっているかについて定期的に点検し、実施機関に意見を
　　述べる

　　なお、地方独立行政法人等については、第6条第5項は、第14条において準
　　用されている。

(2)　本条例を施行するために必要な施策に関する重要な事項

第36条（組織等）

第36条　審査会は、委員7人以内で組織する。

2　委員は、次に掲げる者のうちから市（町村）長が委嘱する。

(1)　学識経験のある者

(2)　国又は地方公共団体において公文書管理担当課に在籍した経験のある職員

第4部　公文書管理条例案逐条解説

ですでに退職した者

（3）　市（町村）民

3　委員の任期は2年とし、補欠委員の任期は、前任者の残任期間とする。ただし、再任を妨げない。

4　委員は、職務上知り得た秘密を漏らしてはならない。その職を退いた後も、同様とする。

趣旨

本条は、○○市（町村）公文書管理審査会の組織、任期等について定めるものである。

解釈

1　第1項

審査会の定員を7人以内と定めたものである。

2　第2項

審査会の委員は、次に掲げる者のうちから市（町村）長が委嘱するとしたものである。委員の地位は、特別職の地方公務員（地方公務員法第3条第3項第2号）である。

（1）　学識経験のある者（第1号）

（2）　国又は地方公共団体において公文書管理担当課に在籍した経験のある職員ですでに退職した者（第2号）

　　審査会は、実施機関が作成又は取得した公文書が、意思決定に至る過程並びに当該実施機関の事務及び事業の実績を合理的に跡付け、又は検証することができる内容となっているかについて定期的に点検し、実施機関に意見を述べる（第6条第5項）ため、地方公共団体における公文書の作成等について一定の知識を有する者が必要であることによる。

（3）　市（町村）民

　　公文書等の管理に関して市（町村）民の感覚を取り入れるという目的もあるが、審査会の所掌事務には特定歴史公文書等の利用決定等に係る審査請求がなされた場合の諮問に応じるというものもある。また、特定歴史公文書等には、いわば市（町村）の歴史を残すという意味合いもある。そのため、ここでいう「市（町村）民」とは、市（町村）に長期間在住し市（町村）の歴史を熟知している者を想定

230

第6章　公文書管理審査会

している。

3　第3項

委員の任期は、2年である。その例外として、委員の死亡、辞職その他委員が欠けた場合における補欠の委員の任期については、前任者の残任期間としている。

4　第4項

委員は特別職の公務員であって、地方公務員法の守秘義務の規定（地方公務員法34条）の適用を受けないことから（地方公務員法4条2項）、本項において、委員に対し職務上知り得た秘密を漏らしてはならないとする守秘義務を定めた。

第37条（意見の聴取等）

第37条　審査会は、その所掌事務（審査請求に係る事務を除く。）を遂行するため必要があると認める場合は、実施機関の職員、地方独立行政法人等の役員又は職員その他関係者の出席を求めて意見若しくは説明を聴き、又はこれらの者から資料の提出を求めることができる。

趣旨

本条は、審査会の権限について規定したものである。

解釈

審査会がその所掌事務を円滑に進行できるようにするため、審査会は実施機関の職員、地方独立行政法人等の役員又は職員その他関係者の出席を求めて意見若しくは説明を聴き、又はこれらの者から資料の提出を求めることができるとしたものである。

231

第4部　公文書管理条例案逐条解説

第38条（審査会の組織及び運営に関する事項についての委任）

> 第38条　第35条から前条までに規定するもののほか、審査会の組織及び運営に関し必要な事項は、規則で定める。

趣旨

　本条は審査会の組織及び運営に関し必要な事項は、規則で定めることを規定したものである。

解釈

　審査会の組織及び運営に関し必要な事項は、条例では定めきれないため、規則で定めることを規定したものである。

第7章　雑則

第39条（利用の促進）

> 第39条　公文書館の長は、特定歴史公文書等（第19条の規定により利用させることができるものに限る。）について、展示その他の方法により積極的に一般の利用に供するよう努めなければならない。

趣旨

　本条は、特定歴史公文書等の利用促進について規定したものである。

解釈

　特定歴史公文書等は、市民共有の知的財産であることから、展示その他の方法により積極的に一般の利用に供するよう努めなければならないとしたものである。

232

第 7 章　雑則

第 40 条（利用の特例）

第 40 条　特定歴史公文書等を移管した実施機関又は地方独立行政法人等が所掌
事務を遂行するために必要であるとして公文書館の長に対して利用請求をした場
合には、第 19 条第 1 項第 1 号の規定は、適用しない。特定歴史公文書等が法人
等又は個人から寄贈され、又は寄託されたものである場合において、当該寄贈又
は寄託をした者が利用請求をした場合には、第 19 条第 1 項第 1 号及び同項第 3
号の規定は、適用しない。

趣旨

本条は特定歴史公文書等の利用の特例を規定したものである。

解釈

1　前段

　第 19 条第 1 項第 1 号の規定に該当する場合には、当該特定歴史公文書等の利用は
禁止されるが、特定歴史公文書等を移管した実施機関が所掌事務を遂行するために必
要であるとして利用請求をした場合は、当該実施機関で扱っていた公文書であったこ
とから、例外的に利用を認めるとしたものである。

2　後段

　特定歴史公文書等が法人等又は個人から寄贈され、又は寄託されたものの場合にお
いて、当該寄贈又は寄託をした者は、当該特定歴史公文書等を寄贈又は寄託をする前
は自由に利用することができたものである。そのため、本人が利用請求をするのであ
れば利益保護については考慮する必要がない。したがって例外的に利用を認めるとし
たものである。

第 41 条（特定歴史公文書等の廃棄）

第 41 条　公文書館の長は、次の各号に定める場合に、当該特定歴史公文書等を
廃棄することができる。

233

第4部　公文書管理条例案逐条解説

> (1)　特定歴史公文書等として保存している文書が、市（町村）行政の重要事項
> 　に関わり、将来にわたって市（町村）の活動又は歴史を検証する上で重要な資
> 　料ではなくなったとき
> (2)　特定歴史公文書等の原本が朽ち果て判読不明となったとき
> 2　公文書館の長は、前項第2号の規定により文書を廃棄しようとするときは、
> 審査会に諮問しなければならない。
> 3　公文書館の長は、前項の規定により文書を廃棄しようとするときは、廃棄の
> 日の1月前までに、当該文書の名称、廃棄の日その他規則で定める事項を公表
> しなければならない。
> 4　公文書館の長は、第1項の規定により前項に定める事項を公表しようとする
> ときは、あらかじめ〇〇市（町村）審査会に諮問しなければならない。
> 5　第1項の規定による文書の廃棄について異議のある者は、公文書館の長に対
> し、当該特定歴史公文書等について、廃棄の措置を執らないように求めることが
> できる。
> 6　公文書館の長は、特定歴史公文書等の廃棄を行った場合には、廃棄に関する
> 記録を作成し、公表するものとする。

趣旨

本条は特定歴史公文書等の廃棄について規定したものである。

解釈

1　第1項

特定歴史公文書等は永久保存が原則であるが、例外的に廃棄できる場合を規定した
ものである。

(1)　特定歴史公文書等として保存している文書が、市（町村）行政の重要事項に
　関わり、将来にわたって市（町村）の活動又は歴史を検証する上で重要な資料で
　はなくなったとき（第1号）

　　現用文書としての保存期間が満了した時点では特定歴史公文書等として保存し
　ている文書が、現用文書としての保存期間が満了した時点では市（町村）行政の
　重要事項に関わり、将来にわたって市（町村）の活動又は歴史を検証する上で重
　要な資料であると考え歴史公文書としたものの、時の経過とともに社会情勢が変

化し、当該特定歴史公文書等が資料として重要ではなくなるということはあり得る。特定歴史公文書等は永年保存が原則であるが、もはや重要でないのであれば、永年保存の必要性に欠ける。

(2) 特定歴史公文書等の原本が朽ち果て判読不明となったとき（第2号）

原本が朽ち果てて判読不明となったときは、もはや原本として保存する意味がない。第17条第3項において、特定歴史公文書等の傷みが激しく原本を永久保存するに堪えられない場合は、適切な記録媒体による複製物を作成しているので、原本を廃棄したとしても複製物は保存されることになる。

2　第2項

特定歴史公文書等の原本が朽ち果ててしまい、判読不明になった場合は、もはや歴史公文書として利用することができなくなる。すなわち、当該特定歴史公文書等は、その時点で役目を終えたこととなる。そのような場合には、特定歴史公文書等の原本を廃棄せざるを得ない。もっとも、「原本が朽ち果て判読不明となった」か否かについては、客観的に基準を定めることができない。

そこで本項は、やむを得ず特定歴史公文書の原本を廃棄する場合には、公文書館の長のみの判断で廃棄するのではなく、廃棄する前に審査会に諮問をすることを定めたものである。

3　第3項

特定歴史公文書等は住民共有の知的財産であることから、廃棄をするのであれば廃棄の日の1月前までに、当該文書の名称、廃棄の日その他規則で定める事項を公表しなければならないとしたものである。

4　第4項

現時点において歴史資料として重要であるか否かの判断をするにあたり、あらかじめ審査会に諮問し、審査会の意見を聴くことにより、公文書館の長の独断を防ぐものである。

5　第5項

第2項において廃棄をする前に公表することとした。特定歴史公文書等は住民共有の知的財産であることから、廃棄に異議があるものの意見を受け付けるとしたものである。

6　第6項

本項は、公文書館の長に対し、特定歴史公文書が住民共有の知的財産であることに鑑み、廃棄に関する記録を公表することを義務づけたものである。

第 4 部　公文書管理条例案逐条解説

「廃棄に関する記録」には、特定歴史公文書等として保存している文書が市（町村）行政の重要事項に関わり、将来にわたって市（町村）の活動又は歴史を検証する上で重要な資料ではないと判断するに至った経緯、原本が朽ち果て判読不明となった状況、審査会に諮問した結果等を記録することになる。

第 42 条（保存及び利用の状況の公表）

第 42 条　公文書館の長は、毎年度、特定歴史公文書等の保存及び利用の状況について公表しなければならない。

趣旨

本条は、特定歴史公文書等の適正な管理を図るため、特定歴史公文書等の保存及び利用の状況について公表することを定めたものである。

解釈

公表はホームページや広報誌への掲載が適当である。

第 43 条（市（町村）長の報告徴収、助言等）

第 43 条　市（町村）長は、この条例の目的を達成する範囲内において必要があると認めるときは、公文書の管理について、実施機関及び地方独立行政法人等に対し、報告を求め、又は助言することができる。
2　市（町村）長は、公文書の適正な管理を確保するために必要があると認めるときは、実施機関及び地方独立行政法人等に対し、公文書の管理について、職員に実地調査をさせることができる。

趣旨

本条は、市（町村）長が実施機関及び地方独立行政法人等に対し報告徴収、助言等

第 7 章　雑則

をすることができることを規定したものである。

解釈

　公文書の管理にあたって、市（町村）長は、実施機関及び地方独立行政法人等に対し、報告を求め、又は助言することができるとし、職員に実地調査をさせることができるとしたことで、公文書の管理を実施機関や地方独立行政法人等任せにするのではなく市（町村）長も主体的に行うことができるとしたものである。

第 44 条（電子化の推進）

> 第 44 条　実施機関及び地方独立行政法人等は、適正な公文書管理、事務事業の効率化、市（町村）民利用の促進等に資するため、公文書の電子化の推進に努めなければならない。

趣旨

本条は電子化の推進について規定したものである。

解釈

　公文書を紙で管理するよりも電子化することでより一層事務事業の効率が上がる。そこで実施機関及び地方独立行政法人等に対し、公文書の電子化の推進の努力義務を課したものである。

第 45 条（研修）

> 第 45 条　実施機関及び地方独立行政法人等は、実施機関の職員並びに地方独立行政法人等の役員及び職員（以下「職員等」という。）に対し、公文書の管理を適正かつ効果的に行うために必要な知識及び技能を習得させ、及び向上させるために必要な研修を行うものとする。

第4部　公文書管理条例案逐条解説

> 2　実施機関及び地方独立行政法人等は、公文書該当性、作成義務のある文書、保管すべき文書及び廃棄のルールに関する研修を年1回以上行うよう努める。

趣旨

本条は、職員等に対する研修について規定したものである。

解釈

1　第1項

公文書管理は、ある特定の職員等のみ行うのではなく、全ての職員等が公文書の管理を行う者である。そこで、職員等に知識を得させ、意識を高く持たせるため研修を行うこととしたものである。

2　第2項

実施機関の職員等は、1回研修を受講すればすべてを理解するという訳ではない。当該職員等の立場が変われば、作成義務のある文書を勉強し直す必要があるし、昇格し職層が変わることで管理へのかかわり方も変化する。そのため研修を年1回以上行うよう努力規定を置いたものである。

第46条（条例の遵守）

> 第46条　職員等は、本条例を遵守し公文書の適正な管理に努めなければならない。

趣旨

本条は条例の遵守について規定したものである。

解釈

当然のことであるが、職員等に対し本条例の遵守についての努力義務を規定したものである。

なお、「職員等」とは、第45条第1項に記載のとおり、実施機関の職員並びに地方

238

第7章　雑則

第47条（内部通報制度）

第47条　実施機関及び地方独立行政法人等は、職員等からの不適切な公文書管理に係る内部の公益通報に対し、通報に関する秘密保持及び個人情報の保護に留意しつつ、迅速かつ適切に対応するための仕組みを整備し、運用しなければならない。

2　実施機関及び地方独立行政法人等は、職員等からの通報を受け付ける窓口（以下「通報窓口」という。）及び通報に関連する相談に応じる窓口（以下「相談窓口」という。）を設置しなければならない。

3　実施機関及び地方独立行政法人等は、通報及び相談への対応に必要な適性及び能力を有する担当者を通報窓口及び相談窓口に配置し、所要の知識及び技術の向上を図るための教育、研修等を行わなければならない。

4　通報又は相談への対応に関与した者は、通報又は相談に関する秘密を漏らしてはならない。

5　通報又は相談への対応に関与した者は、知り得た個人情報の内容をみだりに他人に知らせ、又は不当な目的に利用してはならない。

趣旨

本条は、公文書管理を徹底するために内部通報制度を規定したものである。

解釈

1　第1項

　公文書の管理について、もしかしたら不正を行う職員等（職員等とは、第45条第1項で規定したとおり、実施機関の職員並びに地方独立行政法人等の役員及び職員をいう。）がいるかもしれない。例えば公文書を作成すべき場合であるにもかかわらず作成しないこととしてそれを当該担当部署の共通認識としようとしたり、事実と異なる公文書を作成しようとしたり、公文書の内容を変更しようとしたりといったことがあるかもしれない。

239

第4部　公文書管理条例案逐条解説

特に上司がそのような行為をしている場合において、部下が上司に「それは違う」と言えない雰囲気である場合に、内部通報制度により通報することが考えられる。

通報を受けた調査の結果、不正があると認められた場合、刑法や、本条例第49条ないし第50条の罰則規定に該当するかが検討されることになるし、懲戒事由にもなり得る。

本項は、上記の理由から、実施機関及び地方独立行政法人等に対し、内部通報制度を整備し運用しなければならないと義務付けたものである。

2　第2項

本項は、実施機関及び地方独立行政法人等に、内部通報の受付窓口と相談受付窓口を設置する義務を課したものである。

3　第3項

内部通報制度を設けたにもかかわらず、当該制度が機能しないのでは意味がない。そこで、本項は、実施機関及び地方独立行政法人等に、通報対応に必要な適性及び能力を有する担当者を配置し、所要の知識及び技術の向上を図るための教育、研修等を行わなければならないことを義務付けたものである。

4　第4項

通報又は相談への対応に関与した者が、通報又は相談に関する秘密を漏らしてはならないのは通報者の利益や公務の安全を守るためであり、当然のことを定めたものである。

5　第5項

通報又は相談への対応に関与した者は、知り得た個人情報の内容をみだりに他人に知らせ、又は不当な目的に利用してはならないのは、通報者の利益や公務の安全を守るためであり、第4項と同様当然のことを定めたものである。

第48条（委任）

第48条　この条例の施行について必要な事項は、実施機関が別に定める。

趣旨

条例の施行について必要な事項について委任規程規定を設けたものである。

240

第8章　罰則

解釈

　この条例の施行について必要な事項は、実施機関が別に定める。規則制定事項については、条例施行に必要となる事項については、本条を根拠として規則その他の法形式により定めることとなる。

第8章　罰則

第49条（罰則）

> 第49条　決裁が終了した公文書に字句を加え、削り又は改めた職員等は、2年以下の懲役又は100万円以下の罰金に処する。ただし、刑法に正条があるときは、刑法による。

趣旨

本条は、本条例を確実に遵守するため、罰則を定めたものである。

解釈

1　本条は、決裁が終了した公文書に字句を加え、削り又は改めた実施機関職員等は、2年以下の懲役又は100万円以下の罰金に処する旨を規定したものである。
　　保護法益は公文書に対する信用である。
2　「決裁が終了した公文書」
　　対象となる公文書はすべての公文書ではなく、決裁が終了した公文書である。これは、決裁が終了した公文書に手を加えることが特に悪質であることによる。
3　「字句を加え、削り又は改めた」
　　もし決裁が終了した公文書中に誤記があり修正する場合も「字句を加え、削り又は改めた」に該当する。
　　誤記があった場合には、その公文書はそのままとして、改めて正しい公文書を作成して決裁を取ればよいものである。

241

第4部　公文書管理条例案逐条解説

4　「職員等」

　　第45条第1項で規定したとおり、「職員等」とは「実施機関の職員並びに地方独立行政法人等の役員及び職員」をいう。

5　「2年以下の懲役又は100万円以下の罰金に処する」

　　条例で規定できる罰条の中で最も重い罰条となっている。決裁が終了した公文書に手を加えることは公文書に対する信用を失わせる程度が高いということである。

6　「刑法に正条があるときは、刑法による。」

　　刑法では、公文書偽造罪（刑法155条第1項）、公文書変造罪（同条第2項）、虚偽公文書作成罪（刑法第156条）が該当しうる。

　（1）　公文書偽造罪（刑法155条第1項）、公文書変造罪（同条第2項）

　　ア　刑法第155条は次の通り規定されている。

　　　　第155条　行使の目的で、公務所若しくは公務員の印章若しくは署名を使用して公務所若しくは公務員の作成すべき文書若しくは図画を偽造し、又は偽造した公務所若しくは公務員の印章若しくは署名を使用して公務所若しくは公務員の作成すべき文書若しくは図画を偽造した者は、1年以上10年以下の懲役に処する。

　　　　2　公務所又は公務員が押印し又は署名した文書又は図画を変造した者も、前項と同様とする。

　　　　3　前2項に規定するもののほか、公務所若しくは公務員の作成すべき文書若しくは図画を偽造し、又は公務所若しくは公務員が作成した文書若しくは図画を変造した者は、3年以下の懲役又は20万円以下の罰金に処する。

　　イ　「偽造」とは、名義人でない者が名義を冒用して文書を作成することをいう。名義人でない者が真正に成立した文書の内容のうち本質的な部分に改変を加えて同一性を失うにいたった場合も偽造となる。

　　　　「変造」とは、名義人でない者が、真正に成立した文書の内容に改竄を加えることをいう。ただし、非本質的部分に不法な変更を加え、新たな証明力を作り出すことに限られる。

　　　　公務員が公文書偽造罪・公文書変造罪に該当する場合とは、作成権限がない文書を作成したり、その職務執行に関係なく作成したりした場合である。

　　ウ　本条と照らし合わせて検討すると、本条は決裁が終了した公文書に字句を加え、削り又は改めた場合の規定である。職員のうち、当該公文書の作成権限がない者が、決裁が終了した公文書の本質的部分に字句を加え、削り又は改めた

結果、当初の公文書と同一性を失うに至った場合は、当該職員は公文書偽造罪の構成要件に該当することになる。

　職員のうち、当該公文書の作成権限がない者が、決裁が終了した公文書の非本質的部分に字句を加え、削り又は改め、当該公文書が新たな証明力を作り出すに至った場合には、当該職員は公文書変造罪の構成要件に該当することになる。

(2)　虚偽公文書作成罪（刑法第156条）

　ア　刑法第156条は次の通り規定されている。

　　第156条　公務員が、その職務に関し、行使の目的で、虚偽の文書若しくは図画を作成し、又は文書若しくは図画を変造したときは、印章又は署名の有無により区別して、前2条の例による。

　イ　虚偽公文書作成罪の主体は作成権限のある公務員である。形式的な作成権者ではなく、実際上の作成者に作成権限が認められるため、実質的に作成権者と評価しうる補助的公務員が上司の決裁を経ず、ないしは盲判を得て文書作成する行為は、虚偽公文書作成罪に該当する。

　ウ　本条と照らし合わせて検討すると、本条は決裁が終了した公文書に字句を加え、削り又は改めた場合の規定である。職員のうち、当該公文書の作成権限がある者が、決裁が終了した公文書の本質的部分に字句を加え、削り又は改めた結果、当初の公文書と同一性を失うに至った場合は、当該職員は虚偽公文書作成罪の構成要件に該当することになる。

　　職員のうち、当該公文書の作成権限がある者が、決裁が終了した公文書の非本質的部分に字句を加え、削り又は改め、当該公文書が新たな証明力を作り出すに至った場合には、当該職員は虚偽公文書作成罪（「文書若しくは図画を変造したとき」に該当）の構成要件に該当することになる。

(3)　本条の処罰対象となるのは、上記(1)(2)に該当しない場合である。作成権限の有無を問わず、実施機関及び地方独立行政法人等の職員が、決裁の終了した公文書の非本質的部分に字句を加え、削り又は改めた結果当該公文書に新たな証明力が発生しない場合となる。

7　なお、本条とは関係がないが、公文書に関する刑法の規定は、上記に記載した他、公用文書毀棄罪（刑法第258条）がある。公務所の用に供する文書又は電磁的記録を毀棄した場合には公用文書毀棄罪に該当する。すなわち、意図的に保存期間満了前に公文書を廃棄した場合には公用文書毀棄罪となる。

243

第4部　公文書管理条例案逐条解説

第50条

> 第50条　職員等を誘導して前条に規定する犯罪を実行させた者は2年以下の懲役又は100万円以下の罰金に処する。ただし、刑法に正条があるときは、刑法による。

趣旨

本条は、本条例を確実に遵守するため、罰則を定めたものである。

解釈

1　「職員等」を誘導して前条に規定する犯罪を実行させた者
　　「職員等」とは、第45条第1項で規定したとおり、実施機関の職員並びに地方独立行政法人等の役員及び職員をいう。
2　職員等を「誘導して前条に規定する犯罪を実行させた者」
　　前条の罪の教唆犯である。特に、上司が部下に前条に規定する犯罪の実行行為をさせ、自分が責任逃れをする事態を防ぐことに主眼がある。
3　「2年以下の懲役又は100万円以下の罰金に処する。」
　　教唆犯であり実際に実行行為をしていなくとも正犯と同じ重さの罪に処せられることを規定したものである。

第51条

> 第51条　第36条第4項の規定に違反して秘密を漏らした審査会の委員（その職を退いた者を含む。）は、1年以下の懲役又は50万円以下の罰金に処する。

趣旨

本条は、本条例を確実に遵守するため、罰則を定めたものである。

解釈

244

審査会は、特定歴史公文書等の利用請求に関し審査請求の審理をする際にインカメラ審理をする権限を有している。また、審査会には、本条例第6条第5項において、実施機関の作成した公文書について定期的に点検することができるとされている。このように審査会の委員は個人情報をはじめとする秘密に触れる機会が多いため、特に守秘義務は厳守すべきである。

審査会の委員は地方公務員第3条第3項第2号の特別職非常勤であり、地方公務員法の守秘義務の規定や罰則の適用がない。そこで守秘義務を確実に守らせるため、本条で罰則規定を定めたものである。

附則

（施行期日）

1　この条例は、令和●年4月1日から施行する。
　（○○市（町村）情報公開条例の一部改正）

2　○○市（町村）情報公開条例（平成●年○○市（町村）条例第●号）の一部を次のように改正する。

(1)　第●章中第●条第●項（公文書の定義）を次のように改める。
　　　実施機関又は地方独立行政法人等（以下「本市（町村）の機関等」という。）の職員（地方独立行政法人等の役員を含む。以下この項において同じ。）が職務上作成し、又は取得した文書（図画及び電磁的記録（電子的方式、磁気的方式その他人の知覚によっては認識することができない方式で作られた記録であって、電子計算機による情報処理の用に供されるものをいう。以下同じ。）を含む。）であって、本市（町村）の機関等が保有しているもののうち、次に掲げるものを除いたものをいう。

　(1)　新聞、雑誌、書籍その他不特定多数の者に販売することを目的として発行されるもの

　(2)　特定歴史公文書等

第４部　公文書管理条例案逐条解説

　　(3)　〇〇市（町村）立図書館条例（昭和●●年〇〇市（町村）条例第●号）
　　　　第●条に規定する図書館、〇〇市（町村）立博物館条例（平成●年〇〇市
　　　　（町村）条例第●号）第●条に規定する博物館その他の市（町村）又は市
　　　　（町村）が設立した施設又は地方独立行政法人の施設において、一般の利用
　　　　に供することを目的として管理されているもの
　(2)　第●条の次に次の１条を加える。
　（公開請求に係る公文書が不存在の場合の手続）
　　第●条　実施機関は、公開請求に係る公文書が存在しないときは、公開請求が
　　　　あった日から起算して 15 日以内に、次の各号のいずれかの措置を執らなけ
　　　　ればならない。
　　(1)　当該公文書が不存在であることを理由として公開をしない旨の決定をす
　　　　ること。
　　(2)　当該公開請求に係る公文書を新たに作成し、又は取得して、当該公文書
　　　　を請求者に対して公開する旨の決定をすること。
　２　実施機関は、前項第 2 号の決定をしたときは、請求者に対し、速やかにその
　　　旨、同号の規定による公開の時期についての見通しその他規則で定める事項を
　　　書面により通知しなければならない。
　３　実施機関は、第 1 項第 2 号の決定に基づき公文書を新たに作成し、又は取得
　　　したときは、請求者に対して、速やかに当該公文書により公開請求のあった公
　　　文書を公開する旨その他規則で定める事項を書面により通知するものとする。

趣旨

附則について規定したものである。

解釈

1　第１項

施行日を規定したものである。

2　第２項

情報公開条例との整合を保つために、情報公開条例の改正を規定したものである。

　(1)　第１号

　　　情報公開条例の対象となる公文書と公文書管理条例により管理される公文書は

附則

同一とすべきである。本条例では、公文書の定義から組織共用性を外したので、情報公開条例の公文書の定義と異なっている。そこで定義を同じにするために規定したものである。

(2) 第2号

公文書の公開請求で求められている公文書が不存在となる場合は2通り考えられる。

まず、本当に存在しない場合である。

次に、本当は存在しなければならない公文書であるのに、廃棄してしまったとか作成してしなかったという理由により存在しない場合である。

後者の場合には、本来なくてはならないものであるから、作成するとしたものである。

別表（第8条関係）

保存期間	公文書の区分
30 年	1　市 (町村) の総合計画及び基本方針に関するもの
	2　特に重要な事務及び事業の計画に関するもの
	3　市 (町村) の廃置分合、境界変更及び行政区画に関するもの
	4　市 (町村) の沿革に関するもの
	5　条例、規則、訓令、要綱、通達及び規程の制定及び改廃に関するもの
	6　議案、報告その他市 (町村) 議会に関するもの
	7　叙勲、褒章及び市 (町村) 表彰に関するもの
	8　諮問及び答申に関するもの
	9　市 (町村) 長及び副市 (町村) 町の事務引継に関するもの
	10　職員の任免及び賞罰に関するもの
	11　公有財産の取得、処分等に関するもの
	12　予算及び決算に関するもので重要なもの
	13　前各項に掲げるもののほか、実施機関の長が 30 年保存とする必要があると認めるもの
10 年	1　重要な事務及び事業の計画及び実施に関するもの
	2　市 (町村) の行政運営の基本方針、重要施策等を審議する会議で重要なもの
	3　審査基準、処分基準及び行政指導指針の制定及び改廃に関するもの
	4　許認可等の行政処分に関するもので重要なもの
	5　予算、決算及び出納に関するもの

第4部　公文書管理条例案逐条解説

10年	6	工事の施行に関するもので重要なもの
	7	訴訟等に関するもの
	8	行政代執行に関するもの
	9	審査請求に関するもの
	10	前各項に掲げるもののほか、実施機関の長が10年保存とする必要があると認めるもの
5年	1	事務及び事業の計画及び実施に関するもの
	2	請願、陳情、要望等に関するもの
	3	行政指導及び勧告に関するもの
	4	附属機関(地方自治法第138条の4第3項の規定により本市(町村)に設置した機関)に関するもの
	5	許認可等の行政処分に関するもの
	6	行事に関するもの
	7	工事の施行に関するもの
	8	施設の管理に関するもの
	9	補助金及び交付金に関するもの
	10	出納に関するもので軽易なもの
	11	職員の服務、研修、給与等に関するもの
	12	非常勤職員の任免に関するもの
	13	寄附又は贈与の受納に関するもの
	14	調査研究、統計等に関するもの
	15	監査及び審査に関するもの
	16	前各項に掲げるもののほか、実施機関の長が5年保存とする必要があると認めるもの
3年	1	申請、報告及び届出等に関するもの
	2	後援又は共催に関するもの
	3	会議、講習及び研修事業に関するもの
	4	前3項に掲げるもののほか、実施機関の長が3年保存とする必要があると認めるもの
1年	1	照会、回答及び通知等で軽易なもの
	2	事務及び事業の実施に関するもので軽易なもの
	3	文書の収受及び発送に関するもの
	4	前3項に掲げるもののほか、実施機関の長が1年保存とする必要があると認めるもの

［著者略歴］

佐野 亘（さの わたる）（序章執筆）
所属：京都大学大学院人間・環境学研究科教授。略歴：1971 年名古屋市生まれ。
1993 年京都大学法学部卒業、2000 年人間環境大学人間環境学部助教授、2008
年京都府立大学公共政策学部准教授、2011 年京都大学大学院人間・環境学研究科
准教授。2015 年より、同教授。主な著書・論文：『公共政策規範』ミネルヴァ書房、
2010 年、『公共政策学』（共著）ミネルヴァ書房、2018 年。「部分的遵守状況に
おける義務の範囲──気候変動問題を事例として」宇佐美誠編著『気候正義──地球
温暖化に立ち向かう規範理論』勁草書房、2019 年など。

三木 由希子（みき ゆきこ）（第 1 部第 1 章執筆）
所属：特定非営利活動法人情報公開クリアリングハウス理事長。略歴：1996 年横
浜市立大学文理学部国際関係課程卒業、同年から「情報公開法を求める市民運動」事
務局スタッフ、1999 年の情報公開クリアリングハウス設立とともに室長、2010
年から現職。主な著書・論文：『高校生からわかる政治のしくみと議員のしごと』ト
ランスビュー、2013 年。『社会の「見える化」をどう実現するか──福島第一原発
事故を教訓に』専修大学研究所・社会科学研究叢書 18、一般社団法人大学出版部協会、
2016 年。『情報公開と憲法──知る権利はどう使う』（共著）リベ研 BOOKLET、
白潤社、2017 年など。

山口 宣恭（やまぐち のぶやす）（第 1 部第 2 章執筆）
所属：弁護士・奈良弁護士会。略歴：1968 年奈良県生まれ。1991 年早稲田大学
法学部卒業、2001 年弁護士登録。日弁連情報問題対策委員会所属。奈良県橿原市
監査委員（2015 年 4 月～）。主な著書・論文：『監視社会をどうする！「スノーデン」
後のいま考える、私たちの自由と社会の安全』（共著）日本評論社、2018 年。

早川 和宏（はやかわ かずひろ）（第2部第3章執筆、第3部パネリスト）

所属：弁護士・第二東京弁護士会。東洋大学法学部法律学科、法律事務所フロンティア・ロー。略歴：1971年東京都生まれ。2000年成城大学大学院法学研究科博士課程後期単位取得退学、2000年高岡法科大学法学部専任講師、2003年同助教授、2007年大宮法科大学院大学准教授、2010年弁護士登録、2013年桐蔭横浜大学大学院法務研究科教授、2015年より現職。主な著書・論文：『社会変容と民間アーカイブズ―地域の持続へ向けて』（共著）勉誠出版、2017年。『地方公共団体における公文書管理制度の形成―現状と課題』（共著）公職研、2017年。「民間（収集）アーカイブズの保存活用を巡る法的課題――その利用を中心に」国文学研究資料館紀要アーカイブズ研究篇13号（通巻48号）61頁、「これからの自治体公文書管理」都市問題108巻11号36頁、2017年など。

飯田 生馬（いいだ いくま）（第2部第4章執筆）

所属：相模原市東林公民館長。略歴：1953年岩手県生まれ。1977年相模原市役所採用、1996年庶務課市政情報係長、1999年情報公開課主幹、2009年企画部長、2010年初代中央区長、2014年定年、2014年10月初代相模原市立公文書館長、2019年3月退任、2019年5月から東林公民館長。主な著作・論文：『相模原市公文書館の運営』全資料協関東部会報、2016年。『公文書館条例の必要性と公文書館の役割』相模原市立公文書館紀要、2017年。『公文書館法と公文書管理法が地方公共団体に求めるものとは』全資料協会報、2018年。

金井 利之（かない としゆき）（第3部パネリスト）

所属：東京大学法学部教授。略歴：1967年群馬県生まれ。1989年東京大学法学部卒業、1992年東京都立大学法学部助教授、2002年東京大学大学院法学政治学研究科助教授、2006年同教授。1994年～1996年オランダ国立ライン大学社会科学部客員研究員。主な著書・論文：『自治体議会の取扱説明書』第一法規、2019年。『縮減社会の合意形成』（編）第一法規、2019年など。

二関 辰郎（にのせき たつお）（第 3 部パネリスト）

所属：弁護士・第二東京弁護士会・ニューヨーク州弁護士。略歴：1987 年一橋大学法学部卒業、1994 年弁護士登録、1998 年ニューヨーク大学法科大学院 LLM 卒業、1999 年ニューヨーク州弁護士登録、2011 年〜 2014 年 最高裁判所司法研修所教官を兼務。2017 年より日弁連情報問題対策委員会委員長。関弁連 2018 年度シンポジウム委員会委員長（テーマ：公文書管理）。主な著書・論文：（公文書管理関連）『情報公開を進めるための公文書管理法解説』（共著）日本評論社、2011 年。「新基本法コンメンタール　情報公開法・個人情報保護法・公文書管理法」（共著）日本評論社、2013 年。

幸田 雅治（こうだ まさはる）（第 3 部コーディネーター、第 4 部執筆）

所属：弁護士・第二東京弁護士会。略歴：1979 年東京大学法学部卒業、自治省（現総務省）入省。内閣官房内閣審議官、総務省自治行政局行政課長、総務省消防庁国民保護・防災部長など。現在は神奈川大学法学部教授。2013 年弁護士登録。日弁連では、法律サービス展開本部自治体等連携センター委員、公害対策・環境保全委員会委員等。主な著書・論文：『行政不服審査法の使いかた』（編）法律文化社、2016 年。『地方自治論』（編）法律文化社、2018 年など。

小池 知子（こいけ ともこ）（第 3 部パネリスト、第 4 部執筆）

所属：弁護士・東京弁護士会。略歴：立教大学法学部卒業、足立区役所勤務、2009 年明治大学法科大学院卒業、2010 年弁護士登録。主な著書・論文：『Q＆A実務解説　法制執務』（共著）ぎょうせい、2017 年。『事例解説 高齢者からの終活相談に応えるための基礎知識』（共著）青林書院、2018 年。

太田 雅幸（おおた まさゆき）（第 4 部執筆）

所属：弁護士・東京弁護士会。略歴：1984 年、衆議院法制局入局。第 1 部第 1 課長、憲法調査会事務局総務課長。約 20 年にわたって、法律案や修正案の作成等に携わる。2005 年弁護士登録。日弁連法律サービス展開本部自治体等連携センター委員。主

な著書・論文:『政策立案者のための条例づくり入門』（共著）学陽書房、2006年。
『高校生のための日本国憲法』清水書院、2016年など。

伊藤 義文（いとう よしふみ）（第4部執筆）

所属：弁護士・千葉県弁護士会。略歴：1996年、千葉県入庁。2000年弁護士登録。
千葉県行政改革審議会委員、印西市情報公開・個人情報保護審査会会長、日弁連法律
サービス展開本部自治体等連携センター委員。

公文書管理
——民主主義の確立に向けて

2019 年 10 月 10 日　初版 第 1 刷発行

編　者　日本弁護士連合会
　　　　法律サービス展開本部自治体等連携センター
　　　　情報問題対策委員会

発行者　大　江　道　雅

発行所　株式会社 明石書店
　　　　〒 101-0021 東京都千代田区外神田 6-9-5
　　　　電話 03（5818）1171
　　　　FAX 03（5818）1174
　　　　振替　00100-7-24505
　　　　http://www.akashi.co.jp/

進　行　　　　　寺澤正好
組　版　　　デルタネットデザイン
装　丁　　　明石書店デザイン室
印刷・製本　　日経印刷株式会社

（定価はカバーに表示してあります）　　　ISBN978-4-7503-4901-5

JCOPY 〈出版者著作権管理機構　委託出版物〉
本書の無断複写は著作権上での例外を除き禁じられています。複製される
場合は、そのつど事前に、出版者著作権管理機構（電話 03-5244-5088、
FAX03-5244-5089、e-mail: info@jcopy.or.jp）の許諾を得てください。

日弁連 子どもの貧困レポート
——弁護士が歩いて書いた報告書

A5判／並製／288頁 ◎2400円

日本弁護士連合会第53回人権擁護大会シンポジウム第一分科会実行委員会【編】

「子どもの貧困」は子どもの諸権利を奪うとともに世代間に連鎖する問題として、解決すべき緊急課題である。日弁連が人権擁護大会シンポジウムの内容をもとにまとめた本書は、日本と海外におけるその実態分析と今後への提言を盛り込んだ必携の一冊。

内容構成

第1章　貧困の中に生きる子どもたち（実態）
総論：貧困の中にいる子どもの増大／親世代の貧困の拡大／ひとり親世帯の貧困の拡大／家庭崩壊と子どもの虐待の増大／就学援助の増大／高等学校中退の状況／高校生の労働／就職状況の悪化

第2章　なぜ子どもの貧困が拡大するのか？（要因）
総論／労働：不安定・低賃金労働の拡大／社会保障／医療／教育／子どもの遊びとスポーツ／傷つきやすい子どもたち／子どもの成長発達権の保障

第3章　外国における子どもの貧困と対策（国際比較）
イギリス／フィンランド／ドイツ

第4章　子どもの貧困をなくすために（提言）
総論（ナショナルミニマムの重要性／すべての施策に子どもの貧困削減の視点を／各論（不安定・低賃金労働の解消／所得保障施策の充実／医療／保育／教育の真の無償化の実現に向けて　ほか

子どもの権利ガイドブック【第2版】

日本弁護士連合会子どもの権利委員会編著

◎3600円

外国人の人権
外国人の直面する困難の解決をめざして

関東弁護士会連合会編

◎3000円

原発事故と私たちの権利
被害の法的救済とエネルギー政策転換のために

日本弁護士連合会公害対策・環境保全委員会編

◎2500円

日弁連 人権行動宣言

日本弁護士連合会編

◎3500円

離婚と子どもの幸せ
面会交流・養育費を男女共同参画社会の視点から考える

世界人権問題叢書 75

日本弁護士連合会両性の平等に関する委員会編

◎2500円

国際社会が共有する人権と日本
国連人権理事会UPR 日本審査2008

世界人権問題叢書 67

日本弁護士連合会編

◎2900円

教育統制と競争教育で子どものしあわせは守れるか？

日本弁護士連合会第55回人権擁護大会シンポジウム編

◎1800円

提言 患者の権利法 大綱案
いのちと人間の尊厳を守る医療のために

日本弁護士連合会人権擁護委員会編

◎2800円

〈価格は本体価格です〉

子どものいじめ問題ハンドブック

発見・対応から予防まで

日本弁護士連合会子どもの権利委員会 編

■A5判／並製／296頁 ◎2400円

いじめ問題への対応についての総合的な手引き。徹底的に実務的な視点に立ち、いじめの当事者となった子どもの保護者や学校は、何をすればよいのか、弁護士は、何ができるのかに焦点をあてて、わかりやすく説明。「いじめ防止対策推進法」の解説を付す。

●━━内容構成━━●

第Ⅰ章　いじめとは何か

第Ⅱ章　いじめへの対応

第Ⅲ章　いじめに関して弁護士ができること

第Ⅳ章　いじめと法

第Ⅴ章　いじめを予防する

第Ⅵ章　結びにかえて──子どもの命を失わないために

子どもの虐待防止・法的実務マニュアル【第6版】

日本弁護士連合会子どもの権利委員会 編

■B5判／並製／368頁 ◎3000円

2016年に大幅に改正された児童福祉法と2017年のいわゆる28条審判における家庭裁判所の関与拡大に対応した待望の第6版。法律家だけでなく、児童相談所や市町村児童家庭相談窓口、NPO関係者等、子どもの虐待防止に取り組むすべての専門家の必携書。

●━━内容構成━━●

はじめに～第6版刊行にあたって～
（日本弁護士連合会子どもの権利委員会委員長：須納瀬学）

第1章　児童虐待アウトライン

第2章　虐待防止と民事上の対応

第3章　児童福祉行政機関による法的対応

第4章　ケースから学ぶ法的対応の手続

第5章　児童虐待と機関連携

第6章　児童虐待と刑事事件

第7章　その他の諸問題

書式集

〈価格は本体価格です〉

深刻化する「空き家」問題

全国実態調査からみた現状と対策

日本弁護士連合会法律サービス展開本部自治体等連携センター、
日本弁護士連合会公害対策・環境保全委員会［編］

◎A5判／並製／212頁　◎2,400円

生活環境の悪化や景観破壊を招くことから全国各地で問題になっている空き家。日弁連による全国調査の分析とともに、主として法律の観点から弁護士や研究者が現在の課題や今後の対策について論述。先端的な取り組みで成功している尾道の利活用についても紹介。空き家問題への理解を深める一冊。

《内容構成》

第1章　空き家対策における法的諸課題　　　　　　　　　　　　［北村喜宣］
空き家の実情と自治体空き家行政の展開／空家法の成立／空家法の実施と条例／空家法を地域特定適合化する条例／空き家条例の適法性／空家法制の今後の展開

第2章　[報告] 尾道での空き家利活用の教訓
　　　　──空き家再生プロジェクトの10年間　　　　　　　　　　［渡邉義孝］
観光地としての尾道／景観の「脇役」にも光を／ひとりの女性の決断から／ガウディハウスをどう残すか／第2号物件「北村洋品店」はオフィスとして／「あなごのねどこ」──商店街で宿を作る／「三軒家アパートメント」──サブリースの手法／山の上のゲストハウス──みはらし亭の復活／空き家バンクは「愛」が大切／坂暮らしの厳しさを伝える／「空き家は宝だ」という意識を

第3章　自治体は空き家問題をどうとらえているか
　　　　──「空家法」施行1年後の全国実態調査からみえるもの　　　［伊藤義文］
アンケートの趣旨／回答団体の概要／自治体による空き家条例の制定状況等／空き家の発生原因／まちづくりと空き家対策／空き家対策の所管部署及び組織体制／特定空家に関する自治体独自のガイドライン／空家法の施行状況について／空家法の有用性について／空家法の必要性／空き家対策に関する支援・連携について／総括

第4章　[パネルディスカッション] 空き家の解消のために、いま必要な取り組みは何か
パネリスト［小島延夫・伊藤義文・北村喜宣・田處博之］、コーディネイター［幸田雅治］空き家の適正管理をどうしていくべきか／空き家の利活用をどう進めていくか／住宅政策、都市計画の観点から／今後の空き家対策の政策の方向性

付録　「空家法」施行1年後の全国実態調査　集計結果

《価格は本体価格です》